e
45

LES
CHATIMENTS

1870. La date se trouve sur le feuillet postérieur de la couverture imprimée.

VICTOR HUGO

OEUVRES COMPLÈTES

Poésie.

ODES ET BALLADES.
LES ORIENTALES.
LES FEUILLES D'AUTOMNE.
LES CHANTS DU CRÉPUSCULE.
LES VOIX INTÉRIEURES.
LES RAYONS ET LES OMBRES.
LES CHATIMENTS.
LES CONTEMPLATIONS.
LA LÉGENDE DES SIÈCLES.
LES CHANSONS DES RUES ET DES BOIS.

Roman.

HAN D'ISLANDE.
BUG-JARGAL.
LE DERNIER JOUR D'UN CONDAMNÉ.
CLAUDE GUEUX.
NOTRE-DAME DE PARIS.
LES MISÉRABLES.
LES TRAVAILLEURS DE LA MER.
L'HOMME QUI RIT.

Drame.

CROMWELL.
HERNANI.
MARION DELORME.
LE ROI S'AMUSE.
LUCRÈCE BORGIA.
MARIE TUDOR.
ANGELO, TYRAN DE PADOUE.
LA ESMERALDA.
RUY BLAS.
LES BURGRAVES.

Complément.

LE RHIN.
LITTÉRATURE ET PHILOSOPHIE MÊLÉES.
NAPOLÉON LE PETIT.
WILLIAM SHAKESPEARE.
ACTES ET DISCOURS DE L'EXIL.
ŒUVRES ORATOIRES. (*Institut, Chambre des Pairs, Assemblée Constituante, Assemblée Législative.*)

POUR PARAITRE PROCHAINEMENT

POÉSIE

LES QUATRE VENTS DE L'ESPRIT

Deux volumes.

Tome premier. — I. LE LIVRE SATIRIQUE. — II. LE LIVRE DRAMATIQUE.
Tome second. — III. LE LIVRE LYRIQUE.
IV. LE LIVRE ÉPIQUE.

PARIS. — J. CLAYE, IMPRIMEUR, 7, RUE SAINT-BENOIT. — [1469]

VICTOR HUGO

LES
CHATIMENTS

SEULE ÉDITION COMPLÈTE

Dix-neuvième Édition

PARIS

J. HETZEL ET Cie, ÉDITEURS

18, RUE JACOB, 18

Droits de traduction et de reproduction réservés.

AVERTISSEMENT DE L'ÉDITEUR

Chacun sait que l'immortel livre que nous réimprimons ici est né dans l'exil. Une seule édition y fut imprimée en 1853 sous les yeux de l'auteur et par nos soins. Depuis, d'innombrables contrefaçons en ont été faites dont le moindre défaut était souvent l'incorrection la plus grossière. La législation imposée par l'empire avait ses contre-coups même sur les pays circonvoisins. Elle était telle, que, pour être assuré du secret, il fallut créer une imprimerie et un imprimeur, et que l'auteur, se trouvant n'avoir nulle part aucun droit sur son livre, n'a jamais, non plus que son éditeur, tiré un sou de son énorme débit depuis la première édition publiée à ses frais pour la plus grande partie, puis aux frais du colonel Charras, de Victor Schœlcher, et aux miens pour le reste. C'est à nos dépens que nous avons tous, par une cotisation de nos ressources d'exilés, pu faire entendre à l'empire les premières paroles de vérité.

Cette édition de 1853 faite, l'auteur n'a pu même

essayer de revoir les éditions de contrefaçon de son œuvre et les empêcher de se substituer à l'édition primitive. Un nombre immense d'exemplaires des *Châtiments* dans ces éditions ultra-défectueuses se sont ainsi répandus dans le monde entier, et, récemment, car la contrefaçon a toujours été attentive, elle n'aime nulle part à perdre son temps, ils ont fait irruption en France et y demeureraient si l'éditeur primitif du livre, d'accord avec l'auteur, n'avait pour devoir de les arrêter. La spéculation en était venue même à ce point d'effronterie de vendre sous le nom de Victor Hugo des rapsodies telles que *le Christ au Vatican*. Quelques contrefaçons des *Châtiments* portent cet appendice inepte. L'heure est enfin venue de donner une édition complète des *Châtiments*, digne de l'œuvre et digne de la France.

L'édition que nous publions, augmentée de plusieurs pièces, est donc plus complète qu'aucune autre et que l'édition primitive elle-même.

Lue ou relue avec l'esprit de vérité qui souffle enfin sur notre pays, l'œuvre de Victor Hugo semblera nouvelle aujourd'hui. Elle apparaîtra telle à ceux même qui la savent par cœur; elle montrera aux temps futurs qu'il y a eu, dès l'empire, la justice anticipée de la poésie sur l'histoire.

Les *Châtiments* resteront comme une de ces œuvres éternelles qui plaident aux yeux de l'avenir pour les faiblesses d'un peuple aveuglé, et qui finalement les rachètent. « La lumière était donc quelque part. Il y avait donc quelque part un flambeau qu'aucune tempête n'avait pu éteindre, se diront nos enfants. Rien n'était dès lors tout à fait perdu, puisque, du milieu des abaissements les plus extrêmes, une telle voix parlait encore. »

L'éditeur de ce livre a été, jusqu'à l'amnistie, pendant huit ans, le compagnon d'exil du poëte, un exilé comme lui.

Depuis sa rentrée en France, il a consacré sa vie à publier des livres d'éducation à l'usage des générations nouvelles. C'était à son sens l'œuvre la plus pressante à faire. Il ne croit pas sortir de sa voie en l'agrandissant et en reprenant l'œuvre de l'exil.

Les *Châtiments,* comme les *Annales* de Tacite, comme les *Satires* de Juvénal, sont un livre d'éducation pour les peuples, — ces enfants qui ont tant de peine à mûrir. Nul homme sérieux, nul homme sincère ne reculera devant cet aveu.

J. HETZEL.

PRÉFACE DE L'AUTEUR

PREMIÈRE ÉDITION, 1853

Il a été publié, à Bruxelles, une édition tronquée de ce livre, précédée des lignes que voici :

« Le faux serment est un crime.
« Le guet-apens est un crime.
« La séquestration arbitraire est un crime.
« La subornation des fonctionnaires publics est un crime.
« La subornation des juges est un crime.
« Le vol est un crime.
« Le meurtre est un crime.
« Ce sera un des plus douloureux étonnements de l'avenir que, dans de nobles pays qui, au milieu de la prostration de l'Europe, avaient maintenu leur Constitution et semblaient être les derniers et sacrés asiles de la probité et de la liberté, ce sera, disons-nous, l'étonnement de l'avenir que, dans ces pays-là, il ait été fait des lois pour protéger ce que toutes les lois humaines, d'accord avec toutes les lois divines, ont dans tous les temps appelé crime.

« L'honnêteté universelle proteste contre ces lois protectrices du mal.

« Pourtant, que les patriotes qui défendent la liberté, que les généreux peuples auxquels la force voudrait imposer l'immoralité, ne désespèrent pas; que, d'un autre côté, les coupables, en apparence tout-puissants, ne se hâtent pas trop de triompher en voyant les pages tronquées de ce livre.

« Quoi que fassent ceux qui règnent chez eux par la violence et hors de chez eux par la menace, quoi que fassent ceux qui se croient les maîtres des peuples et qui ne sont que les tyrans des consciences, l'homme qui lutte pour la justice et la vérité trouvera toujours le moyen d'accomplir son devoir tout entier.

« La toute-puissance du mal n'a jamais abouti qu'à des efforts inutiles. La pensée échappe toujours à qui tente de l'étouffer. Elle se fait insaisissable à la compression; elle se réfugie d'une forme dans l'autre. Le flambeau rayonne; si on l'éteint, si on l'engloutit dans les ténèbres, le flambeau devient une voix, et l'on ne fait pas la nuit sur la parole; si l'on met un bâillon à la bouche qui parle, la parole se change en lumière, et l'on ne bâillonne pas la lumière.

« Rien ne dompte la conscience de l'homme, car la conscience de l'homme, c'est la pensée de Dieu.

« V. H. »

Les quelques lignes qu'on vient de lire, préface d'un livre mutilé, contenaient l'engagement de publier le livre complet. Cet engagement, nous le tenons aujourd'hui.

V. H.

Jersey, 1853.

AU MOMENT

DE

RENTRER EN FRANCE

31 août 1870

AU
MOMENT DE RENTRER EN FRANCE

Qui peut, en cet instant où Dieu peut-être échoue,
    Deviner
Si c'est du côté sombre ou joyeux que la roue
    Va tourner?

Qu'est-ce qui va sortir de ta main qui se voile,
    O destin?
Sera-ce l'ombre infâme et sinistre, ou l'étoile
    Du matin?

Je vois en même temps le meilleur et le pire;
    Noir tableau!
Car la France mérite Austerlitz, et l'empire
    Waterloo.

J'irai, je rentrerai dans ta muraille sainte.
    O Paris!

Je te rapporterai l'âme jamais éteinte
Des proscrits.

Puisque c'est l'heure où tous doivent se mettre à l'œuvre,
Fiers, ardents,
Écraser au dehors le tigre, et la couleuvre
Au dedans;

Puisque l'idéal pur, n'ayant pu nous convaincre,
S'engloutit;
Puisque nul n'est trop grand pour mourir, ni pour vaincre
Trop petit;

Puisqu'on voit dans les cieux poindre l'aurore noire
Du plus fort;
Puisque tout devant nous maintenant est la gloire
Ou la mort;

Puisqu'en ce jour le sang ruisselle, les toits brûlent,
Jour sacré !
Puisque c'est le moment où les lâches reculent,
J'accourrai.

Et mon ambition, quand vient sur la frontière
L'étranger,
La voici : part aucune au pouvoir, part entière
Au danger.

Puisque ces ennemis, hier encor nos hôtes,
Sont chez nous,

XI

J'irai, je me mettrai, France, devant tes fautes
    A genoux !

J'insulterai leurs chants, leurs aigles noirs, leurs serres,
    Leurs défis ;
Je te demanderai ma part de tes misères,
    Moi ton fils.

Farouche, vénérant, sous leurs affronts infâmes,
    Tes malheurs,
Je baiserai tes pieds, France, l'œil plein de flammes
    Et de pleurs.

France, tu verras bien qu'humble tête éclipsée
    J'avais foi,
Et que je n'eus jamais dans l'âme une pensée
    Que pour toi.

Tu me permettras d'être en sortant des ténèbres
    Ton enfant ;
Et tandis que rira ce tas d'hommes funèbres
    Triomphant,

Tu ne trouveras pas mauvais que je t'adore,
    En priant,
Ébloui par ton front invincible que dore
    L'Orient.

Naguère, aux jours d'orgie où l'homme joyeux brille,
    Et croit peu,

Pareil aux durs sarments desséchés où pétille
Un grand feu,

Quand, ivre de splendeur, de triomphe et de songes,
Tu dansais
Et tu chantais, en proie aux éclatants mensonges
Du succès,

Alors qu'on entendait ta fanfare de fête
Retentir,
O Paris, je t'ai fui comme le noir prophète
Fuyait Tyr.

Quand l'empire en Gomorrhe avait changé Lutèce,
Morne, amer,
Je me suis envolé dans la grande tristesse
De la mer.

Là, tragique, écoutant ta chanson, ton délire,
Bruits confus,
J'opposais à ton luxe, à ton rêve, à ton rire,
Un refus.

Mais aujourd'hui qu'arrive avec sa sombre foule
Attila,
Aujourd'hui que le monde autour de toi s'écroule,
Me voilà.

France, être sur ta claie à l'heure où l'on te traîne
Aux cheveux,

O ma mère, et porter mon anneau de ta chaîne,
    Je le veux!

J'accours, puisque sur toi la bombe et la mitraille
    Ont craché.
Tu me regarderas debout sur ta muraille,
    Ou couché.

Et peut-être, en ta terre où brille l'espérance,
    Pur flambeau,
Pour prix de mon exil, tu m'accorderas, France,
    Un tombeau.

Bruxelles, 31 août 1870.

LES

CHATIMENTS

LES
CHATIMENTS

NOX

I

C'est la date choisie au fond de ta pensée,
Prince! il faut en finir, — cette nuit est glacée,
Viens, lève-toi! Flairant dans l'ombre les escrocs,
Le dogue Liberté gronde et montre ses crocs;
Quoique mis par Carlier à la chaîne, il aboie.
N'attends pas plus longtemps! c'est l'heure de la proie.
Vois, décembre épaissit son brouillard le plus noir;
Comme un baron voleur qui sort de son manoir,
Surprends, brusque assaillant, l'ennemi que tu cernes.
Debout! les régiments sont là dans les casernes,
Sac au dos, abrutis de vin et de fureur,
N'attendant qu'un bandit pour faire un empereur.
Mets ta main sur ta lampe et viens d'un pas oblique;
Prends ton couteau, l'instant est bon : la République,
Confiante, et sans voir tes yeux sombres briller,
Dort, avec ton serment, prince, pour oreiller.

Cavaliers, fantassins, sortez! dehors les hordes!
Sus aux représentants! soldats, liez de cordes
Vos généraux jetés dans la cage aux forçats!
Poussez, la crosse aux reins, l'Assemblée à Mazas!
Chassez la haute cour à coups de plat de sabre!
Changez-vous, preux de France, en brigands de Calabre!
Vous, bourgeois, regardez, vil troupeau, vil limon,
Comme un glaive rougi qu'agite un noir démon,
Le coup d'État qui sort flamboyant de la forge!
Les tribuns pour le droit luttent : qu'on les égorge!
Routiers, condottieri, vendus, prostitués,
Frappez! tuez Baudin! tuez Dussoubs! tuez!
Que fait hors des maisons ce peuple? Qu'il s'en aille!
Soldats, mitraillez-moi toute cette canaille!
Feu! feu! Tu voteras ensuite, ô peuple-roi!
Sabrez le droit, sabrez l'honneur, sabrez la loi!
Que sur les boulevards le sang coule en rivières!
Du vin plein les bidons! des morts plein les civières!
Qui veut de l'eau-de-vie? En ce temps pluvieux
Il faut boire. Soldats, fusillez-moi ce vieux!
Tuez-moi cet enfant! Qu'est-ce que cette femme?
C'est la mère? tuez! Que tout ce peuple infâme
Tremble, et que les pavés rougissent ses talons!
Ce Paris odieux bouge et résiste. Allons!
Qu'il sente le mépris, sombre et plein de vengeance,
Que nous, la force, avons pour lui, l'intelligence!
L'étranger respecta Paris : soyons nouveaux!
Traînons-le dans la boue aux crins de nos chevaux!
Qu'il meure! qu'on le broie et l'écrase et l'efface!
Noirs canons, crachez-lui vos boulets à la face!

II

C'est fini ! Le silence est partout, et l'horreur.
Vive Poulmann césar et Soufflard empereur !
On fait des feux de joie avec les barricades ;
La porte Saint-Denis sous ses hautes arcades
Voit les brasiers trembler au vent et rayonner.
C'est fait, reposez-vous ; et l'on entend sonner
Dans les fourreaux le sabre et l'argent dans les poches.
De la banque aux bivouacs on vide les sacoches.
Ceux qui tuaient le mieux et qui n'ont pas bronché
Auront la croix d'honneur par-dessus le marché.
Les vainqueurs en hurlant dansent sur les décombres.
Des tas de corps saignants gisent dans les coins sombres,
Le soldat, gai, féroce, ivre, complice obscur,
Chancelle, et, de la main dont il s'appuie au mur,
Achève d'écraser quelque cervelle humaine.
On boit, on rit, on chante, on ripaille ; on amène
Des vaincus qu'on fusille, hommes, femmes, enfants.
Les généraux dorés galopent triomphants,
Regardés par les morts tombés à la renverse.
Bravo ! César a pris le chemin de traverse !
Courons féliciter l'Élysée à présent.
Du sang dans les maisons, dans les ruisseaux du sang,
Partout ! Pour enjamber ces effroyables mares,
Les juges lestement retroussent leurs simarres,
Et l'Église joyeuse en emporte un caillot
Tout fumant, pour servir d'écritoire à Veuillot.
Oui, c'est bien vous qu'hier, riant de vos férules,
Un caporal chassa de vos chaises curules,

Magistrats! Maintenant que, reprenant du cœur,
Vous êtes bien certains que Mandrin est vainqueur,
Que vous ne serez pas obligés d'être intègres,
Que Mandrin dotera vos dévoûments allègres,
Que c'est lui qui paîra désormais, et très-bien,
Qu'il a pris le budget, que vous ne risquez rien,
Qu'il a bien étranglé la loi, qu'elle est bien morte,
Et que vous trouverez ce cadavre à sa porte,
Accourez, acclamez, et chantez Hosanna!
Oubliez le soufflet qu'hier il vous donna,
Et, puisqu'il a tué vieillards, mères et filles,
Puisqu'il est dans le meurtre entré jusqu'aux chevilles,
Prosternez-vous devant l'assassin tout-puissant,
Et léchez-lui les pieds, pour effacer le sang!

III

Donc cet homme s'est dit : — « Le maître des armées,
  L'empereur surhumain
Devant qui, gorge au vent, pieds nus, les Renommées
  Volaient, clairons en main,

« Napoléon, quinze ans régna, dans les tempêtes,
  Du Sud à l'Aquilon.
Tous les rois l'adoraient, lui marchant sur leurs têtes,
  Eux baisant son talon;

« Il prit, embrassant tout dans sa vaste espérance,
  Madrid, Berlin, Moscou :
Je ferai mieux : je vais enfoncer à la France
  Mes ongles dans le cou!

« La France libre et fière et chantant la concorde,
  Marche à son but sacré :
Moi, je vais lui jeter par derrière une corde
  Et je l'étranglerai.

« Nous nous partagerons, mon oncle et moi, l'histoire ;
  Le plus intelligent,
C'est moi, certe ! il aura la fanfare de gloire,
  J'aurai le sac d'argent.

« Je me sers de son nom, splendide et vain tapage,
  Tombé dans mon berceau.
Le nain grimpe au géant. Je lui laisse sa page,
  Mais j'en prends le verso.

« Je me cramponne à lui ! C'est moi qui suis le maître.
  J'ai pour sort et pour loi
De surnager sur lui dans l'histoire, ou peut-être
  De l'engloutir sous moi.

« Moi, chat-huant, je prends cet aigle dans ma serre.
  Moi si bas, lui si haut,
Je le tiens ! je choisis son grand anniversaire ;
  C'est le jour qu'il me faut.

« Ce jour-là, je serai comme un homme qui monte
  Le manteau sur ses yeux ;
Nul ne se doutera que j'apporte la honte
  A ce jour glorieux.

« J'irai plus aisément saisir mon ennemie
  Dans mes poings meurtriers ;

La France ce jour-là sera mieux endormie
    Sur son lit de lauriers. » —

Alors il vint, cassé de débauches, l'œil terne,
    Furtif, les traits pâlis,
Et ce voleur de nuit alluma sa lanterne
    Au soleil d'Austerlitz !

IV

Victoire ! il était temps, prince, que tu parusses !
Les filles d'opéra manquaient de princes russes ;
Les révolutions apportent de l'ennui
Aux Jeannetons d'hier, Pamélas d'aujourd'hui ;
Dans don Juan qui s'effraye un Harpagon éclate,
Un maigre filet d'or sort de sa bourse plate ;
L'argent devenait rare aux tripots ; les journaux
Faisaient le vide autour des confessionnaux ;
Le Sacré-Cœur, mourant de sa mort naturelle,
Maigrissait ; les protêts, tourbillonnant en grêle,
Drus et noirs, aveuglaient le portier de Magnan ;
On riait aux sermons de l'abbé Ravignan ;
Plus de pur-sang piaffant aux portes des donzelles ;
L'hydre de l'anarchie apparaissait aux belles
Sous la forme effroyable et triste d'un cheval
De fiacre les traînant pour trente sous au bal.
La désolation était sur Babylone.
Mais tu surgis, bras fort ; tu te dresses, colonne :
Tout renaît, tout revit, tout est sauvé. Pour lors
Les figurantes vont récolter des milords ;
Tous sont contents, soudards, francs viveurs, gent dévote ;

Tous chantent, monseigneur l'archevêque, et Javotte.
Allons! congratulons, triomphons, partageons!
Les vieux partis, coiffés en ailes de pigeons,
Vont s'inscrire, adorant Mandrin, chez son concierge.
Falstaff allume un punch, Tartuffe brûle un cierge.
Vers l'Élysée en joie, où sonne le tambour,
Tous se hâtent, Parieu, Montalembert, Sibour,
Rouher, cette catin, Troplong, cette servante ;
Grecs, juifs, quiconque a mis sa conscience en vente ;
Quiconque vole et ment *cum privilegio ;*
L'homme du bénitier, l'homme de l'agio ;
Quiconque est méprisable et désire être infâme ;
Quiconque, se jugeant dans le fond de son âme,
Se sent assez forçat pour être sénateur,
Myrmidon, de César admire la hauteur.
Lui, fait la roue et trône au centre de la fête.
— Eh bien, messieurs, la chose est-elle un peu bien faite?
Qu'en pense Papavoine et qu'en dit Loyola?
Maintenant nous ferons voter ces drôles-là;
Partout en lettres d'or nous écrirons le chiffre.
Gai! tapez sur la caisse et soufflez dans le fifre ;
Braillez vos *salvum fac,* messeigneurs; en avant
Des églises, abri profond du Dieu vivant,
On dressera des mâts avec des oriflammes.
Victoire! venez voir les cadavres, mesdames.

V

Où sont-ils? Sur les quais, dans les cours, sous les ponts ;
Dans l'égout, dont Maupas fait lever les tampons,
Dans la fosse commune affreusement accrue,

Sur le trottoir, au coin des portes, dans la rue,
Pêle-mêle entassés, partout; dans les fourgons
Que vers la nuit tombante escortent les dragons,
Convoi hideux qui vient du Champ de Mars, et passe,
Et dont Paris tremblant s'entretient à voix basse.
O vieux Mont des Martyrs, hélas! garde ton nom!
Les morts sabrés, hachés, broyés par le canon,
Dans ce champ que la tombe emplit de son mystère,
Étaient ensevelis la tête hors de terre.
Cet homme les avait lui-même ainsi placés,
Et n'avait pas eu peur de tous ces fronts glacés.
Ils étaient là, sanglants, froids, la bouche entr'ouverte,
La face vers le ciel, blêmes dans l'herbe verte,
Effroyables à voir dans leur tranquillité,
Éventrés, balafrés, le visage fouetté
Par la ronce qui tremble au vent du crépuscule;
Tous, l'homme du faubourg, qui jamais ne recule,
Le riche à la main blanche et le pauvre au bras fort,
La mère qui semblait montrer son enfant mort,
Cheveux blancs, tête blonde, au milieu des squelettes,
La belle jeune fille aux lèvres violettes,
Côte à côte rangés dans l'ombre au pied des ifs,
Livides, stupéfaits, immobiles, pensifs;
Spectres du même crime et des mêmes désastres,
De leur œil fixe et vide ils regardaient les astres.
Dès l'aube, on s'en venait chercher dans ce gazon
L'absent qui n'était pas rentré dans la maison;
Le peuple contemplait ces têtes effarées;
La nuit, qui de décembre abrége les soirées,
Pudique, les couvrait du moins de son linceul.
Le soir, le vieux gardien des tombes, resté seul,
Hâtait le pas parmi les pierres sépulcrales,

Frémissant d'entrevoir toutes ces faces pâles ;
Et, tandis qu'on pleurait dans les maisons en deuil,
L'âpre bise soufflait sur ces fronts sans cercueil,
L'ombre froide emplissait l'enclos aux murs funèbres.
O morts, que disiez-vous à Dieu dans ces ténèbres?

On eût dit, en voyant ces morts mystérieux,
Le cou hors de la terre et le regard aux cieux,
Que dans le cimetière où le cyprès frissonne,
Entendant le clairon du jugement qui sonne,
Tous ces assassinés s'éveillaient brusquement,
Qu'ils voyaient, Bonaparte, au seuil du firmament,
Amener devant Dieu ton âme horrible et fausse,
Et que, pour témoigner, ils sortaient de leur fosse.

Montmartre! enclos fatal! quand vient le soir obscur,
Aujourd'hui le passant évite encor ce mur.

VI

Un mois après, cet homme allait à Notre-Dame.

Il entra le front haut ; la myrrhe et le cinname
Brûlaient ; les tours vibraient sous le bourdon sonnant ;
L'archevêque était là, de gloire rayonnant ;
Sa chape avait été taillée en un suaire ;
Sur une croix dressée au fond du sanctuaire
Jésus avait été cloué pour qu'il restât.
Cet infâme apportait à Dieu son attentat.
Comme un loup qui se lèche après qu'il vient de mordre,
Caressant sa moustache, il dit : — J'ai sauvé l'ordre !

Anges, recevez-moi dans votre légion !
J'ai sauvé la famille et la religion ! —
Et dans son œil féroce, où Satan se contemple,
On vit luire une larme... — O colonnes du temple !
Abîmes qu'à Patmos vit s'entr'ouvrir saint Jean,
Cieux qui vîtes Néron, soleil qui vis Séjan,
Vents qui jadis meniez Tibère vers Caprée,
Et poussiez sur les flots sa galère dorée,
O souffles de l'aurore et du septentrion,
Dites si l'assassin dépasse l'histrion !

VII

Toi qui bats de ton flux fidèle
La roche où j'ai ployé mon aile,
Vaincu, mais non pas abattu,
Gouffre où l'air joue, où l'esquif sombre,
Pourquoi me parles-tu dans l'ombre ?
O sombre mer, que me veux-tu ?

Tu n'y peux rien ! Ronge tes digues,
Épands l'onde que tu prodigues,
Laisse-moi souffrir et rêver ;
Toutes les eaux de ton abîme,
Hélas ! passeraient sur ce crime,
O vaste mer, sans le laver !

Je comprends, tu veux m'en distraire :
Tu me dis : — Calme-toi, mon frère.
Calme-toi, penseur orageux ! —

Mais toi-même alors, mer profonde,
Calme ton flot puissant qui gronde,
Toujours amer, jamais fangeux !

Tu crois en ton pouvoir suprême,
Toi qu'on admire, toi qu'on aime,
Toi qui ressembles au destin,
Toi que les cieux ont azurée,
Toi qui, dans ton onde sacrée,
Laves l'étoile du matin !

Tu me dis : — Viens, contemple, oublie !
Tu me montres le mât qui plie ;
Les blocs verdis, les caps croulants,
L'écume au loin, dans les décombres,
S'abattant sur les rochers sombres,
Comme une troupe d'oiseaux blancs ;

La pêcheuse aux pieds nus qui chante,
L'eau bleue où fuit la nef penchante,
Le marin, rude laboureur,
Les hautes vagues en démence ;
Tu me montres ta grâce immense
Mêlée à ton immense horreur.

Tu me dis : — Donne-moi ton âme ;
Proscrit, éteins en moi ta flamme ;
Marcheur, jette aux flots ton bâton ;
Tourne vers moi ta vue ingrate. —
Tu me dis : — J'endormais Socrate ! —
Tu me dis : — J'ai calmé Caton !

Non ! respecte l'âpre pensée,
L'âme du juste courroucée,
L'esprit qui songe aux noirs forfaits !
Parle aux vieux rochers, tes conquêtes,
Et laisse en repos mes tempêtes ;
D'ailleurs, mer sombre, je te hais !

O mer ! n'est-ce pas toi, servante,
Qui traînes sur ton eau mouvante,
Parmi les vents et les écueils,
Vers Cayenne aux fosses profondes,
Ces noirs pontons qui sur tes ondes
Passent comme de grands cercueils !

N'est-ce pas toi qui les emportes
Vers le sépulcre ouvrant ses portes
Tous nos martyrs au front serein,
Dans la cale où manque la paille,
Où les canons pleins de mitraille,
Béants, passent leur cou d'airain !

Et s'ils pleurent, si les tortures
Font fléchir ces hautes natures,
N'est-ce pas toi, gouffre exécré,
Qui te mêles à leur supplice,
Et qui, de ta rumeur complice,
Couvres leur cri désespéré !

VIII

Voilà ce qu'on a vu ! l'histoire le raconte,
Et, lorsqu'elle a fini, pleure, rouge de honte...

Quand se réveillera la grande nation,
Quand viendra le moment de l'expiation,
Glaive des jours sanglants, oh! ne sors pas de l'ombre!
Non! non! il n'est pas vrai qu'en plus d'une âme sombre,
Pour châtier ce traître et cet homme de nuit,
A cette heure, ô douleur! ta nécessité luit!
Souvenirs où l'esprit grave et pensif s'arrête,
Gendarmes, sabre nu, conduisant la charrette,
Roulements des tambours, peuple criant : Frappons!
Foule encombrant les toits, les seuils, les quais, les ponts,
Grèves des temps passés, mornes places publiques
Où l'on entrevoyait des triangles obliques,
Oh! ne revenez pas, lugubres visions!
Ciel! nous allions en paix devant nous, nous faisions
Chacun notre travail dans le siècle où nous sommes,
Le poëte chantait l'œuvre immense des hommes,
La tribune parlait avec sa grande voix;
On brisait échafauds, trônes, carcans, pavois,
Chaque jour décroissaient la haine et la souffrance,
Le genre humain suivait le progrès saint, la France
Marchait devant, avec sa flamme sur le front;
Ces hommes sont venus! Lui, ce vivant affront,
Lui, ce bandit, qu'on lave avec l'huile du sacre!
Ils sont venus, portant le deuil et le massacre,
Le meurtre, les linceuls, le fer, le sang, le feu;
Ils ont semé cela sur l'avenir, grand Dieu!

Et maintenant, pitié, voici que tu tressailles
A ces mots effrayants : Vengeance! représailles!

Et moi, proscrit qui saigne aux ronces des chemins,
Triste, je rêve et j'ai mon front dans mes deux mains,

Et je sens, par instants, d'une aile hérissée,
Dans les jours qui viendront s'enfoncer ma pensée !
Géante aux chastes yeux, à l'ardente action,
Que jamais on ne voie, ô Révolution,
Devant ton fier visage où la colère brille,
L'Humanité, tremblante et te criant : Ma fille !
Et couvrant de son corps même les scélérats,
Se traîner à tes pieds en se tordant les bras !
Ah ! tu respecteras cette douleur amère,
Et tu t'arrêteras, vierge, devant ta mère !

O travailleur robuste, ouvrier demi-nu,
Moissonneur envoyé par Dieu même, et venu
Pour faucher en un jour dix siècles de misère,
Sans peur, sans pitié, vrai, formidable et sincère,
Égal par la stature au colosse romain,
Toi qui vainquis l'Europe et qui pris dans ta main
Les rois, et les brisas les uns contre les autres,
Né pour clore les temps d'où sortirent les nôtres,
Toi qui par la terreur sauvas la liberté,
Toi qui portes ce nom sombre : Nécessité !
Dans l'histoire où tu luis comme en une fournaise,
Reste seul à jamais, Titan quatre-vingt-treize !
Rien d'aussi grand que toi ne viendrait après toi.

D'ailleurs, né d'un régime où dominait l'effroi,
Ton éducation sur ta tête affranchie
Pesait, et malgré toi, fils de la monarchie,
Nourri d'enseignements et d'exemples mauvais,
Comme elle tu versas le sang ; tu ne savais
Que ce qu'elle t'avait appris : le mal, la peine,
La loi de mort mêlée avec la loi de haine ;

Et jetant bas tyrans, parlements, rois, Capets,
Tu te levais contre eux et comme eux tu frappais.

Nous, grâce à toi, géant qui gagnas notre cause,
Fils de la liberté, nous savons autre chose.
Ce que la France veut pour toujours désormais,
C'est l'amour rayonnant sur ses calmes sommets,
La loi sainte du Christ, la fraternité pure.
Ce grand mot est écrit dans toute la nature :
Aimez-vous! aimez-vous! — Soyons frères; ayons
L'œil fixé sur l'Idée, ange aux divins rayons.
L'Idée à qui tout cède et qui toujours éclaire,
Prouve sa sainteté même dans sa colère.
Elle laisse toujours les principes debout.
Être vainqueurs, c'est peu, mais rester grands, c'est tout.
Quand nous tiendrons ce traître, abject, frissonnant, blême,
Affirmons le progrès dans le châtiment même :
La honte, et non la mort. — Peuples, couvrons d'oubli
L'affreux passé des rois, pour toujours aboli,
Supplices, couperets, billots, gibets, tortures !
Hâtons l'heure promise aux nations futures,
Où, calme et souriant aux bons, même aux ingrats,
La Concorde, serrant les hommes dans ses bras,
Penchera sur nous tous sa tête vénérable !
Oh! qu'il ne soit pas dit que, pour ce misérable,
Le monde en son chemin sublime a reculé !
Que Jésus et Voltaire auront en vain parlé !
Qu'il n'est pas vrai qu'après tant d'efforts et de peine,
Notre époque ait enfin sacré la vie humaine,
Hélas! et qu'il suffit d'un moment indigné
Pour perdre le trésor par les siècles gagné!
On peut être sévère et de sang économe.

Oh! qu'il ne soit pas dit qu'à cause de cet homme,
La guillotine au noir panier, qu'avec dégoût
Février avait prise et jetée à l'égout,
S'est réveillée avec les bourreaux dans leurs bouges,
A ressaisi sa hache entre ses deux bras rouges,
Et, dressant son poteau dans les tombes scellé,
Sinistre, a reparu sous le ciel étoilé !

IX

Toi qu'aimait Juvénal gonflé de lave ardente,
Toi dont la clarté luit dans l'œil fixe de Dante,
Muse Indignation, viens, dressons maintenant,
Dressons sur cet empire heureux et rayonnant,
Et sur cette victoire au tonnerre échappée
Assez de piloris pour faire une épopée !

Jersey, novembre 1852.

LIVRE PREMIER

LA SOCIÉTÉ EST SAUVÉE

I

France ! à l'heure où tu te prosternes,
Le pied d'un tyran sur ton front,
La voix sortira des cavernes,
Les enchaînés tressailleront.

Le banni, debout sur la grève,
Contemplant l'étoile et le flot,
Comme ceux qu'on entend en rêve,
Parlera dans l'ombre tout haut :

Et ses paroles qui menacent,
Ses paroles dont l'éclair luit,
Seront comme des mains qui passent
Tenant des glaives dans la nuit.

Elles feront frémir les marbres
Et les monts que brunit le soir,
Et les chevelures des arbres
Frissonneront sous le ciel noir.

Elles seront l'airain qui sonne,
Le cri qui chasse les corbeaux,
Le souffle inconnu dont frissonne
Le brin d'herbe sur les tombeaux.

Elles crieront : Honte aux infâmes,
Aux oppresseurs, aux meurtriers !
Elles appelleront les âmes
Comme on appelle des guerriers !

Sur les races qui se transforment,
Sombre orage, elles planeront ;
Et si ceux qui vivent s'endorment,
Ceux qui sont morts s'éveilleront.

Jersey, août 1853.

II

TOULON

1

En ces temps-là, c'était une ville tombée
Au pouvoir des Anglais, maîtres des vastes mers,
Qui, du canon battue et de terreur courbée,
    Disparaissait dans les éclairs.

C'était une cité qu'ébranlait le tonnerre
A l'heure où la nuit tombe, à l'heure où le jour naît,

Qu'avait prise en sa griffe Albion, qu'en sa serre
    La République reprenait.

Dans la rade couraient les frégates meurtries ;
Les pavillons pendaient, troués par le boulet ;
Sur le front orageux des noires batteries
    La fumée à longs flots roulait.

On entendait gronder les forts, sauter les poudres ;
Le brûlot flamboyait sur la vague qui luit ;
Comme un astre effrayant qui se disperse en foudres,
    La bombe éclatait dans la nuit.

Sombre histoire ! Quel temps ! Et quelle illustre page !
Tout se mêlait, le mât coupé, le mur détruit,
Les obus, le sifflet des maîtres d'équipage,
    Et l'ombre, et l'horreur, et le bruit.

O France ! tu couvrais alors toute la terre
Du choc prodigieux de tes rébellions.
Les rois lâchaient sur toi le tigre et la panthère,
    Et toi, tu lâchais les lions.

Alors la République avait quatorze armées.
On luttait sur les monts et sur les océans.
Cent victoires jetaient au vent cent renommées.
    On voyait surgir les géants !

Alors apparaissaient des aubes rayonnantes.
Des inconnus, soudain éblouissant les yeux,
Se dressaient, et faisaient aux trompettes sonnantes
    Dire leurs noms mystérieux.

Ils faisaient de leurs jours de sublimes offrandes ;
Ils criaient : Liberté! guerre aux tyrans! mourons!
Guerre! — et la gloire ouvrait ses ailes toutes grandes
    Au-dessus de ces jeunes fronts.

II

Aujourd'hui c'est la ville où toute honte échoue.
Là, quiconque est abject, horrible et malfaisant,
Quiconque un jour plongea son honneur dans la boue,
    Noya son âme dans le sang ;

Là, le faux monnayeur pris la main sur sa forge,
L'homme du faux serment et l'homme du faux poids,
Le brigand qui s'embusque et qui saute à la gorge
    Des passants, la nuit, dans les bois ;

Là, quand l'heure a sonné, cette heure nécessaire,
Toujours, quoi qu'il ait fait pour fuir, quoi qu'il ait dit,
Le pirate hideux, le voleur, le faussaire,
    Le parricide, le bandit,

Qu'il sorte d'un palais ou qu'il sorte d'un bouge,
Vient, et trouve une main, froide comme un verrou,
Qui sur le dos lui jette une casaque rouge,
    Et lui met un carcan au cou!

L'aurore luit, pour eux sombre, et pour nous vermeille.
Allons! debout! Ils vont vers le sombre Océan,
Il semble que leur chaîne avec eux se réveille,
    Et dit : Me voilà ; viens-nous-en !

Ils marchent, au marteau présentant leurs manilles,
A leur chaîne cloués, mêlant leurs pas bruyants,
Traînant leur pourpre infâme en hideuses guenilles,
    Humbles, furieux, effrayants.

Les pieds nus, leur bonnet baissé sur les paupières,
Dès l'aube harassés, l'œil mort, les membres lourds,
Ils travaillent, creusant des rocs, roulant des pierres,
    Sans trêve, hier, demain, toujours.

Pluie ou soleil, hiver, été, que juin flamboie,
Que janvier pleure, ils vont, leur destin s'accomplit,
Avec le souvenir de leurs crimes pour joie,
    Avec une planche pour lit.

Le soir, comme un troupeau l'argousin vil les compte;
Ils montent deux à deux l'escalier du ponton,
Brisés, vaincus, le cœur incliné sous la honte,
    Le dos courbé sous le bâton.

La pensée implacable habite encor leurs têtes.
Morts vivants, aux labeurs voués, marqués au front,
Ils rampent, recevant le fouet comme des bêtes,
    Et comme des hommes l'affront.

III

Ville que l'infamie et la gloire ensemencent,
Où du forçat pensif le fer tond les cheveux,
O Toulon! c'est par toi que les oncles commencent,
    Et que finissent les neveux!

Va, maudit! ce boulet que, dans des temps stoïques,
Le grand soldat, sur qui ton opprobre s'assied,
Mettait dans les canons de ses mains héroïques,
    Tu le traîneras à ton pied!

Écrit en arrivant à Bruxelles, 12 décembre 1851.

III

Approchez-vous; ceci, c'est le tas des dévots.
Cela hurle en grinçant un *benedicat vos;*
C'est laid, c'est vieux, c'est noir. Cela fait des gazettes.
Pères fouetteurs du siècle, à grands coups de garcettes
Ils nous mènent au ciel. Ils font, blêmes grimauds,
De l'âme et de Jésus des querelles de mots,
Comme à Byzance au temps des Jeans et des Eudoxes.
Méfions-nous; ce sont des gredins orthodoxes.
Ils auraient fait pousser des cris à Juvénal.
La douairière aux yeux gris s'ébat sur leur journal,
Comme sur les marais la grue et la bécasse.
Ils citent Poquelin, Pascal, Rousseau, Boccace,
Voltaire, Diderot, l'aigle au vol inégal,
Devant l'official et le théologal.
L'esprit étant gênant, ces saints le congédient.
Ils mettent Escobar sous bande et l'expédient
Aux bedeaux rayonnants, pour quatre francs par mois.
Avec le vieux savon des jésuites sournois
Ils lavent notre époque incrédule et pensive,

Et le bûcher fournit sa cendre à leur lessive.
Leur gazette, où les mots de venin sont verdis,
Est la seule qui soit reçue au paradis.
Ils sont, là, tout-puissants ; et tandis que leur bande
Prêche ici-bas la dîme et défend la prébende,
Ils font chez Jéhovah la pluie et le beau temps.
L'ange au glaive de feu leur ouvre à deux battants
La porte bienheureuse, effrayante et vermeille ;
Tous les matins, à l'heure où l'oiseau se réveille,
Quand l'aube, se dressant au bord du ciel profond,
Rougit en regardant ce que les hommes font,
Et que des pleurs de honte emplissent sa paupière,
Gais, ils grimpent là-haut, et, cognant chez saint Pierre,
Jettent à ce portier leur journal impudent.
Ils écrivent à Dieu comme à leur intendant,
Critiquant, gourmandant, et lui demandant compte
Des révolutions, des vents, du flot qui monte,
De l'astre au pur regard qu'ils voudraient voir loucher,
De ce qu'il fait tourner notre terre et marcher
Notre esprit, et, d'un timbre ornant l'eucharistie,
Ils cachettent leur lettre immonde avec l'hostie.
Jamais marquis, voyant son carrosse broncher,
N'a plus superbement tutoyé son cocher ;
Si bien que, ne sachant comment mener le monde,
Ce pauvre vieux bon Dieu, sur qui leur foudre gronde,
Tremblant, cherchant un trou dans ses cieux éclatants,
Ne sait où se fourrer quand ils sont mécontents.
Ils ont supprimé Rome ; ils auraient détruit Sparte.
Ces drôles sont charmés de monsieur Bonaparte.

Bruxelles, janvier 1853.

IV

AUX MORTS DU 4 DÉCEMBRE

Jouissez du repos que vous donne le maître.
Vous étiez autrefois des cœurs troublés peut-être,
  Qu'un vain songe poursuit;
L'erreur vous tourmentait, ou la haine, ou l'envie;
Vos bouches, d'où sortait la vapeur de la vie,
  Étaient pleines de bruit.

Faces confusément l'une à l'autre apparues,
Vous alliez et veniez en foule dans les rues,
  Ne vous arrêtant pas,
Inquiets comme l'eau qui coule des fontaines,
Tous, marchant au hasard, souffrant les mêmes peines,
  Mêlant les mêmes pas.

Peut-être un feu creusait votre tête embrasée :
Projets, espoirs, briser l'homme de l'Élysée,
  L'homme du Vatican,
Verser le libre esprit à grands flots sur la terre;
Car dans ce siècle ardent toute âme est un cratère
  Et tout peuple un volcan.

Vous aimiez, vous aviez le cœur lié de chaînes,
Et le soir vous sentiez, livrés aux craintes vaines,
  Pleins de soucis poignants,
Ainsi que l'Océan sent remuer ses ondes,

Se soulever en vous mille vagues profondes
　　Sous les cieux rayonnants.

Tous, qui que vous fussiez, tête ardente, esprit sage,
Soit qu'en vos yeux brillât la jeunesse, ou que l'âge
　　Vous prît et vous courbât,
Que le destin pour vous fût deuil, énigme ou fête,
Vous aviez dans vos cœurs l'amour, cette tempête,
　　La douleur, ce combat.

Grâce au quatre décembre, aujourd'hui, sans pensée,
Vous gisez étendus dans la fosse glacée,
　　Sous les linceuls épais ;
O morts, l'herbe sans bruit croît sur vos catacombes,
Dormez dans vos cercueils ! taisez-vous dans vos tombes :
　　L'empire, c'est la paix.

Jersey, décembre 1852.

V

CETTE NUIT-LA

Trois amis l'entouraient. C'était à l'Élysée.
On voyait du dehors luire cette croisée.
Regardant venir l'heure et l'aiguille marcher,
Il était là, pensif ; et, rêvant d'attacher
Le nom de Bonaparte aux exploits de Cartouche,
Il sentait approcher son guet-apens farouche.

D'un pied distrait dans l'âtre il poussait le tison,
Et voici ce que dit l'homme de trahison :
— « Cette nuit vont surgir mes projets invisibles.
Les Saint-Barthélemy sont encore possibles.
Paris dort, comme au temps de Charles de Valois;
Vous allez dans un sac mettre toutes les lois,
Et par-dessus le pont les jeter dans la Seine. » —
O ruffians! bâtards de la fortune obscène,
Nés du honteux coït de l'intrigue et du sort!
Rien qu'en songeant à vous mon vers indigné sort,
Et mon cœur orageux dans ma poitrine gronde
Comme le chêne au vent dans la forêt profonde!

Comme ils sortaient tous trois de la maison Bancal,
Morny, Maupas le grec, Saint-Arnaud le chacal,
Voyant passer ce groupe oblique et taciturne,
Les clochers de Paris, sonnant l'heure nocturne,
S'efforçaient vainement d'imiter le tocsin;
Les pavés de Juillet criaient : A l'assassin!
Tous les spectres sanglants des antiques carnages,
Réveillés, se montraient du doigt ces personnages;
La Marseillaise, archange aux chants aériens,
Murmurait dans les cieux : Aux armes, citoyens!
Paris dormait, hélas! et bientôt, sur les places,
Sur les quais, les soldats, dociles populaces,
Janissaires conduits par Reybell et Sauboul,
Payés comme à Byzance, ivres comme à Stamboul,
Ceux de Dulac, et ceux de Korte et d'Espinasse,
La cartouchière au flanc et dans l'œil la menace,
Vinrent, le régiment après le régiment,
Et le long des maisons ils passaient lentement,
A pas sourds, comme on voit les tigres dans les jongles,

Qui rampent sur le ventre en allongeant leurs ongles ;
Et la nuit était morne, et Paris sommeillait
Comme un aigle endormi pris sous un noir filet.

Les chefs attendaient l'aube en fumant leurs cigares.

O cosaques ! voleurs ! chauffeurs ! routiers ! bulgares !
O généraux brigands ! bagne, je te les rends !
Les juges d'autrefois pour des crimes moins grands
Ont brûlé la Voisin et roué vif Desrues !

Éclairant leur affiche infâme au coin des rues
Et le lâche armement de ces filous hardis,
Le jour parut. La nuit, complice des bandits,
Prit la fuite, et, traînant à la hâte ses voiles,
Dans les plis de sa robe emporta les étoiles
Et les mille soleils dans l'ombre étincelant,
Comme les sequins d'or qu'emporte en s'en allant
Une fille, aux baisers du crime habituée,
Qui se rhabille après s'être prostituée !

Bruxelles, janvier 1852.

VI

LE TE DEUM DU 1ᵉʳ JANVIER 1852

Prêtre, ta messe, écho des feux de peloton,
    Est une chose impie.

Derrière toi, le bras ployé sous le menton,
 Rit la Mort accroupie.

Prêtre, on voit frissonner, aux cieux d'où nous venons,
 Les anges et les vierges,
Quand un évêque prend la mèche des canons
 Pour allumer les cierges.

Tu veux être au sénat, voir ton siége élevé
 Et ta fortune accrue,
Soit ; mais pour bénir l'homme, attends qu'on ait lavé
 Le pavé de la rue.

Peuples, gloire à Gessler ! meure Guillaume Tell !
 Un râle sort de l'orgue.
Archevêque, on a pris, pour bâtir ton autel,
 Les dalles de la Morgue.

Quand tu dis : — *Te Deum !* nous vous louons, Dieu fort,
 Sabaoth des armées ! —
Il se mêle à l'encens une vapeur qui sort
 Des fosses mal fermées.

On a tué la nuit, on a tué le jour,
 L'homme, l'enfant, la femme !
Crime et deuil ! Ce n'est plus l'aigle, c'est le vautour
 Qui vole à Notre-Dame.

Va, prodigue au bandit les adorations ;
 Martyrs, vous l'entendîtes !
Dieu te voit, et là-haut tes bénédictions,
 O prêtre, sont maudites !

Les proscrits sont partis, aux flancs du ponton noir,
 Pour Alger, pour Cayenne ;
Ils ont vu Bonaparte à Paris, ils vont voir
 En Afrique l'hyène.

Ouvriers, paysans qu'on arrache au labour,
 Le sombre exil vous fauche !
Bien, regarde à ta droite, archevêque Sibour,
 Et regarde à ta gauche.

Ton diacre est Trahison et ton sous-diacre est Vol ;
 Vends ton Dieu, vends ton âme !
Allons, coiffe ta mitre, allons, mets ton licol,
 Chante, vieux prêtre infâme !

Le meurtre à tes côtés suit l'office divin,
 Criant : Feu sur qui bouge !
Satan tient la burette, et ce n'est pas de vin
 Que ton ciboire est rouge.

> Bruxelles, 3 janvier 1852.

VII

AD MAJOREM DEI GLORIAM

> « Vraiment, notre siècle est étrangement délicat. S'imagine-
> « t-il donc que la cendre des bûchers soit totalement éteinte,
> « qu'il n'en soit pas resté le plus petit tison pour allumer une
> « seule torche? Les insensés! en nous appelant *jésuites*, ils
> « croient nous couvrir d'opprobre! Mais ces *jésuites* leur ré-
> « servent la censure, un bâillon et du feu... Et, un jour, ils
> « seront les maîtres de leurs maîtres. »
>
> (Le père ROOTHAAN, *général des jésuites*,
> à la conférence de Chiéri.)

Ils ont dit : « Nous serons les vainqueurs et les maîtres.
Soldats par la tactique et par la robe prêtres,
Nous détruirons progrès, lois, vertus, droits, talents.
Nous nous ferons un fort avec tous ces décombres,
Et pour nous y garder, comme des dogues sombres,
Nous démusellerons les préjugés hurlants.

« Oui, l'échafaud est bon ; la guerre est nécessaire ;
Acceptez l'ignorance, acceptez la misère ;
L'enfer attend l'orgueil du tribun triomphant ;
L'homme parvient à l'ange en passant par la buse.
Notre gouvernement fait de force et de ruse
Bâillonnera le père, abrutira l'enfant.

« Notre parole, hostile au siècle qui s'écoule,
Tombera de la chaire en flocons sur la foule ;
Elle refroidira les cœurs irrésolus,

Y glacera tout germe utile ou salutaire,
Et puis elle y fondra comme la neige à terre,
Et qui la cherchera ne la trouvera plus.

« Seulement un froid sombre aura saisi les âmes ;
Seulement nous aurons tué toutes les flammes ;
Et si quelqu'un leur crie, à ces Français d'alors :
Sauvez la liberté pour qui luttaient vos pères !
Ils riront, ces Français sortis de nos repaires,
De la liberté morte et de leurs pères morts.

« Prêtres, nous écrirons sur un drapeau qui brille :
— Ordre, Religion, Propriété, Famille. —
Et si quelque bandit, corse, juif ou païen,
Vient nous aider avec le parjure à la bouche,
Le sabre aux dents, la torche au poing, sanglant, farouche,
Volant et massacrant, nous lui dirons : C'est bien !

« Vainqueurs, fortifiés aux lieux inabordables,
Nous vivrons arrogants, vénérés, formidables.
Que nous importe au fond Christ, Mahomet, Mithra !
Régner est notre but, notre moyen proscrire.
Si jamais ici-bas on entend notre rire,
Le fond obscur du cœur de l'homme tremblera.

« Nous garrotterons l'âme au fond d'une caverne.
Nations, l'idéal du peuple qu'on gouverne,
C'est le moine d'Espagne ou le fellah du Nil.
A bas l'esprit ! à bas le droit ! vive l'épée !
Qu'est-ce que la pensée ? une chienne échappée.
Mettons Jean-Jacque au bagne et Voltaire au chenil.

« Si l'esprit se débat, toujours nous l'étouffâmes.
Nous parlerons tout bas à l'oreille des femmes.
Nous aurons les pontons, l'Afrique, le Spielberg.
Les vieux bûchers sont morts, nous les ferons revivre,
N'y pouvant jeter l'homme, on y jette le livre;
A défaut de Jean Huss, nous brûlons Gutenberg.

« Et quant à la raison, qui prétend juger Rome,
Flambeau qu'allume Dieu sous le crâne de l'homme,
Dont s'éclairait Socrate et qui guidait Jésus,
Nous, pareils au voleur qui se glisse et qui rampe,
Et commence en entrant par éteindre la lampe,
En arrière et furtifs, nous soufflerons dessus.

« Alors dans l'âme humaine obscurité profonde.
Sur le néant des cœurs le vrai pouvoir se fonde.
Tout ce que nous voudrons, nous le ferons sans bruit;
Pas un souffle de voix, pas un battement d'aile
Ne remuera dans l'ombre, et notre citadelle
Sera comme une tour plus noire que la nuit.

« Nous régnerons. La tourbe obéit comme l'onde.
Nous serons tout-puissants, nous régirons le monde;
Nous posséderons tout : force, gloire et bonheur;
Et nous ne craindrons rien, n'ayant ni foi ni règles...
— Quand vous habiteriez la montagne des aigles,
Je vous arracherais de là, dit le Seigneur! »

Jersey, novembre 1852.

VIII

A UN MARTYR

On lit dans les *Annales de la Propagation de la Foi :*
« Une lettre de Hong-kong (Chine), en date du 24 juillet 1852, nous annonce que M. Bonnard, missionnaire du Tong-king, a été décapité pour la foi, le 1er mai dernier.
« Ce nouveau martyr était né dans le diocèse de Lyon et appartenait à la Société des Missions étrangères. Il était parti pour le Tong-king en 1849. »

I

O saint prêtre ! grande âme ! oh ! je tombe à genoux !
Jeune, il avait encor de longs jours parmi nous ;
    Il n'en a pas compté le nombre ;
Il était à cet âge où le bonheur fleurit ;
Il a considéré la croix de Jésus-Christ
    Toute rayonnante dans l'ombre.

Il a dit : — « C'est le Dieu de progrès et d'amour.
Jésus, qui voit ton front, croit voir le front du jour.
    Christ sourit à qui le repousse.
Puisqu'il est mort pour nous, je veux mourir pour lui ;
Dans son tombeau, dont j'ai la pierre pour appui,
    Il m'appelle d'une voix douce.

« Sa doctrine est le ciel entr'ouvert ; par la main,
Comme un père l'enfant, il tient le genre humain ;

Par lui nous vivons et nous sommes ;
Au chevet des geôliers dormant dans leurs maisons
Il dérobe les clefs de toutes les prisons,
    Et met en liberté les hommes.

« Or il est, loin de nous, une autre humanité
Qui ne le connaît point, et dans l'iniquité
    Rampe enchaînée, et souffre et tombe ;
Ils font pour trouver Dieu de ténébreux efforts ;
Ils s'agitent en vain ; ils sont comme des morts
    Qui tâtent le mur de leur tombe.

« Sans loi, sans but, sans guide, ils errent ici-bas.
Ils sont méchants, étant ignorants ; ils n'ont pas
    Leur part de la grande conquête.
J'irai. Pour les sauver je quitte le saint lieu.
O mes frères, je viens vous apporter mon Dieu ;
    Je viens vous apporter ma tête ! »

Prêtre, il s'est souvenu, calme en nos jours troublés,
De la parole dite aux apôtres : — Allez,
    Bravez les bûchers et les claies ! —
Et de l'adieu du Christ au suprême moment :
— O vivants, aimez-vous ! aimez. En vous aimant,
    Frères, vous fermerez mes plaies. —

Il s'est dit qu'il est bon d'éclairer dans leur nuit
Ces peuples, égarés loin du progrès qui luit,
    Dont l'âme est couverte de voiles ;
Puis il s'en est allé, dans les vents, dans les flots,
Vers les noirs chevalets et les sanglants billots,
    Le yeux fixés sur les étoiles.

II

Ceux vers qui cet apôtre allait l'ont égorgé.

III

Oh! tandis que là-bas, hélas! chez ces barbares,
S'étale l'échafaud de tes membres chargé,
Que le bourreau, rangeant ses glaives et ses barres,
Frotte au gibet son ongle où ton sang s'est figé;

Ciel! tandis que les chiens dans ce sang viennent boire,
Et que la mouche horrible, essaim au vol joyeux,
Comme dans une ruche entre en ta bouche noire
Et bourdonne au soleil dans les trous de tes yeux;

Tandis qu'échevelée, et sans voix, sans paupières,
Ta tête blême est là sur un infâme pieu,
Livrée aux vils affronts, meurtrie à coups de pierres,
Ici, derrière toi, martyr, on vend ton Dieu!

Ce Dieu qui n'est qu'à toi, martyr, on te le vole!
On le livre à Mandrin, ce Dieu pour qui tu meurs!
Des hommes, comme toi revêtus de l'étole,
Pour être cardinaux, pour être sénateurs,

Des prêtres, pour avoir des palais, des carrosses,
Et des jardins, l'été, riant sous le ciel bleu,
Pour argenter leur mitre et pour dorer leurs crosses,
Pour boire de bon vin, assis près d'un bon feu,

Au forban dont la main dans le meurtre est trempée,
Au larron chargé d'or qui paye et qui sourit,
Grand Dieu! retourne-toi vers nous, tête coupée!
Ils vendent Jésus-Christ! ils vendent Jésus-Christ!

Ils livrent au bandit, pour quelques sacs sordides,
L'Évangile, la loi, l'autel épouvanté,
Et la justice aux yeux sévères et candides,
Et l'étoile du cœur humain, la vérité!

Les bons, jetés vivants au bagne, ou morts aux fleuves,
L'homme juste proscrit par Cartouche Sylla,
L'innocent égorgé, le deuil sacré des veuves,
Les pleurs de l'orphelin, ils vendent tout cela!

Tout! la foi, le serment que Dieu tient sous sa garde,
Le saint temple où, mourant, tu dis : *Introïbo,*
Ils livrent tout! pudeur, vertu! — martyr, regarde,
Rouvre tes yeux qu'emplit la lueur du flambeau. —

Ils vendent l'arche auguste où l'hostie étincelle!
Ils vendent Christ, te dis-je! et ses membres liés!
Ils vendent la sueur qui sur son front ruisselle,
Et les clous de ses mains, et les clous de ses pieds!

Ils vendent au brigand qui chez lui les attire
Le grand crucifié sur les hommes penché;
Ils vendent sa parole, ils vendent son martyre,
Et ton martyre à toi par-dessus le marché!

Tant pour les coups de fouet qu'il reçut à la porte!
César! tant pour l'amen! tant pour l'alleluia!

Tant pour la pierre où vint heurter sa tête morte!
Tant pour le drap rougi que sa barbe essuya!

Ils vendent ses genoux meurtris, sa palme verte,
Sa plaie au flanc, son œil tout baigné d'infini,
Ses pleurs, son agonie, et sa bouche entr'ouverte,
Et le cri qu'il poussa, Lamma Sabacthani!

Ils vendent le sépulcre! ils vendent les ténèbres!
Les séraphins chantant au seuil profond des cieux,
Et la mère debout sous l'arbre aux bras funèbres,
Qui, sentant là son fils, ne levait pas les yeux!

Oui, ces évêques, oui, ces marchands, oui, ces prêtres,
A l'histrion du crime, assouvi, couronné,
A ce Néron repu qui rit parmi les traîtres,
Un pied sur Thraséas, un coude sur Phryné,

Au voleur qui tua les lois à coups de crosse,
Au pirate-empereur Napoléon dernier,
Ivre deux fois, immonde encor plus que féroce,
Pourceau dans le cloaque et loup dans le charnier,

Ils vendent, ô martyr, le Dieu pensif et pâle
Qui, debout sur la terre et sous le firmament,
Triste et nous souriant dans notre nuit fatale,
Sur le noir Golgotha saigne éternellement.

Jersey, décembre 1852.

IX

L'ART ET LE PEUPLE

I

L'art, c'est la gloire et la joie ;
Dans la tempête il flamboie,
Il éclaire le ciel bleu.
L'art, splendeur universelle,
Au front du peuple étincelle,
Comme l'astre au front de Dieu.

L'art est un chant magnifique
Qui plaît au cœur pacifique,
Que la cité dit aux bois,
Que l'homme dit à la femme,
Que toutes les voix de l'âme
Chantent en chœur à la fois !

L'art, c'est la pensée humaine
Qui va brisant toute chaîne !
L'art, c'est le doux conquérant !
A lui le Rhin et le Tibre !
Peuple esclave, il te fait libre ;
Peuple libre, il te fait grand !

II

O bonne France invincible,
Chante ta chanson paisible!
Chante, et regarde le ciel!
Ta voix joyeuse et profonde
Est l'espérance du monde,
O grand peuple fraternel!

Bon peuple, chante à l'aurore!
Quand vient le soir, chante encore!
Le travail fait la gaîté.
Ris du vieux siècle qui passe!
Chante l'amour à voix basse,
Et tout haut la liberté!

Chante la sainte Italie,
La Pologne ensevelie,
Naples qu'un sang pur rougit,
La Hongrie agonisante... —
O tyrans! le peuple chante
Comme le lion rugit!

Paris, 6 novembre 1851.

X

CHANSON

Courtisans! attablés dans la splendide orgie,
La bouche par le rire et la soif élargie,
Vous célébrez César, très-bon, très-grand, très-pur ;
Vous buvez, apostats à tout ce qu'on révère,
Le chypre à pleine coupe, et la honte à plein verre...—
    Mangez, moi je préfère,
      Vérité, ton pain dur.

Boursier qui tonds le peuple, usurier qui le triches,
Gais soupeurs de Chevet, ventrus, coquins et riches,
Amis de Fould le juif et de Maupas le grec,
Laissez le pauvre en pleurs sous la porte cochère ;
Engraissez-vous, vivez, et faites bonne chère... —
    Mangez, moi je préfère,
      Probité, ton pain sec.

L'opprobre est une lèpre et le crime une dartre.
Soldats qui revenez du boulevard Montmartre,
Le vin, au sang mêlé, jaillit sur vos habits ;
Chantez ! la table emplit l'École militaire,
Le festin fume, on trinque, on boit, on roule à terre...—
    Mangez, moi je préfère,
      O gloire, ton pain bis.

O peuple des faubourgs, je vous ai vu sublime.

Aujourd'hui vous avez, serf grisé par le crime,
Plus d'argent dans la poche, au cœur moins de fierté.
On va, chaîne au cou, rire et boire à la barrière.
Et vive l'empereur! et vive le salaire!... —
    Mangez, moi je préfère,
    Ton pain noir, liberté !

Jersey, décembre 1852.

XI

1

Oh! je sais qu'ils feront des mensonges sans nombre,
Pour s'évader des mains de la Vérité sombre ;
Qu'ils nieront, qu'ils diront : Ce n'est pas moi, c'est lui !
Mais, n'est-il pas vrai, Dante, Eschyle, et vous, prophètes ?
    Jamais, du poignet des poëtes,
Jamais, pris au collet, les malfaiteurs n'ont fui.
J'ai fermé sur ceux-ci mon livre expiatoire ;
    J'ai mis des verrous à l'histoire ;
    L'histoire est un bagne aujourd'hui.

Le poëte n'est plus l'esprit qui rêve et prie ; —
Il a la grosse clef de la Conciergerie.
Quand ils entrent au greffe, où pend leur chaîne au clou,
On regarde le prince aux poches, comme un drôle,
    Et les empereurs à l'épaule ; —

Macbeth est un escroc, César est un filou.
Vous gardez des forçats, ô mes strophes ailées !...
  Les Calliopes étoilées
  Tiennent des registres d'écrou.

II

O peuples douloureux, il faut bien qu'on vous venge !
Les rhéteurs froids m'ont dit : Le poëte, c'est l'ange ;
Il plane, ignorant Fould, Magnan, Morny, Maupas ;
Il contemple la nuit sereine avec délices... —
  Non, tant que vous serez complices
De ces crimes hideux que je suis pas à pas,
Tant que vous couvrirez ces brigands de vos voiles,
  Cieux azurés, soleils, étoiles,
  Je ne vous regarderai pas !

Tant qu'un gueux forcera les bouches à se taire,
Tant que la liberté sera couchée à terre
Comme une femme morte et qu'on vient de noyer,
Tant que dans les pontons on entendra des râles,
  J'aurai des clartés sépulcrales
Pour tous ces fronts abjects qu'un bandit fait ployer.
Je crierai : Lève-toi, peuple ! ciel, tonne et gronde !
  La France, dans sa nuit profonde,
  Verra ma torche flamboyer !

III

Ces coquins vils qui font de la France une Chine,
On entendra mon fouet claquer sur leur échine.

Ils chantent : *Te Deum,* je crierai : *Memento!*
Je fouaillerai les gens, les faits, les noms, les titres,
  Porte-sabres et porte-mitres ;
Je les tiens dans mon vers comme dans un étau.
On verra choir surplis, épaulettes, bréviaires,
  Et César, sous mes étrivières,
  Se sauver, troussant son manteau!

Et les champs, et les prés, le lac, la fleur, la plaine,
Les nuages pareils à des flocons de laine,
L'eau qui fait frissonner l'algue et les goëmons,
Et l'énorme Océan, hydre aux écailles vertes,
  Les forêts de rumeurs couvertes,
Le phare sur les flots, l'étoile sur les monts,
Me reconnaîtront bien et diront à voix basse :
  C'est un esprit vengeur qui passe,
  Chassant devant lui les démons !

Jersey, novembre 1852.

XII

CARTE D'EUROPE

Des sabres sont partout posés sur les provinces.
L'autel ment. On entend ceux qu'on nomme les princes
Jurer, d'un front tranquille et sans baisser les yeux,
De faux serments qui font, tant ils navrent les âmes,

Tant ils sont monstrueux, effroyables, infâmes,
Remuer le tonnerre endormi dans les cieux.

Les soldats ont fouetté des femmes dans les rues.
Où sont la liberté, la vertu? Disparues!
Dans l'exil! dans l'horreur des pontons étouffants!
O nations! où sont vos âmes les plus belles?
Le boulet, c'est trop peu contre de tels rebelles :
Haynau dans les canons met des têtes d'enfants [1].

Peuple russe, tremblant et morne, tu chemines,
Serf à Saint-Pétersbourg, ou forçat dans les mines.
Le pôle est pour ton maître un cachot vaste et noir;
Russie et Sibérie, ô czar! tyran! vampire!
Ce sont les deux moitiés de ton funèbre empire;
L'une est l'Oppression, l'autre est le Désespoir.

Les supplices d'Ancône emplissent les murailles.
Le pape Mastaï fusille ses ouailles;
Il pose là l'hostie et commande le feu.
Simoncelli périt le premier; tous les autres
Le suivent sans pâlir, tribuns, soldats, apôtres;
Ils meurent, et s'en vont parler du prêtre à Dieu.

Saint-Père, sur tes mains laisse tomber tes manches!
Saint-Père, on voit du sang à tes sandales blanches!
Borgia te sourit, le pape empoisonneur.
Combien sont morts? combien mourront? qui sait le nombre!
Ce qui mène aujourd'hui votre troupeau dans l'ombre,
Ce n'est pas le berger, c'est le boucher, Seigneur!

---

1. Sac de Brescia. Voir les *Mémoires du général Pepe.*

Italie! Allemagne! ô Sicile! ô Hongrie!
Europe, aïeule en pleurs, de misère amaigrie,
Vos meilleurs fils sont morts ; l'honneur sombre est absent.
Au midi l'échafaud, au nord un ossuaire.
La lune chaque nuit se lève en un suaire,
Le soleil chaque soir se couche dans du sang.

Sur les Français vaincus un saint-office pèse.
Un brigand les égorge, et dit : Je les apaise.
Paris lave à genoux le sang qui l'inonda ;
La France garrottée assiste à l'hécatombe.
Par les pleurs, par les cris, réveillés dans la tombe,
— Bien! dit Laubardemont ; — Va! dit Torquemada.

Batthyani, Sandor, Poërio, victimes!
Pour le peuple et le droit en vain nous combattîmes.
Baudin tombe, agitant son écharpe en lambeau ;
Pleurez dans les forêts ; pleurez sur les montagnes!
Où Dieu mit des édens les rois mettent des bagnes ;
Venise est une chiourme et Naple est un tombeau.

Le gibet sur Arad! le gibet sur Palerme!
La corde à ces héros qui levaient d'un bras ferme
Leur drapeau libre et fier devant les rois tremblants!
Tandis qu'on va sacrer l'empereur Schinderhannes,
Martyrs, la pluie à flots ruisselle sur vos crânes,
Et le bec des corbeaux fouille vos yeux sanglants.

Avenir! avenir! voici que tout s'écroule!
Les pâles rois ont fui, la mer vient, le flot roule,
Peuples! le clairon sonne aux quatre coins du ciel ;
Quelle fuite effrayante et sombre! les armées

S'en vont dans la tempête en cendres enflammées,
L'épouvante se lève : — Allons, dit l'Éternel!

Jersey, novembre 1852.

XIII

CHANSON

La femelle? elle est morte.
Le mâle? un chat l'emporte
Et dévore ses os.
Au doux nid qui frissonne
Qui reviendra? personne.
Pauvres petits oiseaux!

Le pâtre absent par fraude!
Le chien mort! le loup rôde,
Et tend ses noirs panneaux;
Au bercail qui frissonne,
Qui veillera? personne.
Pauvres petits agneaux!

L'homme au bagne! la mère
A l'hospice! ô misère!
Le logis tremble aux vents;
L'humble berceau frissonne.

Que reste-t-il ? personne.
Pauvres petits enfants !

Jersey, février 1853.

XIV

C'est la nuit ; la nuit noire, assoupie et profonde,
L'ombre immense élargit ses ailes sur le monde.
Dans vos joyeux palais gardés par le canon,
Dans vos lits de velours, de damas, de linon,
Sous vos chauds couvre-pieds de martres zibelines,
Sous le nuage blanc des molles mousselines,
Derrière vos rideaux qui cachent sous leurs plis
Toutes les voluptés avec tous les oublis,
Aux sons d'une fanfare amoureuse et lointaine,
Tandis qu'une veilleuse, en tremblant, ose à peine
Éclairer le plafond de pourpre et de lampas,
Vous, duc de Saint-Arnaud, vous, comte de Maupas,
Vous, sénateurs, préfets, généraux, juges, princes,
Toi, César, qu'à genoux adorent tes provinces,
Toi qui rêvas l'empire et le réalisas,
Dormez, maîtres... — Voici le jour. Debout, forçats !

Jersey, octobre 1852.

XV

CONFRONTATIONS

O cadavres, parlez! quels sont vos assassins?
Quelles mains ont plongé ces stylets dans vos seins?
Toi d'abord, que je vois dans cette ombre apparaître,
Ton nom? — Religion. — Ton meurtrier? — Le prêtre.
— Vous, vos noms? — Probité, Pudeur, Raison, Vertu.
— Et qui vous égorgea? — L'Église. — Toi, qu'es-tu?
— Je suis la Foi publique. — Et qui t'a poignardée?
— Le Serment. — Toi, qui dors de ton sang inondée?
— Mon nom était Justice. — Et quel est ton bourreau?
— Le juge. — Et toi, géant, sans glaive en ton fourreau,
Et dont la boue éteint l'auréole enflammée?
— Je m'appelle Austerlitz. — Qui t'a tué? — L'armée.

Bruxelles, 5 janvier 1852.

LIVRE II

L'ORDRE EST RÉTABLI

I

IDYLLES

LE SÉNAT.

Vibrez, trombone et chanterelle !
Les oiseaux chantent dans les nids.
La joie est chose naturelle.
Que Magnan danse la trénis
Et Saint-Arnaud la pastourelle !

LES CAVES DE LILLE.

  Miserere !
  Miserere !

LE CONSEIL D'ÉTAT.

Des lampions dans les charmilles !
Des lampions dans les buissons !
Mêlez-vous, sabres et mantilles !

Chantez en chœur, les beaux garçons !
Dansez en rond, les belles filles !

LES GRENIERS DE ROUEN.

Miserere !
Miserere !

LE CORPS LÉGISLATIF.

Jouissons, l'amour nous réclame ;
Chacun, pour devenir meilleur,
Cueille son miel, nourrit son âme,
L'abeille aux lèvres de la fleur,
Le sage aux lèvres de la femme !

BRUXELLES, LONDRES, BELLE-ISLE, JERSEY.

Miserere !
Miserere !

L'HOTEL DE VILLE.

L'empire se met aux croisées :
Rions, jouons, soupons, dînons !
Des pétards aux Champs-Élysées !
A l'oncle il fallait des canons,
Il faut au neveu des fusées.

LES PONTONS.

Miserere !
Miserere !

L'ARMÉE.

Pas de scrupules ! pas de morgue !
A genoux ! un bedeau paraît.

Le tambour obéit à l'orgue.
Notre ardeur sort du cabaret,
Et notre gloire est à la Morgue.

LAMBESSA.

Miserere!
Miserere!

LA MAGISTRATURE.

Mangeons, buvons, tout le conseille.
Heureux l'ami du raisin mûr,
Qui toujours, riant sous sa treille,
Trouve une grappe sur son mur
Et dans sa cave une bouteille!

CAYENNE.

Miserere!
Miserere!

LES ÉVÊQUES.

Jupiter l'ordonne, on révère
Le succès, sur le trône assis.
Trinquons! Le prêtre peu sévère
Vide son âme de soucis,
Et de vin vieux emplit son verre!

LE CIMETIÈRE MONTMARTRE.

Miserere!
Miserere!

Jersey, avril 1853.

II

AU PEUPLE

Partout pleurs, sanglots, cris funèbres.
Pourquoi dors-tu dans les ténèbres?
Je ne veux pas que tu sois mort.
Pourquoi dors-tu dans les ténèbres?
Ce n'est pas l'instant où l'on dort.
La pâle Liberté gît sanglante à ta porte.
    Tu le sais, toi mort, elle est morte.
    Voici le chacal sur ton seuil,
    Voici les rats et les belettes,
Pourquoi t'es-tu laissé lier de bandelettes?
    Ils te mordent dans ton cercueil!
    De tous les peuples on prépare
        Le convoi... —
    Lazare! Lazare! Lazare!
        Lève-toi!

    Paris sanglant, au clair de lune,
    Rêve sur la fosse commune;
    Gloire au général Trestaillon!
    Plus de presse, plus de tribune!
    Quatre-vingt-neuf porte un bâillon.
La Révolution, terrible à qui la touche,
    Est couchée à terre! un Cartouche
    Peut ce qu'aucun Titan ne put.
    Escobar rit d'un rire oblique.

On voit traîner sur toi, géante République,
Tous les sabres de Lilliput.
Le juge, marchand en simarre,
Vend la loi... —
Lazare! Lazare! Lazare!
Lève-toi!

Sur Milan, sur Vienne punie,
Sur Rome étranglée et bénie,
Sur Pesth, torturé sans répit,
La vieille louve Tyrannie,
Fauve et joyeuse, s'accroupit.
Elle rit; son repaire est orné d'amulettes;
Elle marche sur des squelettes,
De la Vistule au Tanaro;
Elle a ses petits qu'elle couve.
Qui la nourrit? qui porte à manger à la louve?
C'est l'évêque, c'est le bourreau.
Qui s'allaite à son flanc barbare?
C'est le roi... —
Lazare! Lazare! Lazare!
Lève-toi!

Jésus parlant à ses apôtres,
Dit : Aimez-vous les uns les autres.
Et voilà bientôt deux mille ans
Qu'il appelle nous et les nôtres,
Et qu'il ouvre ses bras sanglants.
Rome commande et règne au nom du doux prophète.
De trois cercles sacrés est faite
La tiare du Vatican;
Le premier est une couronne,

Le second est le nœud des gibets de Vérone,
Et le troisième est un carcan.
Mastaï met cette tiare
Sans effroi... —
Lazare! Lazare! Lazare!
Lève-toi!

Ils bâtissent des prisons neuves ;
O dormeur sombre, entends les fleuves
Murmurer, teints de sang vermeil ;
Entends pleurer les pauvres veuves,
O noir dormeur au dur sommeil !
Martyrs, adieu ! le vent souffle, les pontons flottent ;
Les mères aux fronts gris sanglotent ;
Leurs fils sont en proie aux vainqueurs ;
Elles gémissent sur la route ;
Les pleurs qui de leurs yeux s'échappent goutte à goutte
Filtrent en haine dans nos cœurs.
Les juifs triomphent, groupe avare
Et sans foi... —
Lazare! Lazare! Lazare!
Lève-toi!

Mais, il semble qu'on se réveille !
Est-ce toi que j'ai dans l'oreille,
Bourdonnement du sombre essaim ?
Dans la ruche frémit l'abeille ;
J'entends sourdre un vague tocsin.
Les Césars, oubliant qu'il est des gémonies,
S'endorment dans les symphonies,
Du lac Baltique au mont Etna ;
Les peuples sont dans la nuit noire ;

Dormez, rois; le clairon dit aux tyrans : Victoire!
    Et l'orgue leur chante : Hosanna!
    Qui répond à cette fanfare?
      Le beffroi... —
Lazare! Lazare! Lazare!
      Lève-toi!

Jersey, mai 1853.

III

SOUVENIR DE LA NUIT DU 4.

L'enfant avait reçu deux balles dans la tête.
Le logis était propre, humble, paisible, honnête;
On voyait un rameau bénit sur un portrait.
Une vieille grand'mère était là qui pleurait.
Nous le déshabillions en silence. Sa bouche
Pâle s'ouvrait; la mort noyait son œil farouche;
Ses bras pendants semblaient demander des appuis.
Il avait dans sa poche une toupie en buis.
On pouvait mettre un doigt dans les trous de ses plaies.
Avez-vous vu saigner la mûre dans les haies?
Son crâne était ouvert comme un bois qui se fend.
L'aïeule regarda déshabiller l'enfant,
Disant : — Comme il est blanc! approchez donc la lampe!
Dieu! ses pauvres cheveux sont collés sur sa tempe! —

Et quand ce fut fini, le prit sur ses genoux.
La nuit était lugubre; on entendait des coups
De fusil dans la rue où l'on en tuait d'autres.
— Il faut ensevelir l'enfant, dirent les nôtres.
Et l'on prit un drap blanc dans l'armoire en noyer.
L'aïeule cependant l'approchait du foyer,
Comme pour réchauffer ses membres déjà roides.
Hélas! ce que la Mort touche de ses mains froides
Ne se réchauffe plus aux foyers d'ici-bas!
Elle pencha la tête et lui tira ses bas,
Et dans ses vieilles mains prit les pieds du cadavre.
— Est-ce que ce n'est pas une chose qui navre!
Cria-t-elle; monsieur, il n'avait pas huit ans!
Ses maîtres, il allait en classe, étaient contents.
Monsieur, quand il fallait que je fisse une lettre,
C'est lui qui l'écrivait. Est-ce qu'on va se mettre
A tuer les enfants maintenant? Ah! mon Dieu!
On est donc des brigands? Je vous demande un peu :
Il jouait ce matin, là, devant la fenêtre!
Dire qu'ils m'ont tué ce pauvre petit être!
Il passait dans la rue, ils ont tiré dessus.
Monsieur, il était bon et doux comme un Jésus.
Moi je suis vieille, il est tout simple que je parte;
Cela n'aurait rien fait à monsieur Bonaparte
De me tuer au lieu de tuer mon enfant! —
Elle s'interrompit, les sanglots l'étouffant,
Puis elle dit, et tous pleuraient près de l'aïeule :
— Que vais-je devenir à présent toute seule?
Expliquez-moi cela, vous autres, aujourd'hui.
Hélas! je n'avais plus de sa mère que lui.
Pourquoi l'a-t-on tué? je veux qu'on me l'explique.
L'enfant n'a pas crié vive la République. —

Nous nous taisions, debout et graves, chapeau bas,
Tremblant devant ce deuil qu'on ne console pas.

Vous ne compreniez point, mère, la politique.
Monsieur Napoléon, c'est son nom authentique,
Est pauvre et même prince ; il aime les palais ;
Il lui convient d'avoir des chevaux, des valets,
De l'argent pour son jeu, sa table, son alcôve,
Ses chasses ; par la même occasion, il sauve
La Famille, l'Église et la Société ;
Il veut avoir Saint-Cloud, plein de roses l'été,
Où viendront l'adorer les préfets et les maires ;
C'est pour cela qu'il faut que les vieilles grand'mères,
De leurs pauvres doigts gris que fait trembler le temps,
Cousent dans le linceul des enfants de sept ans !

Jersey, 2 décembre 1852.

IV

O soleil, ô face divine,
Fleurs sauvages de la ravine,
Grottes où l'on entend des voix,
Parfums que sous l'herbe on devine,
O ronces farouches des bois,

Monts sacrés, hauts comme l'exemple,
Blancs comme le fronton d'un temple,
Vieux rocs, chêne des ans vainqueur,

Dont je sens, quand je vous contemple,
L'âme éparse entrer dans mon cœur,

O vierge forêt, source pure,
Lac limpide que l'ombre azure,
Eau chaste où le ciel resplendit,
Conscience de la nature,
Que pensez-vous de ce bandit?

Jersey, 2 décembre 1852.

V

Puisque le juste est dans l'abîme,
Puisqu'on donne le sceptre au crime,
Puisque tous les droits sont trahis,
Puisque les plus fiers restent mornes,
Puisqu'on affiche au coin des bornes
Le déshonneur de mon pays;

O République de nos pères,
Grand Panthéon plein de lumières,
Dôme d'or dans le libre azur,
Temple des ombres immortelles,
Puisqu'on vient avec des échelles
Coller l'empire sur ton mur;

Puisque toute âme est affaiblie,
Puisqu'on rampe; puisqu'on oublie

Le vrai, le pur, le grand, le beau,
Les yeux indignés de l'histoire,
L'honneur, la loi, le droit, la gloire,
Et ceux qui sont dans le tombeau ;

Je t'aime, exil ! douleur, je t'aime !
Tristesse, sois mon diadème !
Je t'aime, altière pauvreté !
J'aime ma porte aux vents battue.
J'aime le deuil, grave statue
Qui vient s'asseoir à mon côté.

J'aime le malheur qui m'éprouve ;
Et cette ombre où je vous retrouve,
O vous à qui mon cœur sourit,
Dignité, foi, vertu voilée,
Toi, liberté, fière exilée,
Et toi, dévoûment, grand proscrit !

J'aime cette île solitaire,
Jersey, que la libre Angleterre
Couvre de son vieux pavillon,
L'eau noire, par moments accrue,
Le navire, errante charrue,
Le flot, mystérieux sillon.

J'aime ta mouette, ô mer profonde,
Qui secoue en perles ton onde
Sur son aile aux fauves couleurs,
Plonge dans les lames géantes,
Et sort de ces gueules béantes
Comme l'âme sort des douleurs !

J'aime la roche solennelle
D'où j'entends la plainte éternelle,
Sans trêve comme le remords,
Toujours renaissant dans les ombres,
Des vagues sur les écueils sombres,
Des mères sur leurs enfants morts!

Jersey, décembre 1852.

VI

L'AUTRE PRÉSIDENT

I

Donc, vieux partis, voilà votre homme consulaire!
Aux jours sereins, quand rien ne nous vient assiéger,
Dogue aboyant, dragon farouche, hydre en colère;
    Taupe aux jours du danger!

Pour le mettre à leur tête, en nos temps que visite
La tempête, brisant le cèdre et le sapin,
Ils prirent le plus lâche, et, n'ayant pas Thersite,
    Ils choisirent Dupin.

Tandis que ton bras fort pioche, laboure et bêche,
Ils te trahissaient, peuple, ouvrier souverain;
Ces hommes opposaient le président Bobèche
    Au président Mandrin.

II

Sa voix aigre sonnait comme une calebasse;
Ses quolibets mordaient l'orateur au cœur chaud;
Ils avaient, insensés, mis l'âme la plus basse
    Au faîte le plus haut;

Si bien qu'un jour, ce fut un dénoûment immonde,
Des soldats, sabre au poing, quittant leur noir chevet,
Entrèrent dans ce temple auguste où, pour le monde,
    L'aurore se levait!

Devant l'autel des lois qu'on renverse et qu'on brûle,
Honneur, Devoir, criaient à cet homme : — Debout!
Dresse-toi, foudre en main, sur ta chaise curule! —
    Il plongea dans l'égout.

III

Qu'il y reste à jamais! qu'à jamais il y dorme!
Que ce vil souvenir soit à jamais détruit!
Qu'il se dissolve là! qu'il y devienne informe,
    Et pareil à la nuit!

Que, même en l'y cherchant, on le distingue à peine
Dans ce profond cloaque, affreux, morne, béant!
Et que tout ce qui rampe et tout ce qui se traîne
    Se mêle à son néant!

Et que l'histoire un jour ne s'en rende plus compte,
Et dise en le voyant dans la fange étendu :
— On ne sait ce que c'est. C'est quelque vieille honte
    Dont le nom s'est perdu! —

IV

Oh ! si ces âmes-là par l'enfer sont reçues,
S'il ne les chasse pas dans son amer orgueil,
Poëtes qui, portant dans vos mains des massues,
  Gardez ce sombre seuil,

N'est-ce pas? dans ce gouffre où la justice habite,
Dont l'espérance fuit le flamboyant fronton,
Dites, toi de Patmos lugubre cénobite,
  Toi Dante, toi Milton,

Toi, vieil Eschyle, ami des plaintives Électres,
Ce doit être une joie, ô vengeurs des vertus,
De faire souffleter les masques par les spectres,
  Et Dupin par Brutus !

Bruxelles, décembre 1851.

VII

A L'OBÉISSANCE PASSIVE

I

O soldats de l'an deux ! ô guerres ! épopées !
Contre les rois tirant ensemble leurs épées,
  Prussiens, Autrichiens,
Contre toutes les Tyrs et toutes les Sodomes,

Contre le czar du Nord, contre ce chasseur d'hommes,
　　　Suivi de tous ses chiens,

Contre toute l'Europe avec ses capitaines,
Avec ses fantassins couvrant au loin les plaines,
　　　Avec ses cavaliers,
Tout entière debout comme une hydre vivante,
Ils chantaient, ils allaient, l'âme sans épouvante
　　　Et les pieds sans souliers!

Au levant, au couchant, partout, au sud, au pôle,
Avec de vieux fusils sonnant sur leur épaule,
　　　Passant torrents et monts,
Sans repos, sans sommeil, coudes percés, sans vivres,
Ils allaient, fiers, joyeux, et soufflant dans des cuivres,
　　　Ainsi que des démons!

La liberté sublime emplissait leurs pensées.
Flottes prises d'assaut, frontières effacées
　　　Sous leur pas souverain,
O France, tous les jours c'était quelque prodige,
Chocs, rencontres, combats; et Joubert sur l'Adige,
　　　Et Marceau sur le Rhin!

On battait l'avant-garde, on culbutait le centre;
Dans la pluie et la neige et de l'eau jusqu'au ventre,
　　　On allait! en avant!
Et l'un offrait la paix, et l'autre ouvrait ses portes,
Et les trônes, roulant comme des feuilles mortes,
　　　Se dispersaient au vent!

Oh! que vous étiez grands au milieu des mêlées,

Soldats! L'œil plein d'éclairs, faces échevelées
    Dans le noir tourbillon,
Ils rayonnaient, debout, ardents, dressant la tête ;
Et comme les lions aspirent la tempête
    Quand souffle l'aquilon,

Eux, dans l'emportement de leurs luttes épiques,
Ivres, ils savouraient tous les bruits héroïques,
    Le fer heurtant le fer,
La Marseillaise ailée et volant dans les balles,
Les tambours, les obus, les bombes, les cymbales,
    Et ton rire, ô Kléber !

La Révolution leur criait : — Volontaires,
Mourez pour délivrer tous les peuples vos frères ! —
    Contents, ils disaient oui.
— Allez, mes vieux soldats, mes généraux imberbes! —
Et l'on voyait marcher ces va-nu-pieds superbes
    Sur le monde ébloui !

La tristesse et la peur leur étaient inconnues ;
Ils eussent, sans nul doute, escaladé les nues,
    Si ces audacieux,
En retournant les yeux dans leur course olympique,
Avaient vu derrière eux la grande République
    Montrant du doigt les cieux !

II

Oh ! vers ces vétérans quand notre esprit s'élève,
Nous voyons leur front luire et resplendir leur glaive,

Fertile en grands travaux.
C'étaient là les anciens. Mais ce temps les efface !
France, dans ton histoire ils tiennent trop de place ;
France, gloire aux nouveaux !

Oui, gloire à ceux d'hier ! ils se mettent cent mille,
Sabres nus, vingt contre un, sans crainte, et par la ville
S'en vont, tambours battants.
A mitraille ! leur feu brille, l'obusier tonne.
Victoire ! ils ont tué, carrefour Tiquetonne,
Un enfant de sept ans !

Ceux-ci sont des héros qui n'ont pas peur des femmes !
Ils tirent sans pâlir, gloire à ces grandes âmes !
Sur les passants tremblants.
On voit, quand dans Paris leur troupe se promène,
Aux fers de leurs chevaux de la cervelle humaine,
Avec des cheveux blancs !

Ils montent à l'assaut des lois ; sur la patrie
Ils s'élancent ; chevaux, fantassins, batterie,
Bataillon, escadron,
Gorgés, payés, repus, joyeux, fous de colère,
Sonnant la charge, avec Maupas pour vexillaire
Et Veuillot pour clairon !

Tout, le fer et le plomb, manque à nos bras farouches ;
Le peuple est sans fusils, le peuple est sans cartouches ;
Braves, c'est le moment !
Avec quelques tribuns la loi demeure seule.
Derrière vos canons chargés jusqu'à la gueule
Risquez-vous hardiment !

O soldats de décembre! ô soldats d'embuscades
Contre votre pays! honte à vos cavalcades
    Sur Paris consterné!
Vos pères, je l'ai dit, brillaient comme le phare;
Ils bravaient, en chantant une haute fanfare,
    La Mort, spectre étonné;

Vos pères combattaient les plus fières armées,
Le Prussien blond, le Russe aux foudres enflammées,
    Le Catalan bruni;
Vous, vous tuez des gens de bourse et de négoce!
Vos pères, ces géants, avaient pris Saragosse;
    Vous prenez Tortoni!

Histoire, qu'en dis-tu? les vieux dans les batailles
Couraient sur les canons vomissant les mitrailles;
    Ceux-ci vont, sans trembler,
Foulant aux pieds vieillards sanglants, femmes mourantes,
Droit au crime. Ce sont deux façons différentes
    De ne pas reculer.

III

Cet homme fait venir, à l'heure où la nuit voile
    Paris, dormant encor,
Des généraux français portant la triple étoile
    Sur l'épaulette d'or;

Il leur dit : — « Écoutez, pour vos yeux seuls j'écarte
    « L'ombre que je répands;
« Vous crûtes jusqu'ici que j'étais Bonaparte,
    « Mon nom est Guet-apens.

« C'est demain le grand jour, le jour des funérailles
    « Et le jour des douleurs.
« Vous allez vous glisser sans bruit sous les murailles,
    « Comme font les voleurs ;

« Vous prendrez cette pince, à mon service usée,
    « Que je cache sur moi,
« Et vous soulèverez avec une pesée
    « La porte de la loi ;

« Puis, hourrah ! sabre au vent, et la police en tête !
    « Et main basse sur tout,
« Sur vos chefs africains, sur quiconque est honnête,
    « Sur quiconque est debout,

« Sur les représentants, et ceux qu'ils représentent,
    « Sur Paris terrassé !
« Et je vous paîrai bien ! » — Ces généraux consentent
    Vidocq eût refusé.

IV

Maintenant, largesse au prétoire !
Trinquez, soldats ! et depuis quand
A-t-on peur de rire et de boire ?
Fête aux casernes ! fête au camp !

L'orgie a rougi leur moustache,
Les rouleaux d'or gonflent leur sac ;
Pour capitaine ils ont Gamache,
Ils ont Cocagne pour bivouac.

La bombance après l'équipée.
On s'attable. Hier on tua.
O Napoléon, ton épée
Sert de broche à Gargantua.

Le meurtre est pour eux la victoire;
Leur œil, par l'ivresse endormi,
Prend le déshonneur pour la gloire
Et les Français pour l'ennemi.

France, ils t'égorgèrent la veille.
Ils tiennent, c'est leur lendemain,
Dans une main une bouteille
Et ta tête dans l'autre main.

Ils dansent en rond, noirs quadrilles,
Comme des gueux dans le ravin;
Troplong leur amène des filles,
Et Sibour leur verse du vin.

Et leurs banquets sans fin ni trêves
D'orchestres sont environnés... —
Nous faisions pour vous d'autres rêves,
O nos soldats infortunés!

Nous rêvions pour vous l'âpre bise,
La neige au pied du noir sapin,
La brèche où la bombe se brise,
Les nuits sans feu, les jours sans pain.

Nous rêvions les marches forcées,
La faim, le froid, les coups hardis,

Les vieilles capotes usées,
Et la victoire un contre dix !

Nous rêvions, ô soldats esclaves,
Pour vous et pour vos généraux,
La sainte misère des braves,
La grande tombe des héros !

Car l'Europe en ses fers soupire,
Car dans les cœurs un ferment bout
Car voici l'heure où Dieu va dire :
Chaînes, tombez ! Peuples, debout !

L'histoire ouvre un nouveau registre
Le penseur, amer et serein,
Derrière l'horizon sinistre
Entend rouler des chars d'airain.

Un bruit profond trouble la terre ;
Dans les fourreaux s'émeut l'acier ;
Ce vent qui souffle sort, ô guerre,
Des naseaux de ton noir coursier

Vers l'heureux but où Dieu nous mène,
Soldats ! rêveurs, nous vous poussions,
Tête de la colonne humaine,
Avant-garde des nations !

Nous rêvions, bandes aguerries,
Pour vous, fraternels conquérants,
La grande guerre des patries,
La chute immense des tyrans !

Nous réservions votre effort juste,
Vos fiers tambours, vos rangs épais,
Soldats, pour cette guerre auguste
D'où sortira l'auguste paix !

Dans nos songes visionnaires,
Nous vous voyions, ô nos guerriers,
Marcher joyeux dans les tonnerres,
Courir sanglants dans les lauriers ;

Sous la fumée et la poussière
Disparaître en noirs tourbillons,
Puis tout à coup dans la lumière
Surgir, radieux bataillons ;

Et passer, légion sacrée
Que les peuples venaient bénir,
Sous la haute porte azurée
De l'éblouissant avenir !

V

Donc, les soldats français auront vu, jours infâmes !
Après Brune et Desaix, après ces grandes âmes
  Que nous admirons tous,
Après Turenne, après Saintraille, après Lahire,
Poulailler leur donner des drapeaux et leur dire :
  Je suis content de vous !

O drapeaux du passé, si beaux dans les histoires,
Drapeaux de tous nos preux et de toutes nos gloires,

Redoutés du fuyard,
Percés, troués, criblés, sans peur et sans reproche,
Vous qui dans vos lambeaux mêlez le sang de Hoche
Et le sang de Bayard,

O vieux drapeaux! sortez des tombes, des abîmes!
Sortez en foule, ailés de vos haillons sublimes,
Drapeaux éblouissants!
Comme un sinistre essaim qui sur l'horizon monte,
Sortez, venez, volez, sur toute cette honte
Accourez frémissants!

Délivrez nos soldats de ces bannières viles!
Vous qui chassiez les rois, vous qui preniez les villes,
Vous en qui l'âme croit,
Vous qui passiez les monts, les gouffres et les fleuves,
Drapeaux sous qui l'on meurt, chassez ces aigles neuves,
Drapeaux sous qui l'on boit!

Que nos tristes soldats fassent la différence!
Montrez-leur ce que c'est que les drapeaux de France,
Montrez vos sacrés plis
Qui flottaient sur le Rhin, sur la Meuse et la Sambre,
Et faites, ô drapeaux, auprès du Deux-Décembre
Frissonner Austerlitz!

VI

Hélas! tout est fini! fange! néant! nuit noire!
Au-dessus de ce gouffre où croula notre gloire,
Flamboyez, noms maudits!
Maupas, Morny, Magnan, Saint-Arnaud, Bonaparte!

Courbons nos fronts! Gomorrhe a triomphé de Sparte!
      Cinq hommes! cinq bandits!

Toutes les nations tour à tour sont conquises :
L'Angleterre, pays des antiques franchises,
      Par les vieux Neustriens,
Rome par Alaric, par Mahomet Byzance,
La Sicile par trois chevaliers, et la France
      Par cinq galériens!

Soit. Régnez! emplissez de dégoût la pensée,
Notre-Dame d'encens, de danses l'Élysée,
      Montmartre d'ossements.
Régnez! liez ce peuple, à vos yeux populace,
Liez Paris, liez la France à la culasse
      De vos canons fumants!

VII

Quand sur votre poitrine il jeta sa médaille,
Ses rubans et sa croix, après cette bataille
      Et ce coup de lacet,
O soldats dont l'Afrique avait hâlé la joue,
N'avez-vous donc pas vu que c'était de la boue
      Qui vous éclaboussait?

Oh! quand je pense à vous, mon œil se mouille encore!
Je vous pleure, soldats! je pleure votre aurore,
      Et ce qu'elle promit.
Je pleure! car la gloire est maintenant voilée;
Car il est parmi vous plus d'une âme accablée
      Qui songe et qui frémit!

O soldats! nous aimions votre splendeur première;
Fils de la république et fils de la chaumière,
    Que l'honneur échauffait,
Pour servir ce bandit qui dans leur sang se vautre,
Hélas! pour trahir l'une et déshonorer l'autre,
    Que vous ont-elles fait?

Après qui marchez-vous, ô légion trompée?
L'homme à qui vous avez prostitué l'épée,
    Ce criminel flagrant,
Cet aventurier vil en qui vous semblez croire,
Sera Napoléon le Petit dans l'histoire,
    Ou Cartouche le Grand.

Armée! ainsi ton sabre a frappé par derrière
Le serment, le devoir, la loyauté guerrière,
    Le droit au vent jeté,
La révolution sur ce grand siècle empreinte,
Le progrès, l'avenir, la république sainte,
    La sainte liberté,

Pour qu'il puisse asservir ton pays que tu navres,
Pour qu'il puisse s'asseoir sur tous ces grands cadavres,
    Lui, ce nain tout-puissant,
Qui préside l'orgie immonde et triomphale,
Qui cuve le massacre et dont la gorge exhale
    L'affreux hoquet du sang!

VIII

O Dieu, puisque voilà ce qu'a fait cette armée,
Puisque, comme une porte est barrée et fermée,

Elle est sourde à l'honneur,
Puisque tous ces soldats rampent sans espérance,
Et puisque dans le sang ils ont éteint la France,
    Votre flambeau, Seigneur !

Puisque la conscience en deuil est sans refuge ;
Puisque le prêtre assis dans la chaire, et le juge
    D'hermine revêtu,
Adorent le succès, seul vrai, seul légitime,
Et disent qu'il vaut mieux réussir par le crime
    Que choir par la vertu ;

Puisque les âmes sont pareilles à des filles ;
Puisque ceux-là sont morts qui brisaient les bastilles,
    Ou bien sont dégradés ;
Puisque l'abjection aux conseils misérables,
Sortant de tous les cœurs, fait les bouches semblables
    Aux égouts débordés ;

Puisque l'honneur décroît pendant que César monte ;
Puisque dans ce Paris on n'entend plus, ô honte,
    Que des femmes gémir ;
Puisqu'on n'a plus de cœur devant les grandes tâches,
Puisque les vieux faubourgs, tremblant comme des lâches,
    Font semblant de dormir ;

O Dieu vivant, mon Dieu ! prêtez-moi votre force,
Et, moi qui ne suis rien, j'entrerai chez ce Corse
    Et chez cet inhumain ;
Secouant mon vers sombre et plein de votre flamme,
J'entrerai là, Seigneur, la justice dans l'âme
    Et le fouet à la main ;

Et, retroussant ma manche ainsi qu'un belluaire,
Seul, terrible, des morts agitant le suaire
    Dans ma sainte fureur,
Pareil aux noirs vengeurs devant qui l'on se sauve,
J'écraserai du pied l'antre et la bête fauve,
    L'empire et l'empereur !

Jersey, janvier 1853.

LIVRE III

LA FAMILLE EST RESTAURÉE

I

APOTHÉOSE

Méditons! Il est bon que l'esprit se repaisse
De ces spectacles-là. L'on n'était qu'une espèce
De perroquet ayant un grand nom pour perchoir :
Pauvre diable de prince, usant son habit noir,
Auquel mil-huit-cent-quinze avait coupé les vivres.
On n'avait pas dix sous, on emprunte cinq livres.
Maintenant remarquons l'échelle, s'il vous plaît :
De l'écu de cinq francs on s'élève au billet
Signé Garat; bravo! puis du billet de banque
On grimpe au million, rapide saltimbanque ;
Le million gobé fait mordre au milliard.
On arrive au lingot en partant du liard.
Puis carrosses, palais, bals, festins, opulence ;
On s'attable au pouvoir et l'on mange la France.
C'est ainsi qu'un filou devient homme d'État.

Qu'a-t-il fait? un délit? Fi donc! un attentat;

Un grand acte, un massacre, un admirable crime
Auquel la Haute cour prête serment. L'abîme
Se referme en poussant un grognement bourru.
La Révolution sous terre a disparu
En laissant derrière elle une senteur de soufre.
Romieu montre la trappe et dit : voyez le gouffre !
Vivat Mascarillus ! roulement de tambours.
On tient sous le bâton parqués dans les faubourgs
Les ouvriers ainsi que des noirs dans leurs cases;
Paris sur ses pavés voit neiger les ukases;
La Seine devient glace autant que la Néva.
Quant au maître, il triomphe; il se promène, va
De préfet en préfet, vole de maire en maire,
Orné du deux décembre et du dix-huit brumaire,
Bombardé de bouquets, voituré dans des chars,
Laid, joyeux, salué par des chœurs de mouchards.
Puis il rentre empereur au Louvre, il parodie
Napoléon, il lit l'histoire, il étudie
L'honneur et la vertu dans Alexandre six;
Il s'installe au palais du spectre Médicis;
Il quitte par moments sa pourpre ou sa casaque,
Flâne autour du bassin en pantalon cosaque,
Et riant, et semant les miettes sur ses pas,
Donne aux poissons le pain que les proscrits n'ont pas.
La caserne l'adore, on le bénit au prône;
L'Europe est sous ses pieds et tremble sous son trône;
Il règne par la mitre et par le hausse-col.
Ce trône a trois degrés : parjure, meurtre et vol.

O Carrare! ô Paros! ô marbres pentéliques!
O tous les vieux héros des vieilles républiques!
O tous les dictateurs de l'empire latin!

Le moment est venu d'admirer le destin,
Voici qu'un nouveau dieu monte au fronton du temple.
Regarde, peuple, et toi, froide histoire, contemple.
Tandis que nous, martyrs du droit, nous expions,
Avec les Périclès, avec les Scipions,
Sur les frises où sont les Victoires aptères,
Au milieu des césars traînés par des panthères,
Vêtus de pourpre et ceints du laurier souverain,
Parmi les aigles d'or et les louves d'airain,
Comme un astre apparaît parmi ses satellites,
Voici qu'à la hauteur des empereurs stylites,
Entre Auguste à l'œil calme et Trajan au front pur,
Resplendit, immobile en l'éternel azur,
Sur vous, ô panthéons, sur vous, ô propylées,
Robert Macaire avec ses bottes éculées!

Jersey, décembre 1852.

II

L'HOMME A RI

> « M. Victor Hugo vient de publier à Bruxelles un livre qui a pour titre : *Napoléon le Petit*, et qui renferme les calomnies les plus odieuses contre le prince-président.
>
> « On raconte qu'un des jours de la semaine dernière un fonctionnaire apporta ce libelle à Saint-Cloud. Lorsque Louis-Napoléon le vit, il le prit, l'examina un instant avec le sourire du mépris sur les lèvres ; puis, s'adressant aux personnes qui l'entouraient, il dit, en leur montrant le pamphlet : « Voyez, messieurs, voici Napoléon le Petit, par Victor Hugo le Grand. »
>
> (*Journaux élyséens*, août 1852.)

Ah ! tu finiras bien par hurler, misérable !
Encor tout haletant de ton crime exécrable,
Dans ton triomphe abject, si lugubre et si prompt,
Je t'ai saisi. J'ai mis l'écriteau sur ton front ;
Et maintenant la foule accourt et te bafoue.
Toi, tandis qu'au poteau le châtiment te cloue,
Que le carcan te force à lever le menton,
Tandis que, de ta veste arrachant le bouton,
L'histoire à mes côtés met à nu ton épaule,
Tu, dis : je ne sens rien ! et tu nous railles, drôle !
Ton rire sur mon nom gaîment vient écumer ;
Mais je tiens le fer rouge et vois ta chair fumer.

Jersey, août 1852.

III

FABLE OU HISTOIRE

Un jour, maigre et sentant un royal appétit,
Un singe d'une peau de tigre se vêtit.
Le tigre avait été méchant; lui, fut atroce.
Il avait endossé le droit d'être féroce.
Il se mit à grincer des dents, criant : je suis
Le vainqueur des halliers, le roi sombre des nuits!
Il s'embusqua, brigand des bois, dans les épines;
Il entassa l'horreur, le meurtre, les rapines,
Égorgea les passants, dévasta la forêt,
Fit tout ce qu'avait fait la peau qui le couvrait.
Il vivait dans un antre, entouré de carnage.
Chacun, voyant la peau, croyait au personnage.
Il s'écriait, poussant d'affreux rugissements :
Regardez, ma caverne est pleine d'ossements ;
Devant moi, tout recule et frémit, tout émigre,
Tout tremble; admirez-moi, voyez, je suis un tigre!
Les bêtes l'admiraient, et fuyaient à grands pas.
Un belluaire vint, le saisit dans ses bras,
Déchira cette peau comme on déchire un linge,
Mit à nu ce vainqueur, et dit : tu n'es qu'un singe!

Jersey, septembre 1852.

IV

Ainsi les plus abjects, les plus vils, les plus minces
Vont régner! ce n'était pas assez des vrais princes
Qui de leur sceptre d'or insultent le ciel bleu,
Et sont rois et méchants par la grâce de Dieu!
Quoi! tel gueux qui, pourvu d'un titre en bonne forme,
A pour toute splendeur sa bâtardise énorme,
Tel enfant du hasard, rebut des échafauds,
Dont le nom fut un vol et la naissance un faux,
Tel bohème pétri de ruse et d'arrogance,
Tel intrus entrera dans le sang de Bragance,
Dans la maison d'Autriche ou dans la maison d'Est,
Grâce à la fiction légale *is pater est*,
Criera : je suis Bourbon, ou : je suis Bonaparte,
Mettra cyniquement ses deux poings sur la carte,
Et dira: c'est à moi! je suis le grand vainqueur!
Sans que les braves gens, sans que les gens de cœur
Rendent à Curtius ce monarque de cire!
Et, quand je dis : faquin! l'écho répondra : Sire!
Quoi! ce royal croquant, ce maraud couronné,
Qui, d'un boulet de quatre à la cheville orné,
Devrait dans un ponton pourrir à fond de cale,
Cette altesse en ruolz, ce prince en chrysocale,
Se fait devant la France, horrible, ensanglanté,
Donner de l'empereur et de la majesté,
Il trousse sa moustache en croc et la caresse,
Sans que sous les soufflets sa face disparaisse,

Sans que, d'un coup de pied l'arrachant à Saint-Cloud,
On le jette au ruisseau, dût-on salir l'égout!

— Paix, disent cent crétins! c'est fini. Chose faite.
Le Trois-pour-cent est Dieu, Mandrin est son prophète.
Il règne. Nous avons voté! *Vox populi.* —
Oui, je comprends, l'opprobre est un fait accompli.
Mais qui donc a voté? Mais qui donc tenait l'urne?
Mais qui donc a vu clair dans ce scrutin nocturne?
Où donc était la loi dans ce tour effronté?
Où donc la nation? Où donc la liberté?
Ils ont voté!
    Troupeau que la peur mène paître
Entre le sacristain et le garde champêtre,
Vous qui, pleins de terreur, voyez, pour vous manger,
Pour manger vos maisons, vos bois, votre verger,
Vos meules de luzerne et vos pommes à cidre,
S'ouvrir tous les matins les mâchoires d'une hydre;
Braves gens, qui croyez en vos foins, et mettez
De la religion dans vos propriétés;
Ames que l'argent touche et que l'or fait dévotes;
Maires narquois, traînant vos paysans aux votes;
Marguilliers au regard vitreux; curés camus
Hurlant à vos lutrins : *Dæmonem laudamus;*
Sots, qui vous courroucez comme flambe une bûche;
Marchands dont la balance incorrecte trébuche;
Vieux bonshommes crochus, hiboux hommes d'État,
Qui déclarez, devant la fraude et l'attentat,
La tribune fatale et la presse funeste;
Fats, qui, tout effrayés de l'esprit, cette peste,
Criez, quoique à l'abri de la contagion;
Voltairiens, viveurs, fervente légion,

Saints gaillards, qui jetez dans la même gamelle
Dieu, l'orgie et la messe, et prenez pêle-mêle
La défense du ciel et la taille à Goton ;
Bons dos, qui vous courbez, adorant le bâton ;
Contemplateurs béats des gibets de l'Autriche ;
Gens de Bourse effarés, qui trichez et qu'on triche ;
Invalides, lions transformés en toutous ;
Niais, pour qui cet homme est un sauveur ; vous tous
Qui vous ébahissez, bestiaux de Panurge,
Aux miracles que fait Cartouche thaumaturge ;
Noircisseurs de papier timbré, planteurs de choux,
Est-ce que vous croyez que la France c'est vous,
Que vous êtes le peuple, et que jamais vous eûtes
Le droit de nous donner un maître, ô tas de brutes ?

Ce droit, sachez-le bien, chiens du berger Maupas,
Et la France et le peuple eux-mêmes ne l'ont pas.
L'altière Vérité jamais ne tombe en cendre.
La Liberté n'est pas une guenille à vendre,
Jetée au tas, pendue au clou chez un fripier.
Quand un peuple se laisse au piége estropier,
Le droit sacré, toujours à soi-même fidèle,
Dans chaque citoyen trouve une citadelle ;
On s'illustre en bravant un lâche conquérant,
Et le moindre du peuple en devient le plus grand.
Donc, trouvez du bonheur, ô plates créatures,
A vivre dans la fange et dans les pourritures,
Adorez ce fumier sous ce dais de brocart,
L'honnête homme recule et s'accoude à l'écart !
Dans la chute d'autrui je ne veux pas descendre.
L'honneur n'abdique point. Nul n'a droit de me prendre
Ma liberté, mon bien, mon ciel bleu, mon amour.

Tout l'univers aveugle est sans droit sur le jour.
Fût-on cent millions d'esclaves, je suis libre.
Ainsi parle Caton. Sur la Seine ou le Tibre,
Personne n'est tombé tant qu'un seul est debout.
Le vieux sang des aïeux qui s'indigne et qui bout,
La vertu, la fierté, la justice, l'histoire,
Toute une nation avec toute sa gloire
Vit dans le dernier front qui ne veut pas plier.
Pour soutenir le temple il suffit d'un pilier;
Un Français, c'est la France; un Romain contient Rome,
Et ce qui brise un peuple avorte aux pieds d'un homme.

Jersey, novembre 1852.

V

QUERELLES DU SÉRAIL

Ciel! après tes splendeurs qui rayonnaient naguères,
Liberté sainte; après toutes ces grandes guerres,
  Tourbillon inouï;
Après ce Marengo qui brille sur la carte,
Et qui ferait lâcher le premier Bonaparte
  A Tacite ébloui;

Après ces messidors, ces prairials, ces frimaires,
Et tant de préjugés, d'hydres et de chimères,
  Terrassés à jamais;

Après le sceptre en cendre et la Bastille en poudre,
Le trône en flamme; après tous ces grands coups de foudre
    Sur tous ces grands sommets;

Après tous ces géants, après tous ces colosses,
S'acharnant malgré Dieu, comme d'ardents molosses,
    Quand Dieu disait : va-t'en !
Après ton océan, République française,
Où nos pères ont vu passer Quatre-vingt-treize
    Comme Léviathan;

Après Danton, Saint-Just et Mirabeau, ces hommes,
Ces titans, — aujourd'hui, cette France où nous sommes
    Contemple l'embryon !
L'infiniment petit, monstrueux et féroce !
Et, dans la goutte d'eau, les guerres du volvoce
    Contre le vibrion !

Honte ! France, aujourd'hui, voici ta grande affaire :
Savoir si c'est Maupas ou Morny qu'on préfère,
    Là-haut, dans le palais;
Tous deux ont sauvé l'ordre et sauvé les familles;
Lequel l'emportera ? l'un a pour lui les filles,
    Et l'autre, les valets.

Bruxelles, janvier 1852.

VI

ORIENTALE

Lorsque Abd-el-Kader dans sa geôle
Vit entrer l'homme aux yeux étroits
Que l'histoire appelle — ce drôle, —
Et Troplong — Napoléon Trois ; —

Qu'il vit venir, de sa croisée,
Suivi du troupeau qui le sert,
L'homme louche de l'Élysée, —
Lui, l'homme fauve du désert ;

Lui, le sultan né sous les palmes,
Le compagnon des lions roux,
Le hadji farouche aux yeux calmes,
L'émir pensif, féroce et doux,

Lui, sombre et fatal personnage
Qui, spectre pâle au blanc burnous,
Bondissait, ivre de carnage,
Puis tombait dans l'ombre à genoux ;

Qui, de sa tente ouvrant les toiles,
Et priant au bord du chemin,
Tranquille, montrait aux étoiles
Ses mains teintes de sang humain ;

Qui donnait à boire aux épées,
Et qui, rêveur mystérieux,
Assis sur des têtes coupées,
Contemplait la beauté des cieux ;

Voyant ce regard fourbe et traître,
Ce front bas de honte obscurci,
Lui, le beau soldat, le beau prêtre,
Il dit : quel est cet homme-ci ?

Devant ce vil masque à moustaches,
Il hésita ; mais on lui dit :
« — Regarde, émir, passer les haches ;
« Cet homme, c'est César bandit.

« Écoute ces plaintes amères
« Et cette clameur qui grandit.
« Cet homme est maudit par les mères,
« Par les femmes il est maudit ;

« Il les fait veuves, il les navre ;
« Il prit la France et la tua,
« Il ronge à présent son cadavre. »
Alors le hadji salua.

Mais au fond toutes ses pensées
Méprisaient le sanglant gredin ;
Le tigre aux narines froncées
Flairait ce loup avec dédain.

Jersey, novembre 1852.

VII

UN BON BOURGEOIS DANS SA MAISON

> « Mais que je suis donc heureux d'être né en Chine ! Je pos-
> « sède une maison pour m'abriter, j'ai de quoi manger et boire,
> « j'ai toutes les commodités de l'existence, j'ai des habits, des
> « bonnets et une multitude d'agréments ; en vérité, la félicité
> « la plus grande est mon partage ! »
>
> <div align="right">TIEN-CI-KHI, <i>lettré chinois.</i></div>

Il est certains bourgeois, prêtres du dieu Boutique,
Plus voisins de Chrysès que de Caton d'Utique,
Mettant par-dessus tout la rente et le coupon,
Qui, voguant à la Bourse et tenant un harpon,
Honnêtes gens d'ailleurs, mais de la grosse espèce,
Acceptent Phalaris par amour pour leur caisse,
Et le taureau d'airain à cause du veau d'or.
Ils ont voté. Demain ils voteront encor.
Si quelque libre écrit entre leurs mains s'égare,
Les pieds sur les chenets et fumant son cigare,
Chacun de ces votants tout bas raisonne ainsi :
— Ce livre est fort choquant. De quel droit celui-ci
Est-il généreux, ferme et fier, quand je suis lâche ?
En attaquant monsieur Bonaparte, on me fâche.
Je pense comme lui que c'est un gueux ; pourquoi
Le dit-il ? Soit ; d'accord, Bonaparte est sans foi
Ni loi ; c'est un parjure, un brigand, un faussaire,
C'est vrai ; sa politique est armée en corsaire ;

Il a banni jusqu'à des juges suppléants;
Il a coupé leur bourse aux princes d'Orléans;
C'est le piré gredin qui soit sur cette terre;
Mais puisque j'ai voté pour lui, l'on doit se taire.
Écrire contre lui, c'est me blâmer au fond;
C'est me dire : voilà comment les braves font;
Et c'est une façon, à nous qui restons neutres,
De nous faire sentir que nous sommes des pleutres.
J'en conviens, nous avons une corde au poignet.
Que voulez-vous? la Bourse allait mal; on craignait
La république rouge, et même un peu la rose;
Il fallait bien finir par faire quelque chose;
On trouve ce coquin, on le fait empereur;
C'est tout simple. — On voulait éviter la terreur,
Le spectre de monsieur Romieu, la jacquerie;
On s'est réfugié dans cette escroquerie.
Or, quand on dit du mal de ce gouvernement,
Je me sens chatouillé désagréablement.
Qu'on fouaille avec raison cet homme, c'est possible;
Mais c'est m'insinuer à moi, bourgeois paisible
Qui fis ce scélérat empereur ou consul,
Que j'ai dit oui par peur et vivat par calcul.
Je trouve impertinent, parbleu, qu'on me le dise.
M'étant enseveli dans cette couardise,
Il me déplaît qu'on soit intrépide aujourd'hui.
Et je tiens pour affront le courage d'autrui. —

Penseurs, quand vous marquez au front l'homme punique
Qui de la loi sanglante arracha la tunique,
Quand vous vengez le peuple à la gorge saisi,
Le serment et le droit; vous êtes, songez-y,
Entre Sbogar qui règne et Géronte qui vote;

Et votre plume ardente, anarchique, indévote,
Démagogique, impie, attente d'un côté
A ce crime; de l'autre, à cette lâcheté.

Jersey, novembre 1852.

VIII

SPLENDEURS

I

A présent que c'est fait, dans l'avilissement
Arrangeons-nous chacun notre compartiment;
Marchons d'un air auguste et fier; la honte est bue.
Que tout à composer cette cour contribue,
Tout, excepté l'honneur, tout, hormis les vertus.
Faites vivre, animez, envoyez vos fœtus
Et vos nains monstrueux, bocaux d'anatomie;
Donne ton crocodile et donne ta momie,
Vieille Égypte; donnez, tapis francs, vos filous;
Shakspeare, ton Falstaff; noires forêts, vos loups;
Donne, ô bon Rabelais, ton Grandgousier qui mange;
Donne ton diable, Hoffmann; Veuillot, donne ton ange;
Scapin, apporte-nous Géronte dans ton sac;
Beaumarchais, prête-nous Bridoison; que Balzac
Donne Vautrin; Dumas, la Carchonte; Voltaire,
Son Frelon que l'argent fait parler et fait taire;

Mabile, les beautés de son jardin d'hiver ;
Lesage, cède-nous Gil Blas; que Gulliver
Donne tout Lilliput dont l'aigle est une mouche,
Et Scarron Bruscambille et Callot Scaramouche.
Il nous faut un dévot dans ce tripot païen ;
Molière, donne-nous Montalembert. C'est bien;
L'ombre à l'horreur s'accouple et le mauvais au pire.
Tacite, nous avons de quoi faire l'empire;
Juvénal, nous avons de quoi faire un sénat.

II

O Ducos le gascon, ô Rouher l'auvergnat,
Et vous, juifs, Fould-Shylock, Sibour-Iscariote,
Toi Parieu, toi Bertrand, horreur du patriote,
Bauchart, bourreau douceâtre et proscripteur plaintif,
Baroche, dont le nom n'est plus qu'un vomitif,
O valets solennels, ô majestueux fourbes,
Travaillant votre échine à produire des courbes,
Bas, hautains, ravissant les Daumiers enchantés
Par vos convexités et vos concavités,
Convenez avec moi, vous tous qu'ici je nomme,
Que Dieu dans sa sagesse a fait exprès cet homme
Pour régner sur la France, ou bien sur Haïti.
Et vous autres, créés pour grossir son parti,
Philosophes gênés de cuissons à l'épaule,
Et vous, viveurs râpés, frais sortis de la geôle,
Saluez l'être unique et providentiel,
Ce gouvernant tombé d'une trappe du ciel,
Ce César moustachu, gardé par cent guérites,
Qui sait apprécier les gens et les mérites,

Et qui, prince admirable et grand homme en effet,
Fait Poissy sénateur et Clichy sous-préfet.

III

Après quoi l'on ajuste au fait la théorie :
« — A bas les mots! à bas loi, liberté, patrie!
« Plus on s'aplatira, plus on prospérera.
« Jetons au feu tribune et presse et cætera.
« Depuis quatre-vingt-neuf les nations sont ivres.
« Les faiseurs de discours et les faiseurs de livres
« Perdent tout; le poëte est un fou dangereux;
« Le progrès ment, le ciel est vide, l'art est creux,
« Le monde est mort. Le peuple? un âne qui se cabre!
« La force, c'est le droit. Courbons-nous. Gloire au sabre!
« A bas les Washington! vivent les Attila! — »
On a des gens d'esprit pour soutenir cela.

Oui, qu'ils viennent tous ceux qui n'ont ni cœur ni flamme,
Qui boitent de l'honneur et qui louchent de l'âme;
Oui, leur soleil se lève et leur messie est né.
C'est décrété, c'est fait, c'est dit, c'est canonné.
La France est mitraillée, escroquée et sauvée.

Le hibou Trahison pond gaîment sa couvée.

IV

Et partout le néant prévaut; pour déchirer
Notre histoire, nos lois, nos droits; pour dévorer
L'avenir de nos fils et les os de nos pères,

Les bêtes de la nuit sortent de leurs repaires;
Sophistes et soudards resserrent leur réseau;
Les Radetzky flairant le gibet du museau,
Les Giulay, poil tigré, les Buol, face verte,
Les Haynau, les Bomba, rôdent, la gueule ouverte,
Autour du genre humain qui, pâle et garrotté,
Lutte pour la justice et pour la vérité;
Et de Paris à Pesth, du Tibre aux monts Carpathes,
Sur nos débris sanglants rampent ces mille-pattes.

v

Du lourd dictionnaire où Beauzée et Batteux
Ont versé les trésors de leur bon sens goutteux,
Il faut, grâce aux vainqueurs, refaire chaque lettre;
Ame de l'homme, ils ont trouvé moyen de mettre
Sur tes vieilles laideurs un tas de mots nouveaux,
Leurs noms. L'hypocrisie aux yeux bas et dévots
A nom Menjaud, et vend Jésus dans sa chapelle;
On a débaptisé la honte, elle s'appelle
Sibour; la trahison, Maupas; l'assassinat
Sous le nom de Magnan est membre du sénat;
Quant à la lâcheté, c'est Hardouin qu'on la nomme;
Riancey, c'est le mensonge; il arrive de Rome
Et tient la vérité renfermée en son puits;
La platitude a nom Montlaville-Chapuis;
La prostitution, ingénue, est princesse;
La férocité, c'est Carrelet; la bassesse
Signe Rouher, avec Delangle pour greffier.
O Muse, inscris ces noms. Veux-tu qualifier
La justice vénale, atroce, abjecte et fausse :

Commence à Partarieu pour finir par Lafosse.
J'appelle Saint-Arnaud, le meurtre dit : c'est moi.
Et, pour tout compléter par le deuil et l'effroi,
Le vieux calendrier remplace sur sa carte
La Saint-Barthélemy par la Saint-Bonaparte.

Quant au peuple, il admire et vote; on est suspect
D'en douter, et Paris écoute avec respect
Sibour et ses sermons, Troplong et ses troplongues.
Les deux Napoléon s'unissent en diphthongues,
Et Berger entrelace en un chiffre hardi
Le boulevard Montmartre entre Arcole et Lodi.
Spartacus agonise en un bagne fétide;
On chasse Thémistocle, on expulse Aristide,
On jette Daniel dans la fosse aux lions;
Et maintenant ouvrons le ventre aux millions!

<small>Jersey, novembre 1852.</small>

IX

JOYEUSE VIE

I

Bien, pillards, intrigants, fourbes, crétins, puissances!
Attablez-vous en hâte autour des jouissances!
    Accourez! place à tous!
Maîtres, buvez, mangez, car la vie est rapide.

Tout ce peuple conquis, tout ce peuple stupide,
        Tout ce peuple est à vous!

Vendez l'État! coupez les bois! coupez les bourses!
Videz les réservoirs et tarissez les sources!
        Les temps sont arrivés.
Prenez le dernier sou! prenez, gais et faciles,
Aux travailleurs des champs, aux travailleurs des villes!
        Prenez, riez, vivez!

Bombance! allez! c'est bien! vivez! faites ripaille!
La famille du pauvre expire sur la paille,
        Sans porte ni volet.
Le père en frémissant va mendier dans l'ombre;
La mère n'ayant plus de pain, dénûment sombre,
        L'enfant n'a plus de lait.

II

Millions! millions! châteaux! liste civile!
Un jour je descendis dans les caves de Lille;
        Je vis ce morne enfer.
Des fantômes sont là sous terre dans des chambres,
Blêmes, courbés, ployés; le rachis tord leurs membres
        Dans son poignet de fer.

Sous ces voûtes on souffre, et l'air semble un toxique;
L'aveugle en tâtonnant donne à boire au phthisique;
        L'eau coule à longs ruisseaux;
Presque enfant à vingt ans, déjà vieillard à trente,
Le vivant chaque jour sent la mort pénétrante
        S'infiltrer dans ses os.

Jamais de feu ; la pluie inonde la lucarne ;
L'œil en ces souterrains où le malheur s'acharne
　　　Sur vous, ô travailleurs,
Près du rouet qui tourne et du fil qu'on dévide,
Voit des larves errer dans la lueur livide
　　　Du soupirail en pleurs.

Misère ! L'homme songe en regardant la femme.
Le père, autour de lui sentant l'angoisse infâme
　　　Étreindre la vertu,
Voit sa fille rentrer sinistre sous la porte,
Et n'ose, l'œil fixé sur le pain qu'elle apporte,
　　　Lui dire : d'où viens-tu ?

Là dort le désespoir sur son haillon sordide ;
Là, l'avril de la vie, ailleurs tiède et splendide,
　　　Ressemble au sombre hiver ;
La vierge, rose au jour, dans l'ombre est violette ;
Là, rampent dans l'horreur la maigreur du squelette,
　　　La nudité du ver ;

Là frissonnent, plus bas que les égouts des rues,
Familles de la vie et du jour disparues,
　　　Des groupes grelottants ;
Là, quand j'entrai, farouche, aux méduses pareille,
Une petite fille à figure de vieille
　　　Me dit : j'ai dix-huit ans !

Là, n'ayant pas de lit, la mère malheureuse
Met ses petits enfants dans un trou qu'elle creuse,
　　　Tremblants comme l'oiseau ;
Hélas ! ces innocents aux regards de colombe

Trouvent en arrivant sur la terre une tombe,
    En place d'un berceau !

Caves de Lille ! on meurt sous vos plafonds de pierre !
J'ai vu, vu de mes yeux pleurant sous ma paupière,
    Râler l'aïeul flétri,
La fille aux yeux hagards de ses cheveux vêtue,
Et l'enfant spectre au sein de la mère statue !
    O Dante Alighieri !

C'est de ces douleurs-là que sortent vos richesses,
Princes ! ces dénûments nourrissent vos largesses,
    O vainqueurs ! conquérants !
Votre budget ruisselle et suinte à larges gouttes
Des murs de ces caveaux, des pierres de ces voûtes,
    Du cœur de ces mourants.

Sous ce rouage affreux qu'on nomme tyrannie,
Sous cette vis que meut le fisc, hideux génie,
    De l'aube jusqu'au soir,
Sans trêve, nuit et jour, dans le siècle où nous sommes,
Ainsi que des raisins on écrase des hommes,
    Et l'or sort du pressoir.

C'est de cette détresse et de ces agonies,
De cette ombre, où jamais, dans les âmes ternies,
    Espoir, tu ne vibras,
C'est de ces bouges noirs pleins d'angoisses amères,
C'est de ce sombre amas de pères et de mères
    Qui se tordent les bras,

Oui, c'est de ce monceau d'indigences terribles
Que les lourds millions étincelants, horribles,

Semant l'or en chemin,
Rampant vers les palais et les apothéoses,
Sortent, monstres joyeux et couronnés de roses,
Et teints de sang humain!

III

O paradis! splendeurs! versez à boire aux maîtres!
L'orchestre rit, la fête empourpre les fenêtres,
La table éclate et luit;
L'ombre est là sous leurs pieds; les portes sont fermées;
La prostitution des vierges affamées
Pleure dans cette nuit!

Vous tous qui partagez ces hideuses délices,
Soldats payés, tribuns vendus, juges complices,
Évêques effrontés,
La misère frémit sous ce Louvre où vous êtes!
C'est de fièvre et de faim et de mort que sont faites
Toutes vos voluptés!

A Saint-Cloud, effeuillant jasmins et marguerites,
Quand s'ébat sous les fleurs l'essaim des favorites,
Bras nus et gorge au vent,
Dans le festin qu'égaye un lustre à mille branches,
Chacune, en souriant, dans ses belles dents blanches
Mange un enfant vivant!

Mais qu'importe! riez! Se plaindra-t-on sans cesse?
Serait-on empereur, prélat, prince et princesse,
Pour ne pas s'amuser?

Ce peuple en larmes, triste, et que la faim déchire,
Doit être satisfait puisqu'il vous entend rire
    Et qu'il vous voit danser !

Qu'importe ! Allons, emplis ton coffre, emplis ta poche.
Chantez, le verre en main, Troplong, Sibour, Baroche !
    Ce tableau nous manquait.
Regorgez, quand la faim tient le peuple en sa serre,
Et faites, au-dessus de l'immense misère,
    Un immense banquet !

IV

Ils marchent sur toi, peuple ! ô barricade sombre,
Si haute hier, dressant dans les assauts sans nombre
    Ton front de sang lavé,
Sous la roue emportée, étincelante et folle
De leur coupé joyeux qui rayonne et qui vole,
    Tu redeviens pavé !

A César ton argent, peuple ; à toi, la famine.
N'es-tu pas le chien vil qu'on bat et qui chemine
    Derrière son seigneur ?
A lui la pourpre ; à toi la hotte et les guenilles.
Peuple, à lui la beauté de ces femmes, tes filles,
    A toi leur déshonneur !

V

Ah ! quelqu'un parlera. La muse, c'est l'histoire.
Quelqu'un élèvera la voix dans la nuit noire.

Riez, bourreaux bouffons!
Quelqu'un te vengera, pauvre France abattue,
Ma mère! et l'on verra la parole qui tue
　　Sortir des cieux profonds!

Ces gueux, pires brigands que ceux des vieilles races,
Rongeant le pauvre peuple avec leurs dents voraces,
　　Sans pitié, sans merci,
Vils, n'ayant pas de cœur, mais ayant deux visages,
Disent : — Bah! le poëte! Il est dans les nuages! —
　　Soit. Le tonnerre aussi.

　　　Jersey, janvier 1853.

X

L'EMPEREUR S'AMUSE

Chanson

Pour les bannis opiniâtres
La France est loin, la tombe est près.
Prince, préside aux jeux folâtres,
Chasse aux femmes dans les théâtres,
Chasse aux chevreuils dans les forêts ;
Rome te brûle le cinname,
　Les rois te disent : mon cousin. —
Sonne aujourd'hui le glas, bourdon de Notre-Dame,
　　Et demain le tocsin!

Les plus frappés sont les plus dignes.
Ou l'exil ! ou l'Afrique en feu !
Prince, Compiègne est plein de cygnes,
Cours dans les bois, cours dans les vignes,
Vénus rayonne au plafond bleu ;
La bacchante aux bras nus se pâme
Sous sa couronne de raisin. —
Sonne aujourd'hui le glas, bourdon de Notre-Dame,
 Et demain le tocsin !

Les forçats bâtissent le phare,
Traînant leurs fers au bord des flots !
Hallali ! Hallali ! fanfare !
Le cor sonne, le bois s'effare,
La lune argente les bouleaux ;
A l'eau les chiens ! le cerf qui brame
Se perd dans l'ombre du bassin. —
Sonne aujourd'hui le glas, bourdon de Notre-Dame,
 Et demain le tocsin !

Le père est au bagne à Cayenne,
Et les enfants meurent de faim.
Le loup verse à boire à l'hyène ;
L'homme à la mitre citoyenne
Trinque en son ciboire d'or fin ;
On voit luire les yeux de flamme
Des faunes dans l'antre voisin. —
Sonne aujourd'hui le glas, bourdon de Notre-Dame,
 Et demain le tocsin !

Les morts, au boulevard Montmartre,
Rôdent, montrant leur plaie au cœur.

Pâtés de Strasbourg et de Chartre,
Sous la table au tapis de martre,
Les belles boivent au vainqueur ;
Et leur sourire offre leur âme,
Et leur corset offre leur sein. —
Sonne aujourd'hui le glas, bourdon de Notre-Dame,
  Et demain le tocsin !

Captifs, expirez dans les fièvres.
Vous allez donc vous reposer!
Dans le vieux saxe et le vieux sèvres
On soupe, on mange, et sur les lèvres
Éclôt le doux oiseau baiser ;
Et, tout en riant, chaque femme
En laisse fuir un fol essaim. —
Sonne aujourd'hui le glas, bourdon de Notre-Dame,
  Et demain le tocsin !

La Guyane, cachot-fournaise,
Tue aujourd'hui comme jadis.
Couche-toi, joyeux et plein d'aise,
Au lit où coucha Louis seize,
Puis l'empereur, puis Charles dix ;
Endors-toi, pendant qu'on t'acclame
La tête sur leur traversin. —
Sonne aujourd'hui le glas, bourdon de Notre-Dame,
  Et demain le tocsin !

O deuil ! par un bandit féroce
L'avenir est mort poignardé !
C'est aujourd'hui la grande noce,
Le fiancé monte en carrosse ;

C'est lui! César le bien gardé!
Peuples, chantez l'épithalame!
La France épouse l'assassin. —
Sonne aujourd'hui le glas, bourdon de Notre-Dame,
    Et demain le tocsin!

Jersey, décembre 1853.

XI

— Sentiers où l'herbe se balance,
Vallons, coteaux, bois chevelus,
Pourquoi ce deuil et ce silence?
— Celui qui venait ne vient plus.

— Pourquoi personne à ta fenêtre,
Et pourquoi ton jardin sans fleurs,
O maison! où donc est ton maître?
— Je ne sais pas, il est ailleurs.

— Chien, veille au logis. — Pourquoi faire?
La maison est vide à présent.
— Enfant, qui pleures-tu? — Mon père.
— Femme, qui pleures-tu? — L'absent.

— Où s'en est-il allé? — Dans l'ombre.
— Flots qui gémissez sur l'écueil,

D'où venez-vous? — Du bagne sombre.
— Et qu'apportez-vous? — Un cercueil.

Juillet 1853.

XII

O Robert, un conseil. Ayez l'air moins candide.
Soyons homme d'esprit. Le moment est splendide,
Je le sais; le quart d'heure est chatoyant, c'est vrai;
Cette Californie est riche en minerai,
D'accord; mais cependant quand un préfet, un maire,
Un évêque adorant le fils de votre mère,
Quand un Suin, un Parieu, payé pour sa ferveur,
Vous parlant en plein nez, vous appelle sauveur,
Vous promet l'avenir, atteste Fould et Magne,
Et vous fait coudoyer César et Charlemagne,
Mon cher, vous accueillez ces propos obligeant
D'un air de bonne foi qui prête à rire aux gens.
Vous avez l'œil béat d'un bailli de province.
Par ces simplicités vous affligez, ô prince,
Napoléon, votre oncle, et moi, votre parrain.
Ne soyons pas Jocrisse ayant été Mandrin.
On vole un trône, on prend un peuple en une attrape,
Mais il est de bon goût d'en rire un peu sous cape
Et de cligner de l'œil du côté des malins.
Être sa propre dupe! ah! fi donc! verres pleins,

Poche pleine, et rions! la France rampe et s'offre;
Soyons un sage à qui Jupiter livre un coffre;
Dépêchons-nous, pillons, régnons vite. — Mais quoi!
Le pape nous bénit; czar, sultan, duc et roi
Sont nos cousins; fonder un empire, est facile;
Il est doux d'être chef d'une race! — Imbécile!
Te figures-tu donc que ceci durera?
Prends-tu pour du granit ce décor d'opéra?
Paris dompté! par toi! dans quelle apocalypse
Lit-on que le géant devant le nain s'éclipse?
Crois-tu donc qu'on va voir, gaîment, l'œil impudent,
Ta fortune cynique écraser sous sa dent
La Révolution que nos pères ont faite,
Ainsi qu'une guenon qui croque une noisette?
Ote-toi de l'esprit ce rêve enchanteur. Crois
A Rose Tamisier faisant saigner la croix,
A l'âme de Baroche entr'ouvrant sa corolle,
Crois à l'honnêteté de Deutz, à ta parole,
C'est bien; mais ne crois pas à ton succès; il ment.
Rose Tamisier, Deutz, Baroche, ton serment,
C'est de l'or, j'en conviens; ton sceptre est de l'argile.
Dieu, qui t'a mis au coche, écrit sur toi : fragile.

Jersey, mai 1853.

XIII

L'histoire a pour égout des temps comme les nôtres;
Et c'est là que la table est mise pour vous autres.
C'est là, sur cette nappe où, joyeux, vous mangez,
Qu'on voit,— tandis qu'ailleurs, nus et de fers chargés,
Agonisent, sereins, calmes, le front sévère,
Socrate à l'Agora, Jésus-Christ au Calvaire,
Colomb dans son cachot, Jean Hus sur son bûcher,
Et que l'humanité pleure et n'ose approcher
Tous ces gibets où sont les justes et les sages, —
C'est là qu'on voit trôner dans la longueur des âges,
Parmi les vins, les luths, les viandes, les flambeaux,
Sur des coussins de pourpre oubliant les tombeaux,
Ouvrant et refermant leurs féroces mâchoires,
Ivres, heureux, affreux, la tête dans des gloires,
Tout le troupeau hideux des satrapes dorés;
C'est là qu'on entend rire et chanter, entourés
De femmes couronnant de fleurs leurs turpitudes,
Dans leur lasciveté prenant mille attitudes,
Laissant peuples et chiens en bas ronger les os,
Tous les hommes requins, tous les hommes pourceaux,
Les princes de hasard plus fangeux que les rues,
Les goinfres courtisans, les altesses ventrues,
Toute gloutonnerie et toute abjection,
Depuis Cambacérès jusqu'à Trimalcion.

Jersey, février 1853.

XIV

A PROPOS DE LA LOI FAIDER

Ce qu'on appelle Charte ou Constitution,
C'est un antre qu'un peuple en révolution
Creuse dans le granit, abri sûr et fidèle.
Joyeux, le peuple enferme en cette citadelle
Ses conquêtes, ses droits, payés de tant d'efforts,
Ses progrès, son honneur ; pour garder ces trésors,
Il installe en la haute et superbe tanière
La fauve liberté, secouant sa crinière.
L'œuvre faite, il s'apaise, il reprend ses travaux ;
Il retourne à son champ, fier de ses droits nouveaux,
Et tranquille il s'endort sur des dates célèbres,
Sans songer aux larrons rôdant dans les ténèbres.
Un beau matin, le peuple en s'éveillant va voir
Sa Constitution, temple de son pouvoir ;
Hélas ! de l'antre auguste on a fait une niche.
Il y mit un lion, il y trouve un caniche.

Jersey, décembre 1852.

XV

LE BORD DE LA MER

HARMODIUS.

La nuit vient. Vénus brille.

L'ÉPÉE.

Harmodius, c'est l'heure!

LA BORNE DU CHEMIN.

Le tyran va passer.

HARMODIUS.

J'ai froid, rentrons.

UN TOMBEAU.

Demeure.

HARMODIUS.

Qu'es-tu?

LE TOMBEAU.

Je suis la tombe. — Exécute ou péris.

UN NAVIRE A L'HORIZON.

Je suis la tombe aussi, j'emporte les proscrits.

L'ÉPÉE.

Attendons le tyran.

HARMODIUS.

J'ai froid. Quel vent!

LE VENT.

                              Je passe.
Mon bruit est une voix. Je sème dans l'espace
Les cris des exilés, de misère expirants,
Qui sans pain, sans abri, sans amis, sans parents,
Meurent en regardant du côté de la Grèce.

VOIX DANS L'AIR.

Némésis! Némésis! lève-toi, vengeresse!

L'ÉPÉE.

C'est l'heure. Profitons de l'ombre qui descend.

LA TERRE.

Je suis pleine de morts.

LA MER.

                    Je suis rouge de sang.
Les fleuves m'ont porté des cadavres sans nombre.

LA TERRE.

Les morts saignent pendant qu'on adore son ombre.
A chaque pas qu'il fait sous le clair firmament,
Je les sens s'agiter en moi confusément.

UN FORÇAT.

Je suis forçat, voici la chaîne que je porte,
Hélas! pour n'avoir pas chassé loin de ma porte
Le proscrit qui fuyait, noble et pur citoyen.

L'ÉPÉE.

Ne frappe pas au cœur, tu ne trouverais rien.

LA LOI.

J'étais la loi, je suis un spectre. Il m'a tuée.

LA JUSTICE.

De moi, prêtresse, il fait une prostituée.

LES OISEAUX.

Il a retiré l'air des cieux et nous fuyons.

LA LIBERTÉ.

Je m'enfuis avec eux. — ô terre sans rayons,
Grèce, adieu !

UN VOLEUR.

   Ce tyran, nous l'aimons. Car ce maître
Que respecte le juge et qu'admire le prêtre,
Qu'on accueille partout de cris encourageants,
Est plus pareil à nous qu'à vous, honnêtes gens.

LE SERMENT.

Dieux puissants ! à jamais fermez toutes les bouches !
La confiance est morte au fond des cœurs farouches.
Homme, tu mens ! Soleil, tu mens ! Cieux, vous mentez !
Soufflez, vents de la nuit ! emportez, emportez
L'honneur et la vertu, cette sombre chimère !

LA PATRIE.

Mon fils, je suis aux fers ! Mon fils, je suis ta mère !
Je tends les bras vers toi du fond de ma prison.

HARMODIUS.

Quoi! le frapper, la nuit, rentrant dans sa maison!
Quoi! devant ce ciel noir, devant ces mers sans borne!
Le poignarder, devant ce gouffre obscur et morne,
En présence de l'ombre et de l'immensité!

LA CONSCIENCE.

Tu peux tuer cet homme avec tranquillité!

Jersey, octobre 1852.

XVI

NON

Laissons le glaive à Rome et le stylet à Sparte,
Ne faisons pas saisir, trop pressés de punir,
Par le spectre Brutus le brigand Bonaparte.
Gardons ce misérable au sinistre avenir.

Vous serez satisfaits, je vous le certifie,
Bannis, qui de l'exil portez le triste faix,
Captifs, proscrits, martyrs qu'il foule et qu'il défie,
Vous tous qui frémissez, vous serez satisfaits.

Jamais au criminel son crime ne pardonne;
Mais gardez, croyez-moi, la vengeance au fourreau;
Attendez; ayez foi dans les ordres que donne
Dieu, juge patient, au temps, tardif bourreau!

Laissons vivre le traître en sa honte insondable.
Ce sang humilîrait même le vil couteau.
Laissons venir le temps, l'inconnu formidable
Qui tient le châtiment caché sous son manteau.

Qu'il soit le couronné parce qu'il est le pire ;
Le maître des fronts plats et des cœurs abrutis ;
Que son sénat décerne à sa race l'empire,
S'il trouve une femelle et s'il a des petits ;

Qu'il règne par la messe et par la pertuisane ;
Qu'on le fasse empereur dans son flagrant délit,
Que l'église en rampant, que cette courtisane
Se glisse dans son antre et couche dans son lit ;

Qu'il soit cher à Troplong, que Sibour le vénère,
Qu'il leur donne son pied tout sanglant à baiser,
Qu'il vive, ce César ! Louvel ou Lacenaire
Seraient pour le tuer forcés de se baisser.

Ne tuez pas cet homme, ô vous, songeurs sévères,
Rêveurs mystérieux, solitaires et forts,
Qui, pendant qu'on le fête et qu'il choque es verres,
Marchez, le poing crispé, dans l'herbe où sont les morts !

Avec l'aide d'en haut toujours nous triomphâmes.
L'exemple froid vaut mieux qu'un éclair de fureur.
Non, ne le tuez pas. Les piloris infâmes
Ont besoin d'être ornés parfois d'un empereur.

  Jersey, octobre 1852.

LIVRE IV

LA RELIGION EST GLORIFIÉE

I

SACER ESTO

Non, Liberté! non, Peuple, il ne faut pas qu'il meure!
Oh! certes, ce serait trop simple, en vérité,
Qu'après avoir brisé les lois, et sonné l'heure
Où la sainte pudeur au ciel a remonté;

Qu'après avoir gagné sa sanglante gageure,
Et vaincu par l'embûche et le glaive et le feu;
Qu'après son guet-apens, ses meurtres, son parjure,
Son faux serment, soufflet sur la face de Dieu;

Qu'après avoir traîné la France, au cœur frappée,
Et par les pieds liée, à son immonde char,
Cet infâme en fût quitte avec un coup d'épée
Au cou comme Pompée, au flanc comme César!

Non ! il est l'assassin qui rôde dans les plaines :
Il a tué, sabré, mitraillé sans remords,
Il fit la maison vide, il fit les tombes pleines,
Il marche, il va, suivi par l'œil fixe des morts ;

A cause de cet homme, empereur éphémère,
Le fils n'a plus de père et l'enfant plus d'espoir,
La veuve à genoux pleure et sanglote, et la mère
N'est plus qu'un spectre assis sous un long voile noir ;

Pour filer ses habits royaux, sur les navettes
On met du fil trempé dans le sang qui coula ;
Le boulevard Montmartre a fourni ses cuvettes,
Et l'on teint son manteau dans cette pourpre-là ;

Il vous jette à Cayenne, à l'Afrique, aux sentines,
Martyrs, héros d'hier et forçats d'aujourd'hui !
Le couteau ruisselant des rouges guillotines
Laisse tomber le sang goutte à goutte sur lui ;

Lorsque la trahison, sa complice livide,
Vient et frappe à sa porte, il fait signe d'ouvrir ;
Il est le fratricide ! il est le parricide ! —
Peuples, c'est pour cela qu'il ne doit pas mourir !

Gardons l'homme vivant. Oh ! châtiment superbe !
Oh ! S'il pouvait un jour passer par le chemin,
Nu, courbé, frissonnant, comme au vent tremble l'herbe,
Sous l'exécration de tout le genre humain !

Étreint par son passé tout rempli de ses crimes,
Comme par un carcan tout hérissé de clous,

Cherchant les lieux profonds, les forêts, les abîmes,
Pâle, horrible, effaré, reconnu par les loups;

Dans quelque bagne vil n'entendant que sa chaîne,
Seul, toujours seul, parlant en vain aux rochers sourds,
Voyant autour de lui le silence et la haine,
Des hommes nulle part et des spectres toujours;

Vieillissant, rejeté par la mort comme indigne,
Tremblant sous la nuit noire, affreux sous le ciel bleu... —
Peuples, écartez-vous! cet homme porte un signe:
Laissez passer Caïn! il appartient à Dieu.

Jersey, octobre 1852.

11

CE QUE LE POËTE SE DISAIT EN 1848

Tu ne dois pas chercher le pouvoir, tu dois faire
Ton œuvre ailleurs; tu dois, esprit d'une autre sphère,
Devant l'occasion reculer chastement.
De la pensée en deuil doux et sévère amant,
Compris ou dédaigné des hommes, tu dois être
Pâtre pour les garder et pour les bénir prêtre.
Lorsque les citoyens, par la misère aigris,
Fils de la même France et du même Paris,
S'égorgent; quand, sinistre, et soudain apparue,

La morne barricade au coin de chaque rue
Monte et vomit la mort de partout à la fois,
Tu dois y courir seul et désarmé ; tu dois
Dans cette guerre impie, abominable, infâme,
Présenter ta poitrine et répandre ton âme,
Parler, prier, sauver les faibles et les forts,
Sourire à la mitraille et pleurer sur les morts ;
Puis remonter tranquille à ta place isolée,
Et là, défendre, au sein de l'ardente assemblée,
Et ceux qu'on veut proscrire et ceux qu'on croit juger,
Renverser l'échafaud, servir et protéger
L'ordre et la paix qu'ébranle un parti téméraire,
Nos soldats trop aisés à tromper, et ton frère,
Le pauvre homme du peuple aux cabanons jeté,
Et les lois, et la triste et fière liberté ;
Consoler, dans ces jours d'anxiété funeste,
L'art divin qui frissonne et pleure, et pour le reste
Attendre le moment suprême et décisif.

Ton rôle est d'avertir et de rester pensif.

Paris, juillet 1848.

III

LES COMMISSIONS MIXTES

Ils sont assis dans l'ombre et disent : nous jugeons.
Ils peuplent d'innocents les geôles, les donjons,

Et les pontons, nefs abhorrées,
Qui flottent au soleil, sombres comme le soir,
Tandis que le reflet des mers sur leur flanc noir
Frissonne en écailles dorées.

Pour avoir sous son chaume abrité des proscrits,
Ce vieillard est au bagne, et l'on entend ses cris.
A Cayenne, à Bône, aux galères,
Quiconque a combattu cet escroc du scrutin
Qui, traître, après avoir crocheté le Destin,
Filouta les droits populaires!

Ils ont frappé l'ami des lois; ils ont flétri
La femme qui portait du pain à son mari,
Le fils qui défendait son père;
Le droit? on l'a banni; l'honneur? on l'exila.
Cette justice-là sort de ces juges-là,
Comme des tombeaux la vipère.

Bruxelles, juillet 1852.

IV

A DES JOURNALISTES DE ROBE COURTE

Parce que, jargonnant vêpres, jeûne et vigile,
Exploitant Dieu qui rêve au fond du firmament,
Vous avez, au milieu du divin évangile,
Ouvert boutique effrontément;

Parce que vous feriez prendre à Jésus la verge,
Cyniques brocanteurs sortis on ne sait d'où;
Parce que vous allez vendant la sainte Vierge
    Dix sous avec miracle, et sans miracle un sou;

Parce que vous contez d'effroyables sornettes
Qui font des temples saints trembler les vieux piliers,
Parce que votre style éblouit les lunettes
    Des duègnes et des marguilliers;

Parce que la soutane est sous vos redingotes,
Parce que vous sentez la crasse et non l'œillet,
Parce que vous bâclez un journal de bigotes
    Pensé par Escobar, écrit par Patouillet;

Parce qu'en balayant leurs portes, les concierges
Poussent dans le ruisseau ce pamphlet méprisé;
Parce que vous mêlez à la cire des cierges
    Votre affreux suif vert-de-grisé;

Parce qu'à vous tout seuls vous faites une espèce;
Parce qu'enfin, blanchis dehors et noirs dedans,
Criant meâ culpâ, battant la grosse caisse,
La boue au cœur, la larme à l'œil, le fifre aux dents,

Pour attirer les sots qui donnent tête-bêche
Dans tous les vils panneaux du mensonge immortel,
Vous avez adossé le tréteau de Bobèche
    Aux saintes pierres de l'autel,

Vous vous croyez le droit, trempant dans l'eau bénite
Cette griffe qui sort de votre abject pourpoint,

De dire : je suis saint, ange, vierge et jésuite,
J'insulte les passants et je ne me bats point !

O pieds plats ! votre plume au fond de vos masures
Griffonne, va, vient, court, boit l'encre, rend du fiel,
Bave, égratigne et crache, et ses éclaboussures
    Font des taches jusques au ciel !

Votre immonde journal est une charretée
De masques déguisés en prédicants camus,
Qui passent en prêchant la cohue ameutée
Et qui parlent argot entre deux oremus.

Vous insultez l'esprit, l'écrivain dans ses veilles,
Et le penseur rêvant sur les libres sommets;
Et quand on va chez vous pour chercher vos oreilles,
    Vos oreilles n'y sont jamais.

Après avoir lancé l'affront et le mensonge,
Vous fuyez, vous courez, vous échappez aux yeux.
Chacun a ses instincts, et s'enfonce et se plonge,
Le hibou dans les trous et l'aigle dans les cieux !

Vous, où vous cachez-vous? dans quel hideux repaire?
O Dieu ! l'ombre où l'on sent tous les crimes passer
S'y fait autour de vous plus noire, et la vipère
    S'y glisse et vient vous y baiser.

Là vous pouvez, dragons qui rampez sous les presses,
Vous vautrer dans la fange où vous jettent vos goûts.
Le sort qui dans vos cœurs mit toutes les bassesses
Doit faire en vos taudis passer tous les égouts.

Bateleurs de l'autel, voilà quels sont vos rôles.
Et quand un galant homme à de tels compagnons
Fait cet immense honneur de leur dire : mes drôles,
  Je suis votre homme; dégainons!

—Un duel! nous! des chrétiens! jamais!—et ces crapules
Font des signes de croix et jurent par les saints. —
Lâches gueux, leur terreur se déguise en scrupules,
Et ces empoisonneurs ont peur d'être assassins.

Bien, écoutez : la trique est là, fraîche coupée.
On vous fera cogner le pavé du menton;
Car sachez-le, coquins, on n'esquive l'épée
  Que pour rencontrer le bâton.

Vous conquîtes la Seine et le Rhin et le Tage.
L'esprit humain rogné subit votre compas.
Sur les publicains juifs vous avez l'avantage,
Maudits! Judas est mort, Tartuffe ne meurt pas.

Iago n'est qu'un fat près de votre Basile.
La Bible en vos greniers pourrit mangée aux vers.
Le jour où le mensonge aurait besoin d'asile,
  Vos cœurs sont là, tout grands ouverts.

Vous insultez le juste abreuvé d'amertumes.
Tous les vices, quittant veste, cape et manteau,
Vont se masquer chez vous et trouvent des costumes.
On entre Lacenaire, on sort Contrafatto.

Les âmes sont pour vous des bourses et des banques.
Quiconque vous accueille a d'affreux repentirs.

Vous vous faites chasser, et par vos saltimbanques
　　Vous parodiez les martyrs.

L'église du bon Dieu n'est que votre buvette.
Vous offrez l'alliance à tous les inhumains.
On trouvera du sang au fond de la cuvette,
Si jamais, par hasard, vous vous lavez les mains.

Vous seriez des bourreaux si vous n'étiez des cuistres.
Pour vous le glaive est sain et le supplice est beau ;
O monstres ! vous chantez dans vos hymnes sinistres
　　Le bûcher, votre seul flambeau !

Depuis dix-huit cents ans Jésus, le doux pontife,
Veut sortir du tombeau qui lentement se rompt,
Mais vous faites effort, ô valets de Caïphe,
Pour faire retomber la pierre sur son front !

O cafards ! votre échine appelle l'étrivière.
Le sort juste et railleur fait chasser Loyola
De France par le fouet d'un pape, et de Bavière
　　Par la cravache de Lola.

Allez, continuez, tournez la manivelle
De votre impur journal, vils grimauds dépravés ;
Avec vos ongles noirs grattez votre cervelle ;
Calomniez, hurlez, mordez, mentez, vivez !

Dieu prédestine aux dents des chevreaux les brins d'herbes,
La mer aux coups de vent, les donjons aux boulets,
Aux rayons du soleil les parthénons superbes,
　　Vos faces aux larges soufflets.

Sus donc! cherchez les trous, les recoins, les cavernes
Cachez-vous, plats vendeurs d'un fade orviétan,
Pitres dévots, marchands d'infâmes balivernes,
Vierges comme l'eunuque, anges comme satan!

O saints du ciel! est-il, sous l'œil de Dieu qui règne,
Charlatans plus hideux et d'un plus lâche esprit,
Que ceux qui, sans frémir, accrochent leur enseigne
    Aux clous saignants de Jésus-Christ!

   Septembre 1850.

V

QUELQU'UN

Donc un homme a vécu qui s'appelait Varron,
Un autre Paul-Émile, un autre Cicéron;
Ces hommes ont été grands, puissants, populaires,
Ont marché, précédés des faisceaux consulaires,
Ont été généraux, magistrats, orateurs;
Ces hommes ont parlé devant les sénateurs;
Ils ont vu, dans la poudre et le bruit des armées,
Frissonnantes, passer les aigles enflammées;
La foule les suivait et leur battait des mains;
Ils sont morts; on a fait à ces fameux Romains
Des tombeaux dans le marbre, et d'autres dans l'histoire;
Leurs bustes, aujourd'hui, graves comme la gloire,

Dans l'ombre des palais ouvrant leurs vagues yeux
Rêvent autour de nous, témoins mystérieux ;
Ce qui n'empêche pas, nous, gens des autres âges,
Que, lorsque nous parlons de ces grands personnages,
Nous ne disions : Tel jour Varron fut un butord,
Paul-Émile a mal fait, Cicéron eut grand tort.
Et lorsque nous traitons ainsi ces morts illustres,
Tu prétends, toi, maraud, goujat parmi les rustres,
Que je parle de toi qui lasses le dédain,
Sans dire hautement : cet homme est un gredin !
Tu veux que nous prenions des gants et des mitaines
Avec toi, qu'eût chassé Sparte aussi bien qu'Athènes !
Force gens t'ont connu jadis quand tu courais
Les brelans, les enfers, les trous, les cabarets,
Quand on voyait, le soir, tantôt dans l'ombre obscure,
Tantôt devant la porte entr'ouverte et peu sûre
D'un antre d'où sortait une rouge clarté,
Ton chef branlant couvert d'un feutre cahoté.
Tu t'es fait broder d'or par l'empereur bohème.
Ta vie est une farce et se guinde en poëme.
Et que m'importe à moi, penseur, juge, ouvrier,
Que décembre, étranglant dans ses poings février,
T'installe en un palais, toi qui souillais un bouge !
Allez aux tapis francs de Vanvre et de Montrouge,
Courez aux galetas, aux caves, aux taudis,
Les échos vous diront partout ce que je dis :
Ce drôle était voleur avant d'être ministre ! —
Ah ! tu veux qu'on t'épargne, imbécile sinistre !
Ah ! te voilà content, satisfait, souriant !
Sois tranquille. J'irai par la ville criant :
Citoyens ! voyez-vous ce jésuite aux yeux jaunes ?
Jadis, c'était Brutus. Il haïssait les trônes,

Il les aime aujourd'hui. Tous métiers lui sont bons ;
Il est pour le succès. Donc, à bas les Bourbons,
Mais vive l'empereur ! à bas tribune et charte !
Il déteste Chambord, mais il sert Bonaparte.
On l'a fait sénateur, ce qui le rend fougueux.
Si les choses étaient à leur place, ce gueux
Qui n'a pas, nous dit-il en déclamant son rôle,
Les fleurs-de-lys au cœur, les aurait sur l'épaule.

Londres, août 1852.

VI

ÉCRIT LE 17 JUILLET 1851, EN DESCENDANT DE LA TRIBUNE

Ces hommes qui mourront, foule abjecte et grossière,
Sont de la boue avant d'être de la poussière.
Oui, certe, ils passeront et mourront. Aujourd'hui
Leur vue à l'honnête homme inspire un mâle ennui.
Envieux, consumés de rages puériles,
D'autant plus furieux qu'ils se sentent stériles,
Ils mordent les talons de qui marche en avant.
Ils sont humiliés d'aboyer, ne pouvant
Jusqu'au rugissement hausser leur petitesse.
Ils courent, c'est à qui gagnera de vitesse,
La proie est là ! — hurlant et jappant à la fois,
Lancés dans le sénat ainsi que dans un bois,

Tous confondus, traitant, magistrat, soldat, prêtre,
Meute autour du lion, chenil aux pieds du maître,
Ils sont à qui les veut, du premier au dernier,
Aujourd'hui Bonaparte et demain Changarnier!
Ils couvrent de leur bave honneur, droit, république,
La charte populaire et l'œuvre évangélique,
Le progrès, ferme espoir des peuples désolés;
Ils sont odieux. — Bien. Continuez, allez!
Quand l'austère penseur qui, loin des multitudes,
Rêvait hier encore au fond des solitudes,
Apparaissant soudain dans sa tranquillité,
Vient au milieu de vous dire la vérité,
Défendre les vaincus, rassurer la patrie,
Éclatez! répandez cris, injures, furie,
Ruez-vous sur son nom comme sur un butin!
Vous n'obtiendrez de lui qu'un sourire hautain,
Et pas même un regard! — Car cette âme sereine
Méprisant votre estime, estime votre haine.

    Paris, 1851.

VII

UN AUTRE

Ce zoïle cagot naquit d'une Javotte.
Le diable, — ce jour-là Dieu permit qu'il créât, —
D'un peu de Ravaillac et d'un peu de Nonotte
    Composa ce gredin béat.

Tout jeune, il contemplait, sans gîte et sans valise,
Les sous-diacres coiffés d'un feutre en lampion ;
Vidocq le rencontra priant dans une église,
Et, l'ayant vu loucher, en fit un espion.

Alors ce va-nu-pieds songea dans sa mansarde ;
Et, se voyant sans cœur, sans style, sans esprit,
Imagina de mettre une feuille poissarde
  Au service de Jésus-Christ.

Armé d'un goupillon, il entra dans la lice
Contre les jacobins, le siècle et le péché.
Il se donna le luxe, étant de la police,
D'être jésuite et saint par-dessus le marché.

Pour mille francs par mois livrant l'eucharistie,
Plus vil que les voleurs et que les assassins,
Il fut riche. Il portait un flair de sacristie
  Dans le bouge des argousins.

Il prospère ! — Il insulte, il prêche, il fait la roue ;
S'il n'était pas saint homme, il eût été sapeur
Comme s'il s'y lavait, il piaffe en pleine boue,
Et, voyant qu'on se sauve, il dit : comme ils ont peur !

Regardez : le voilà ! — Son journal frénétique
Plaît aux dévots et semble écrit par des bandits.
Il fait des fausses clefs dans l'arrière-boutique
  Pour la porte du paradis.

Des miracles du jour il colle les affiches ;
Il rédige l'absurde en articles de foi ;

Pharisien hideux, il trinque avec les riches,
Et dit au pauvre : ami, viens jeûner avec moi.

Il ripaille à huis clos, en public il sermonne,
Chante landerirette après alleluia,
Dit un pater, et prend le menton de Simone... —
    Que j'en ai vu, de ces saints-là,

Qui vous expectoraient des psaumes après boire,
Vendaient d'un air contrit leur pieux bric-à-brac,
Et qui passaient, selon qu'ils changeaient d'auditoire,
Des strophes de Piron aux quatrains de Pibrac !

C'est ainsi qu'outrageant gloires, vertus, génies,
Charmant par tant d'horreurs quelques niais fougueux,
Il vit tranquillement dans les ignominies,
    Simple jésuite et triple gueux.

Paris, septembre 1850.

VIII

DÉJA NOMMÉ

Malgré moi je reviens, et mes vers s'y résignent,
A cet homme qui fut si misérable, hélas !
Et dont Mathieu Molé, chez les morts qui s'indignent,
    Parle à Boissy d'Anglas.

O loi sainte! Justice! où tout pouvoir s'étaye,
Gardienne de tout droit et de tout ordre humain!
Cet homme qui, vingt ans, pour recevoir sa paye,
    T'avait tendu la main,

Quand il te vit sanglante et livrée à l'infâme,
Levant tes bras, meurtrie aux talons des soldats,
Tourna la tête et dit : qu'est-ce que cette femme?
    Je ne la connais pas!

Les vieux partis avaient mis au fauteuil ce juste!
Ayant besoin d'un homme on prit un mannequin.
Il eût fallu Caton sur cette chaise auguste,
    On y jucha Pasquin.

Opprobre! Il dégradait à plaisir l'Assemblée :
Souple, insolent, semblable aux valets familiers,
Ses gros lazzis marchaient sur l'éloquence ailée
    Avec leurs gros souliers.

Quand on ne croit à rien, on est prêt à tout faire.
Il eût reçu Cromwell ou Monk dans Temple-Bar.
Suprême abjection! riant avec Voltaire,
    Votant pour Escobar!

Ne sachant que lécher à droite et mordre à gauche,
Aidant, à son insu, le crime; vil pantin,
Il entr'ouvrait la porte aux sbires en débauche
    Qui vinrent un matin.

Si l'on avait voulu, pour sauver du déluge,
Certes, son traitement, sa place, son trésor,

Et sa loque d'hermine et son bonnet de juge
    Au triple galon d'or,

Il eût été complice, il eût rempli sa tâche;
Mais les chefs sur son nom passèrent le charbon;
Ils n'ont pas daigné faire un traître avec ce lâche;
    Ils ont dit : à quoi bon ?

Sous ce règne où l'on vend de la fange au pied cube,
Du moins cet homme a-t-il à jamais disparu,
Rustre exploiteur des rois, courtisan du Danube,
    Hideux flatteur bourru !

Il s'offrait aux brigands après la loi tuée;
Et pour qu'il lâchât prise, aux yeux de tout Paris,
Il fallut qu'on lui dît : vieille prostituée,
    Vois donc tes cheveux gris !

Aujourd'hui méprisé, même de cette clique,
On voit pendre la honte à son nom infamant,
Et le dernier lambeau de la pudeur publique
    A son dernier serment.

Si par hasard, la nuit, dans les carrefours mornes,
Fouillant du croc l'ordure où dort plus d'un secret,
Un chiffonnier trouvait cette âme au coin des bornes,
    Il la dédaignerait !

Jersey, décembre 1852.

IX

Ceux qui vivent, ce sont ceux qui luttent ; ce sont
Ceux dont un dessein ferme emplit l'âme et le front,
Ceux qui d'un haut destin gravissent l'âpre cime,
Ceux qui marchent pensifs, épris d'un but sublime,
Ayant devant les yeux sans cesse, nuit et jour,
Ou quelque saint labeur ou quelque grand amour.
C'est le prophète saint prosterné devant l'arche,
C'est le travailleur, pâtre, ouvrier, patriarche ;
Ceux dont le cœur est bon, ceux dont les jours sont pleins,
Ceux-là vivent, Seigneur ! les autres, je les plains.
Car de son vague ennui le néant les enivre,
Car le plus lourd fardeau, c'est d'exister sans vivre.
Inutiles, épars, ils traînent ici-bas
Le sombre accablement d'être en ne pensant pas.
Ils s'appellent vulgus, plebs, la tourbe, la foule.
Ils sont ce qui murmure, applaudit, siffle, coule,
Bat des mains, foule aux pieds, bâille, dit oui, dit non,
N'a jamais de figure et n'a jamais de nom ;
Troupeau qui va, revient, juge, absout, délibère,
Détruit, prêt à Marat comme prêt à Tibère,
Foule triste, joyeuse, habits dorés, bras nus,
Pêle-mêle, et poussée aux gouffres inconnus.
Ils sont les passants froids, sans but, sans nœud, sans âge;
Le bas du genre humain qui s'écroule en nuage ;
Ceux qu'on ne connaît pas, ceux qu'on ne compte pas,
Ceux qui perdent les mots, les volontés, les pas.
L'ombre obscure autour d'eux se prolonge et recule ;

Ils n'ont du plein midi qu'un lointain crépuscule,
Car, jetant au hasard les cris, les voix, le bruit,
Ils errent près du bord sinistre de la nuit.

Quoi ! ne point aimer ! suivre une morne carrière
Sans un songe en avant, sans un deuil en arrière!
Quoi ! marcher devant soi sans savoir où l'on va!
Rire de Jupiter sans croire à Jéhovah!
Regarder sans respect l'astre, la fleur, la femme !
Toujours vouloir le corps, ne jamais chercher l'âme!
Pour de vains résultats faire de vains efforts!
N'attendre rien d'en haut! ciel! oublier les morts!
Oh non, je ne suis point de ceux-là! grands, prospères,
Fiers, puissants, ou cachés dans d'immondes repaires,
Je les fuis, et je crains leurs sentiers détestés ;
Et j'aimerais mieux être, ô fourmis des cités,
Tourbe, foule, hommes faux, cœurs morts, races déchues,
Un arbre dans les bois qu'une âme en vos cohues!

Paris, décembre 1848.

X

AUBE

Un immense frisson émeut la plaine obscure.
C'est l'heure où Pythagore, Hésiode, Épicure,
Songeaient ; c'est l'heure où, las d'avoir, toute la nuit,

Contemplé l'azur sombre et l'étoile qui luit,
Pleins d'horreur, s'endormaient les pâtres de Chaldée.
Là-bas, la chute d'eau, de mille plis ridée,
Brille, comme dans l'ombre un manteau de satin ;
Sur l'horizon lugubre apparaît le matin,
Face rose qui rit avec des dents de perles ;
Le bœuf rêve et mugit, les bouvreuils et les merles
Et les geais querelleurs sifflent, et dans les bois
On entend s'éveiller confusément les voix ;
Les moutons hors de l'ombre, à travers les bourrées,
Font bondir au soleil leurs toisons éclairées ;
Et la jeune dormeuse, entr'ouvrant son œil noir,
Fraîche, et ses coudes blancs sortis hors du peignoir,
Cherche de son pied nu sa pantoufle chinoise.

Louange à Dieu ! toujours, après la nuit sournoise,
Agitant sur les monts la ronce et le genêt,
La nature superbe et tranquille renaît ;
L'aube éveille le nid à l'heure accoutumée,
Le chaume dresse au vent sa plume de fumée,
Le rayon, flèche d'or, perce l'âpre forêt ;
Et plutôt qu'arrêter le soleil, on ferait
Sensibles à l'honneur et pour le bien fougueuses
Les âmes de Baroche et de Troplong, ces gueuses !

Jersey, avril 1853.

XI

Vicomte de Foucault, lorsque vous empoignâtes
L'éloquent Manuel de vos mains auvergnates,
Comme l'Océan bout quand tressaille l'Etna,
Le peuple tout entier s'émut et frissonna;
On vit, sombre lueur, poindre mil-huit-cent-trente;
L'antique royauté, fière et récalcitrante,
Chancela sur son trône, et dans ce noir moment
On sentit commencer ce vaste écroulement;
Et ces rois, qu'on punit d'oser toucher un homme,
Étaient grands, et mêlés à notre histoire, en somme;
Ils avaient derrière eux des siècles éblouis,
Henri quatre et Coutras, Damiette et saint Louis.
Aujourd'hui, dans Paris, un prince de la pègre,
Un pied plat, copiant Faustin, singe d'un nègre,
Plus faux qu'Ali pacha, plus cruel que Rosas,
Fourre en prison la loi, met la gloire à Mazas,
Chasse l'honneur, le droit, les probités punies,
Orateurs, généraux, représentants, génies,
Les meilleurs serviteurs du siècle et de l'État,
Et c'est tout! et le peuple, après cet attentat,
Souffleté mille fois sur ces faces illustres,
Va voir de l'Élysée étinceler les lustres,
Ne sent rien sur sa joue, et contemple César!
Lui, souverain, il suit en esclave le char!
Il regarde danser dans le Louvre les maîtres,
Ces immondes faisant vis-à-vis à ces traîtres,
La fraude en grand habit, le meurtre en apparat,

Et le ventre Berger près du ventre Murat!
On dit:—Vivons! adieu grandeur, gloire, espérance!—
Comme si, dans ce monde, un peuple appelé France,
Alors qu'il n'est plus libre, était encor vivant!
On boit, on mange, on dort, on achète et l'on vend,
Et l'on vote, en riant des doubles fonds de l'urne;
Et pendant ce temps-là, ce gredin taciturne,
Ce chacal à sang froid, ce corse hollandais,
Étale, front d'airain, son crime sous le dais,
Gorge d'or et de vin sa bande scélérate,
S'accoude sur la nappe, et cuvant, noir pirate,
Son guet-apens français, son guet-apens romain,
Mâche son cure-dent taché de sang humain!

Bruxelles, mai 1852.

XII

A QUATRE PRISONNIERS [1]

(Après leur condamnation)

Mes fils, soyez contents; l'honneur est où vous êtes.
Et vous, mes deux amis, la gloire, ô fiers poëtes,
Couronne votre nom par l'affront désigné;
Offrez aux juges vils, groupe abject et stupide,
  Toi, ta douceur intrépide,
  Toi, ton sourire indigné.

---

1. Paul Meurice, Auguste Vacquerie, Charles Hugo, François-Victor Hugo, rédacteurs de *l'Événement*.

Dans cette salle où Dieu voit la laideur des âmes,
Devant ces froids jurés, choisis pour être infâmes,
Ces douze hommes, muets, de leur honte chargés,
O justice, j'ai cru, justice auguste et sombre,
    Voir autour de toi dans l'ombre
    Douze sépulcres rangés.

Ils vous ont condamnés, que l'avenir les juge!
Toi, pour avoir crié : la France est le refuge
Des vaincus, des proscrits! — Je t'approuve, mon fils!
Toi, pour avoir, devant la hache qui s'obstine,
    Insulté la guillotine,
    Et vengé le crucifix!

Les temps sont durs; c'est bien. Le martyre console.
J'admire, ô vérité, plus que toute auréole,
Plus que le nimbe ardent des saints en oraison,
Plus que les trônes d'or devant qui tout s'efface,
    L'ombre que font sur ta face
    Les barreaux d'une prison!

Quoi que le méchant fasse en sa bassesse noire,
L'outrage injuste et vil là-haut se change en gloire.
Quand Jésus commençait sa longue passion,
Le crachat qu'un bourreau lança sur son front blême
    Fit au ciel à l'instant même
    Une constellation!

Conciergerie, novembre 1851.

XIII

ON LOGE A LA NUIT

Aventurier conduit par le louche destin,
Pour y passer la nuit, jusqu'à demain matin,
Entre à l'auberge Louvre avec ta rosse Empire.

Molière te regarde et fait signe à Shakspeare;
L'un te prend pour Scapin, l'autre pour Richard trois.
Entre en jurant et fais le signe de la croix.
L'antique hôtellerie est tout illuminée.
L'enseigne, par le temps salie et charbonnée,
Sur le vieux fleuve Seine, à deux pas du Pont-Neuf,
Crie et grince au balcon rouillé de Charles neuf;
On y déchiffre encor ces quelques lettres : — Sacre ; —
Texte obscur et tronqué, reste du mot Massacre.

Un fourmillement sombre emplit ce noir logis.
Parmi les chants d'ivresse et les refrains mugis,
On rit, on boit, on mange, et le vin sort des outres.
Toute une boucherie est accrochée aux poutres.
Ces êtres triomphants ont fait quelque bon coup.
L'un crie : assommons tout! et l'autre : empochons tout!
L'autre agite une torche aux clartés aveuglantes.
Par places, sur les murs on voit des mains sanglantes.
Les mets fument; la braise aux fourneaux empourprés
Flamboie; on voit aller et venir affairés,

Des taches à leurs mains, des taches à leurs chausses,
Les Rianceys marmitons, les Nisards gâte-sauces;
Et, — derrière la table où sont assis Fortoul,
Persil, Piétri, Carlier, Chapuys le capitoul,
Ducos et Magne au meurtre ajoutant leur paraphe,
Forey dont à Bondy l'on change l'orthographe,
Rouher et Radetzky, Haynau près de Drouyn, —
Le porc Sénat fouillant l'ordure du grouin.
Ces gueux ont commis plus de crimes qu'un évêque
N'en bénirait. Explore, analyse, dissèque,
Dans leur âme où de Dieu le germe est étouffé,
Tu ne trouveras rien. — Sus donc, entre coiffé
Comme Napoléon, botté comme Macaire.
Le général Bertrand te précède; tonnerre
De bravos. Cris de joie aux hurlements mêlés.
Les spectres qui gisaient dans l'ombre échevelés
Te regardent entrer et rouvrent leurs yeux mornes;
Autour de toi s'émeut l'essaim des maritornes,
A beaucoup de jargon mêlant un peu d'argot;
La marquise Toinon, la duchesse Margot,
Houris au cœur de verre, aux regards d'escarboucles.
Maître, es-tu la régence? on poudrera ses boucles;
Es-tu le directoire? on mettra des madras.
Fais, ô bel étranger, tout ce que tu voudras,
Ton nom est Million, entre! — Autour de ces belles,
Colombes de l'orgie, ayant toutes des ailes,
Folâtrent Suin, Mongis, Turgot et d'Aguesseau,
Et Saint-Arnaud qui vole autrement que l'oiseau.
Aux trois quarts gris déjà, Reybell le traboucaire
Prend Fould pour un curé dont Sibour est vicaire.

Regarde, tout est prêt pour te fêter, bandit.

L'immense cheminée au centre resplendit.
Ton aigle, une chouette, en blasonne le plâtre.
Le bœuf Peuple rôtit tout entier devant l'âtre;
La lèchefrite chante en recevant le sang;
A côté sont assis, souriant et causant,
Magnan qui l'a tué, Troplong qui le fait cuire.
On entend cette chair pétiller et bruire,
Et sur son tablier de cuir, joyeux et las,
Le boucher Carrelet fourbit son coutelas.
La marmite Budget pend à la crémaillère.
Viens, toi qu'aiment les juifs et que l'église éclaire,
Espoir des fils d'Ignace et des fils d'Abraham,
Qui t'en vas vers Toulon et qui t'en viens de Ham,
Viens, la journée est faite et c'est l'heure de paître!
Prends devant ce bon feu ce bon fauteuil, ô maître!
Tout ici te vénère et te proclame roi;
Viens; rayonne, assieds-toi, chauffe-toi, sèche-toi,
Sois bon prince, ô brigand! ô fils de la créole,
Dépouille ta grandeur, quitte ton auréole!
Ce qu'on appelle ainsi dans ce nid de félons,
C'est la boue et le sang collés à tes talons,
C'est la fange rouillant ton éperon sordide;
Les héros, les penseurs portent, groupe splendide,
Leur immortalité sur leur radieux front;
Toi, tu traînes ta gloire à tes pieds. Entre donc,
Ote ta renommée avec un tire-bottes.
Vois, les grands hommes nains et les gloires nabotes
T'entourent en chantant, ô Tom-Pouce Attila!
Ce bœuf rôtit pour toi; Maupas, ton nègre, est là;
Et, jappant dans sa niche au coin du feu, Baroche
Vient te lécher les pieds, tout en tournant la broche.
Pendant que dans l'auberge ils trinquent à grand bruit,

Dehors, par un chemin qui se perd dans la nuit,
Hâtant son lourd cheval dont le pas se rapproche,
Muet, pensif, avec des ordres dans sa poche,
Sous ce ciel noir qui doit redevenir ciel bleu,
Arrive l'avenir, le gendarme de Dieu!

Jersey, novembre 1852.

LIVRE V

L'AUTORITÉ EST SACRÉE

I

LE SACRE

Sur l'air de Malbrouck

Dans l'affreux cimetière,
Paris tremble, ô douleur, ô misère !
Dans l'affreux cimetière
Frémit le nénuphar.

Castaing lève sa pierre,
Paris tremble, ô douleur, ô misère !
Castaing lève sa pierre
Dans l'herbe de Clamar,

Et crie et vocifère,
Paris tremble, ô douleur, ô misère !
Et crie et vocifère :
— Je veux être César !

Cartouche en son suaire,
Paris tremble, ô douleur, ô misère!
Cartouche en son suaire
S'écrie ensanglanté :

— Je veux aller sur terre,
Paris tremble, ô douleur, ô misère!
Je veux aller sur terre,
Pour être majesté!

Mingrat monte à sa chaire,
Paris tremble, ô douleur, ô misère!
Mingrat monte à sa chaire
Et dit, sonnant le glas :

— Je veux, dans l'ombre où j'erre,
Paris tremble, ô douleur, ô misère!
Je veux, dans l'ombre où j'erre
Avec mon coutelas,

Être appelé : mon frère,
Paris tremble, ô douleur, ô misère!
Être appelé : mon frère,
Par le czar Nicolas!

Poulmann dans l'ossuaire,
Paris tremble, ô douleur, ô misère!
Poulmann dans l'ossuaire
S'éveillant en fureur,

Dit à Mandrin : — compère,
Paris tremble, ô douleur, ô misère!

Dit à Mandrin : — compère,
Je veux être empereur!

— Je veux, dit Lacenaire,
Paris tremble, ô douleur, ô misère!
Je veux, dit Lacenaire,
Être empereur et roi!

Et Soufflard déblatère,
Paris tremble, ô douleur, ô misère!
Et Soufflard déblatère,
Hurlant comme un beffroi :

— Au lieu de cette bière,
Paris tremble, ô douleur, ô misère!
Au lieu de cette bière,
Je veux le Louvre, moi!

Ainsi, dans leur poussière,
Paris tremble, ô douleur, ô misère!
Ainsi, dans leur poussière,
Parlent les chenapans.

— Çà, dit Robert Macaire,
Paris tremble, ô douleur, ô misère!
— Çà, dit Robert Macaire,
Pourquoi ces cris de paons?

Pourquoi cette colère?
Paris tremble, ô douleur, ô misère!
Pourquoi cette colère?
Ne sommes-nous pas rois?

Regardez, le saint-père,
Paris tremble, ô douleur, ô misère !
Regardez, le saint-père,
Portant sa grande croix,

Nous sacre tous ensemble,
Paris tremble, ô douleur, ô misère !
Nous sacre tous ensemble
Dans Napoléon Trois !

Jersey, juillet 1853.

II

CHANSON

Un jour Dieu sur sa table
Jouait avec le diable
Du genre humain haï ;
Chacun tenait sa carte ;
L'un jouait Bonaparte
Et l'autre Mastaï.

Un pauvre abbé bien mince !
Un méchant petit prince,
Polisson hasardeux !
Quel enjeu pitoyable !

Dieu fit tant que le diable
Les gagna tous les deux.

— Prends! cria Dieu le père,
Tu ne sauras qu'en faire! —
Le diable dit : — erreur! —
Et, ricanant sous cape,
Il fit de l'un un pape,
De l'autre un empereur.

Jersey, juillet 1853.

III

LE MANTEAU IMPÉRIAL

Oh! vous dont le travail est joie,
Vous qui n'avez pas d'autre proie
Que les parfums, souffles du ciel,
Vous qui fuyez quand vient décembre,
Vous qui dérobez aux fleurs l'ambre
Pour donner aux hommes le miel,

Chastes buveuses de rosée,
Qui, pareilles à l'épousée,
Visitez le lys du coteau,
O sœurs des corolles vermeilles,
Filles de la lumière, abeilles,
Envolez-vous de ce manteau!

Ruez-vous sur l'homme, guerrières!
O généreuses ouvrières,
Vous le devoir, vous la vertu,
Ailes d'or et flèches de flamme,
Tourbillonnez sur cet infâme!
Dites-lui : — « pour qui nous prends-tu?

« Maudit! nous sommes les abeilles!
« Des chalets ombragés de treilles
« Notre ruche orne le fronton;
« Nous volons, dans l'azur écloses,
« Sur la bouche ouverte des roses
« Et sur les lèvres de Platon.

« Ce qui sort de la fange y rentre.
« Va trouver Tibère en son antre,
« Et Charles Neuf sur son balcon.
« Va! sur ta pourpre il faut qu'on mette,
« Non les abeilles de l'Hymète,
« Mais l'essaim noir de Montfaucon! »

Et percez-le toutes ensemble,
Faites honte au peuple qui tremble,
Aveuglez l'immonde trompeur,
Acharnez-vous sur lui, farouches,
Et qu'il soit chassé par les mouches
Puisque les hommes en ont peur!

Jersey, juin 1853.

IV

TOUT S'EN VA

LA RAISON.

Moi, je me sauve.

LE DROIT.

Adieu ! je m'en vais.

L'HONNEUR.

Je m'exile.

ALCESTE.

Je vais chez les Hurons leur demander asile.

LA CHANSON.

J'émigre. Je ne puis souffler mot, s'il vous plaît,
Dire un refrain sans être empoignée au collet
Par les sergents de ville, affreux drôles livides.

UNE PLUME.

Personne n'écrit plus ; les encriers sont vides.
On dirait d'un pays mogol, russe ou persan.
Nous n'avons plus ici que faire ; allons-nous-en,
Mes sœurs, je quitte l'homme et je retourne aux oies.

LA PITIÉ.

Je pars. Vainqueurs sanglants, je vous laisse à vos joies,
Je vole vers Cayenne où j'entends de grands cris.

LA MARSEILLAISE.

J'ouvre mon aile, et vais rejoindre les proscrits.

LA POÉSIE.

Oh! je pars avec toi, pitié, puisque tu saignes!

L'AIGLE.

Quel est ce perroquet qu'on met sur vos enseignes,
Français! de quel égout sort cette bête-là?
Aigle selon Cartouche et selon Loyola,
Il a du sang au bec, Français; mais c'est le vôtre.
Je regagne les monts. Je ne vais qu'avec l'autre.
Les rois à ce félon peuvent dire : merci;
Moi, je ne connais pas ce Bonaparte-ci!
Sénateurs! courtisans! je rentre aux solitudes!
Vivez dans le cloaque et dans les turpitudes,
Soyez vils, vautrez-vous sous les cieux rayonnants,

LA FOUDRE.

Je remonte avec l'aigle aux nuages tonnants.
L'heure ne peut tarder. Je vais attendre un ordre.

UNE LIME.

Puisqu'il n'est plus permis qu'aux vipères de mordre,
Je pars, je vais couper les fers dans les pontons.

LES CHIENS.

Nous sommes remplacés par les préfets; partons.

LA CONCORDE.

Je m'éloigne. La haine est dans les cœurs sinistres.

LA PENSÉE.

On n'échappe aux fripons que pour choir dans les cuistres.
Il semble que tout meure et que de grands ciseaux

Vont jusque dans les cieux couper l'aile aux oiseaux.
Toute clarté s'éteint sous cet homme funeste.
O France! je m'enfuis et je pleure.

LE MÉPRIS.

Je reste.

Jersey, novembre 1852.

V

O drapeau de Wagram! ô pays de Voltaire !
Puissance, liberté, vieil honneur militaire,
Principes, droits, pensée, ils font en ce moment
De toute cette gloire un vaste abaissement.
Toute leur confiance est dans leur petitesse.
Ils disent, se sentant d'une chétive espèce :
—Bah! nous ne pesons rien! régnons.—Les nobles cœurs!
Ils ne savent donc pas, ces pauvres nains vainqueurs,
Sautés sur le pavois du fond d'une caverne,
Que lorsque c'est un peuple illustre qu'on gouverne,
Un peuple en qui l'honneur résonne et retentit,
On est d'autant plus lourd que l'on est plus petit !
Est-ce qu'ils vont changer, — est-ce là notre compte? —
Ce pays de lumière en un pays de honte?
Il est dur de penser, c'est un souci profond,
Qu'ils froissent dans les cœurs, sans savoir ce qu'ils font,
Les instincts les plus fiers et les plus vénérables.
Ah! ces hommes maudits, ces hommes misérables

Éveilleront enfin quelque rébellion
A force de courber la tête du lion !
La bête est étendue à terre, et fatiguée ;
Elle sommeille, au fond de l'ombre reléguée ;
Le mufle fauve et roux ne bouge pas, d'accord ;
C'est vrai, la patte énorme et monstrueuse dort ;
Mais on l'excite assez pour que la griffe sorte.
J'estime qu'ils ont tort de jouer de la sorte.

Jersey, juin 1853.

VI

On est Tibère, on est Judas, on est Dracon ;
Et l'on a Lambessa n'ayant plus Montfaucon.
On forge pour le peuple une chaîne ; on enferme,
On exile, on proscrit le penseur libre et ferme ;
Tout succombe. On comprime élans, espoirs, regrets,
La liberté, le droit, l'avenir, le progrès,
Comme faisait Séjan, comme fit Louis onze,
Avec des lois de fer et des juges de bronze.
Puis, — c'est bien : — on s'endort, et le maître joyeux
Dit : l'homme n'a plus d'âme et le ciel n'a plus d'yeux.
O rêve des tyrans ! l'heure fuit, le temps marche,
Le grain croît dans la terre et l'eau coule sous l'arche.
Un jour vient où ces lois de silence et de mort,
Se rompant tout à coup comme sous un effort,

Se rouvrent à grand bruit des portes mal fermées,
Emplissent la cité de torches enflammées.

<small>Jersey, août 1853.</small>

VII

LES GRANDS CORPS DE L'ÉTAT

Ces hommes passeront comme un ver sur le sable.
Qu'est-ce que tu ferais de leur sang méprisable ?
  Le dégoût rend clément.
Retenons la colère âpre, ardente, électrique.
Peuple, si tu m'en crois, tu prendras une trique
  Au jour du châtiment.

O de Soulouque Deux burlesque cantonade !
O ducs de Trou-Bonbon, marquis de Cassonade,
  Souteneurs du larron,
Vous dont la Poésie, ou sublime ou mordante,
Ne sait que faire, gueux, trop grotesques pour Dante,
  Trop sanglants pour Scarron,

O jongleurs, noirs par l'âme et par la servitude,
Vous vous imaginez un lendemain trop rude,
  Vous êtes trop tremblants,
Vous croyez qu'on en veut, dans l'exil où nous sommes

A cette peau qui fait qu'on vous prend pour des hommes ;
Calmez-vous, nègres blancs !

Cambyse, j'en conviens, eût eu ce cœur de roche
De faire asseoir Troplong sur la peau de Baroche ;
Au bout d'un temps peu long,
Il eût crié : cet autre est pire ! qu'on l'étrangle !
Et, j'en conviens encore, eût fait asseoir Delangle
Sur la peau de Troplong.

Cambyse était stupide et digne d'être auguste ;
Comme s'il suffisait pour qu'un être soit juste,
Sans vices, sans orgueil,
Pour qu'il ne soit pas traître à la loi, ni transfuge,
Que d'une peau de tigre ou d'une peau de juge
On lui fasse un fauteuil !

Toi, peuple, tu diras : — ces hommes se ressemblent.
Voyons les mains, — et tous trembleront comme tremblent
Les loups pris aux filets.
Bon. Les uns ont du sang, qu'au bagne on les écroue,
A la chaîne ! Mais ceux qui n'ont que de la boue,
Tu leurs diras : — Valets !

La loi râlait, ayant en vain crié main-forte ;
Vous avez partagé les habits de la morte.
Par César achetés,
De tous nos droits livrés vous avez fait des ventes ;
Toutes ses trahisons ont trouvé pour servantes
Toutes vos lâchetés !

Allez, fuyez, vivez! pourvu que, mauvais prêtre,
Mauvais juge, on vous voie en vos trous disparaître,
  Rampant sur vos genoux,
Et qu'il ne reste rien, sous les cieux que Dieu dore,
Sous le splendide azur où se lève l'aurore,
  Rien de pareil à vous!

Vivez, si vous pouvez! l'opprobre est votre asile.
Vous aurez à jamais, toi, cardinal Basile,
  Toi, sénateur Crispin,
De quoi boire et manger dans vos fuites lointaines,
Si le mépris se boit comme l'eau des fontaines,
  Si la honte est du pain! —

Peuple, alors nous prendrons au collet tous ces drôles,
Et tu les jetteras dehors par les épaules
  A grands coups de bâton;
Et dans le Luxembourg, blancs sous les branches d'arbre,
Vous nous approuverez de vos têtes de marbre,
  O Lycurgue, ô Caton!

Citoyens! le néant pour ces laquais se rouvre;
Qu'importe, ô citoyens! l'abjection les couvre
  De son manteau de plomb.
Qu'importe que le soir, un passant solitaire,
Voyant un récureur d'égouts sortir de terre,
  Dise : tiens! c'est Troplong!

Qu'importe que Rouher sur le Pont-Neuf se carre,
Que Baroche et Delangle, en quittant leur simarre,
  Prennent des tabliers,
Qu'ils s'offrent pour trois sous, oubliés quoique infâmes,

Et qu'ils aillent, après avoir sali leurs âmes,
Nettoyer vos souliers!

Jersey, juin 1853.

VIII

Le Progrès, calme et fort et toujours innocent,
Ne sait pas ce que c'est que de verser le sang.
Il règne, conquérant désarmé, quoi qu'on fasse.
De la hache et du glaive il détourne sa face,
Car le doigt éternel écrit dans le ciel bleu
Que la terre est à l'homme et que l'homme est à Dieu;
Car la force invincible est la force impalpable. —
Peuple, jamais de sang! — Vertueux ou coupable,
Le sang qu'on a versé monte des mains au front.
Quand sur une mémoire, indélébile affront,
Il jaillit, plus d'espoir; cette fatale goutte
Finit par la couvrir et la dévorer toute;
Il n'est pas dans l'histoire une tache de sang
Qui sur les noirs bourreaux n'aille s'élargissant.
Sachons-le bien, la honte est la meilleure tombe.
Le même homme sur qui son crime enfin retombe,
Sort sanglant du sépulcre et fangeux du mépris.
Le bagne dédaigneux sur les coquins flétris
Se ferme, et tout est dit; l'obscur tombeau se rouvre;
Qu'on le fasse profond et muré, qu'on le couvre
D'une dalle de marbre et d'un plafond massif,

Quand vous avez fini, le fantôme pensif
Lève du front la pierre et lentement se dresse.
Mettez sur ce tombeau toute une forteresse,
Tout un mont de granit, impénétrable et sourd,
Le fantôme est plus fort que le granit n'est lourd.
Il soulève ce mont comme une feuille morte.
Le voici, regardez, il sort; il faut qu'il sorte!
Il faut qu'il aille et marche et traîne son linceul!
Il surgit devant vous dès que vous êtes seul;
Il dit : c'est moi; tout vent qui souffle vous l'apporte
La nuit, vous l'entendez qui frappe à votre porte.
Les exterminateurs, avec ou sans le droit,
Je les hais, mais surtout je les plains. On les voit,
A travers l'âpre histoire où le vrai seul demeure,
Pour s'être délivrés de leurs rivaux d'une heure,
D'ennemis innocents, ou même criminels,
Fuir dans l'ombre entourés de spectres éternels.

Jersey, octobre 1852.

IX

LE CHANT DE CEUX QUI S'EN VONT SUR MER

(*Air breton*)

Adieu, patrie!
L'onde est en furie.
Adieu, patrie,
Azur!

Adieu, maison, treille au fruit mûr,
Adieu, les fleurs d'or du vieux mur!

    Adieu, patrie!
  Ciel, forêt, prairie!
    Adieu, patrie,
      Azur!

    Adieu, patrie!
  L'onde est en furie.
    Adieu, patrie
      Azur!

Adieu, fiancée au front pur,
Le ciel est noir, le vent est dur.

    Adieu, patrie!
  Lise, Anna, Marie!
    Adieu, patrie,
      Azur!

    Adieu, patrie!
  L'onde est en furie.
    Adieu, patrie,
      Azur!

Notre œil, que voile un deuil futur,
Va du flot sombre au sort obscur!

    Adieu, patrie!
  Pour toi mon cœur prie.
    Adieu, patrie,
      Azur!

En mer, 1er août 1852.

X

A UN QUI VEUT SE DÉTACHER

I

Maintenant il se dit : — l'empire est chancelant ;
    La victoire est peu sûre. —
Il cherche à s'en aller, furtif et reculant.
    Reste dans la masure !

Tu dis : — le plafond croule. Ils vont, si l'on me voit,
    Empêcher que je sorte. —
N'osant rester ni fuir, tu regardes le toit,
    Tu regardes la porte ;

Tu mets timidement la main sur le verrou.
    Reste en leurs rangs funèbres !
Reste ! la loi qu'ils ont enfouie en un trou
    Est là dans les ténèbres.

Reste ! elle est là, le flanc percé de leur couteau,
    Gisante, et sur sa bière
Ils ont mis une dalle. Un pan de ton manteau
    Est pris sous cette pierre !

Pendant qu'à l'Élysée en fête et plein d'encens
    On chante, on déblatère,

Qu'on oublie et qu'on rit, toi tu pâlis; tu sens
        Ce spectre sous la terre!

Tu ne t'en iras pas! quoi! quitter leur maison!
        Et fuir leur destinée!
Quoi! tu voudrais trahir jusqu'à la Trahison,
        Elle-même indignée!

Quoi! tu veux renier ce larron au front bas
        Qui t'admire et t'honore!
Quoi! Judas pour Jésus, tu veux pour Barrabas
        Être Judas encore!

Quoi! n'as-tu pas tenu l'échelle à ces fripons,
        En pleine connivence?
Le sac de ces voleurs ne fut-il pas, réponds,
        Cousu par toi d'avance?

Les mensonges, la haine au dard froid et visqueux,
        Habitent ce repaire;
Tu t'en vas! de quel droit? étant plus renard qu'eux,
        Et plus qu'elle vipère!

II

Quand l'Italie en deuil dressa, du Tibre au Pô,
        Son drapeau magnifique,
Quand ce grand peuple, après s'être couché troupeau,
        Se leva république,

C'est toi, quand Rome aux fers jeta le cri d'espoir,
        Toi qui brisas son aile,

Toi qui fis retomber l'affreux capuchon noir
    Sur sa face éternelle!

C'est toi qui restauras Montrouge et Saint-Acheul,
    Écoles dégradées
Où l'on met à l'esprit frémissant un linceul,
    Un bâillon aux idées.

C'est toi qui, pour progrès rêvant l'homme animal,
    Livras l'enfant victime
Aux jésuites lascifs, sombres amants du mal,
    En rut devant le crime!

O pauvres chers enfants qu'ont nourris de leur lait
    Et qu'ont bercés nos femmes,
Ces blêmes oiseleurs ont pris dans leur filet
    Toutes vos douces âmes!

Hélas! ce triste oiseau, sans plumes sur la chair,
    Rongé de lèpre immonde,
Qui rampe et qui se meurt dans leur cage de fer,
    C'est l'avenir du monde!

Si nous les laissons faire, on aura dans vingt ans,
    Sous les cieux que Dieu dore,
Une France aux yeux ronds, aux regards clignotants,
    Qui haïra l'aurore.

Ces noirs magiciens, ces jongleurs tortueux
    Dont la fraude est la règle,
Pour en faire sortir le hibou monstrueux,
    Ont volé l'œuf de l'aigle!

III

Donc comme les Baskirs, sur Paris étouffé,
　　Et comme les Croates,
Créateurs du néant, vous avez triomphé
　　Dans vos haines béates;

Et vous êtes joyeux, vous, constructeurs savants
　　Des préjugés sans nombre,
Qui, pareils à la nuit, versez sur les vivants
　　Des urnes pleines d'ombre.

Vous courez saluer le nain Napoléon;
　　Vous dansez dans l'orgie!
Ce grand siècle est souillé! c'était le Panthéon,
　　Et c'est la tabagie!

Et vous dites : c'est bien! vous sacrez parmi nous
　　César au nom de Rome
L'assassin qui, la nuit, se met à deux genoux
　　Sur le ventre d'un homme!

Ah! malheureux! louez César qui fait trembler,
　　Adorez son étoile;
Vous oubliez le Dieu vivant qui peut rouler
　　Les cieux comme une toile!

Encore un peu de temps, et ceci tombera;
　　Dieu vengera sa cause!
Les villes chanteront, le lieu désert sera
　　Joyeux comme une rose!

Encore un peu de temps, et vous ne serez plus,
    Et je viens vous le dire.
Vous êtes les maudits, nous sommes les élus;
    Regardez-nous sourire!

Je le sais, moi qui vis au bord du gouffre amer,
    Sur les rocs centenaires,
Moi qui passe mes jours à contempler la mer
    Pleine de sourds tonnerres!

IV

Toi, leur chef, sois leur chef! c'est là ton châtiment!
    Sois l'homme des discordes!
Ces fourbes ont saisi le genre humain dormant
    Et l'ont lié de cordes!

Ah! tu voulus défaire, épouvantable affront!
    Les âmes que Dieu crée;
Eh bien, frissonne et pleure, atteint toi-même au front
    Par ton œuvre exécrée.

A mesure que vient l'ignorance, et l'oubli,
    Et l'erreur qu'elle amène,
A mesure qu'aux cieux décroît, soleil pâli,
    L'intelligence humaine,

Et que son jour s'éteint, laissant l'homme méchant
    Et plus froid que les marbres,
Votre honte, ô maudits, grandit comme au couchant
    Grandit l'ombre des arbres!

V

Oui, reste leur apôtre! oui, tu l'as mérité.
C'est là ta peine énorme!
Regarde en frémissant dans la postérité
Ta mémoire difforme.

On voit, louche rhéteur des vieux partis hurlants,
Qui mens et qui t'emportes,
Pendre à tes noirs discours, comme à des clous sanglants,
Toutes les grandes mortes,

La Justice, la Foi, bel ange souffleté
Par la goule papale,
La Vérité, fermant les yeux, la Liberté
Échevelée et pâle,

Et ces deux sœurs, hélas! nos mères toutes deux,
Rome, qu'en pleurs je nomme,
Et la France sur qui, raffinement hideux,
Coule le sang de Rome!

Homme fatal! l'histoire en ses enseignements
Te montrera dans l'ombre,
Comme on montre un gibet entouré d'ossements
Sur la colline sombre!

Jersey, janvier 1853.

XI

PAULINE ROLAND

Elle ne connaissait ni l'orgueil ni la haine;
Elle aimait; elle était pauvre, simple et sereine;
Souvent le pain qui manque abrégeait son repas.
Elle avait trois enfants, ce qui n'empêchait pas
Qu'elle ne se sentît mère de ceux qui souffrent.
Les noirs événements qui dans la nuit s'engouffrent,
Les flux et les reflux, les abîmes béants,
Les nains, sapant sans bruit l'ouvrage des géants,
Et tous nos malfaiteurs inconnus ou célèbres,
Ne l'épouvantaient point; derrière ces ténèbres,
Elle apercevait Dieu construisant l'avenir.
Elle sentait sa foi sans cesse rajeunir;
De la liberté sainte elle attisait les flammes;
Elle s'inquiétait des enfants et des femmes;
Elle disait, tendant la main aux travailleurs :
La vie est dure ici, mais sera bonne ailleurs.
Avançons! — Elle allait, portant de l'un à l'autre
L'espérance; c'était une espèce d'apôtre
Que Dieu, sur cette terre où nous gémissons tous,
Avait fait mère et femme, afin qu'il fût plus doux.
L'esprit le plus farouche aimait sa voix sincère.
Tendre, elle visitait, sous leur toit de misère,
Tous ceux que la famine ou la douleur abat,
Les malades pensifs, gisant sur leur grabat,
La mansarde où languit l'indigence morose;

Quand, par hasard moins pauvre, elle avait quelque chose
Elle le partageait à tous comme une sœur ;
Quand elle n'avait rien, elle donnait son cœur.
Calme et grande, elle aimait comme le soleil brille.
Le genre humain pour elle était une famille,
Comme ses trois enfants étaient l'humanité.
Elle criait : progrès ! amour ! fraternité !
Elle ouvrait aux souffrants des horizons sublimes.

Quand Pauline Roland eut commis tous ces crimes,
Le sauveur de l'église et de l'ordre la prit
Et la mit en prison. Tranquille, elle sourit,
Car l'éponge de fiel plaît à ces lèvres pures.
Cinq mois elle subit le contact des souillures,
L'oubli, le rire affreux du vice, les bourreaux
Et le pain noir qu'on jette à travers les barreaux,
Édifiant la geôle au mal habituée,
Enseignant la voleuse et la prostituée.
Ces cinq mois écoulés, un soldat, un bandit,
Dont le nom souillerait ces vers, vint et lui dit :
— Soumettez-vous sur l'heure au règne qui commence,
Reniez votre foi ; sinon, pas de clémence,
Lambessa ! choisissez. — Elle dit : Lambessa.
Le lendemain la grille en frémissant grinça,
Et l'on vit arriver un fourgon cellulaire.
— Ah ! voici Lambessa, dit-elle sans colère.
Elles étaient plusieurs qui souffraient pour le droit
Dans la même prison. Le fourgon trop étroit
Ne put les recevoir dans ses cloisons infâmes ;
Et l'on fit traverser tout Paris à ces femmes,
Bras dessus bras dessous avec les argousins.
Ainsi que des voleurs et que des assassins,

Les sbires les frappaient de paroles bourrues.
S'il arrivait parfois que les passants des rues,
Surpris de voir mener ces femmes en troupeau,
S'approchaient et mettaient la main à leur chapeau,
L'argousin leur jetait des sourires obliques,
Et les passants fuyaient, disant : filles publiques !
Et Pauline Roland disait : courage, sœurs !
L'océan au bruit rauque, aux sombres épaisseurs,
Les emporta. Durant la rude traversée,
L'horizon était noir, la bise était glacée,
Sans l'ami qui soutient, sans la voix qui répond,
Elles tremblaient. La nuit, il pleuvait sur le pont,
Pas de lit pour dormir, pas d'abri sous l'orage.
Et Pauline Roland criait : mes sœurs, courage !
Et les durs matelots pleuraient en les voyant.
On atteignit l'Afrique au rivage effrayant,
Les sables, les déserts qu'un ciel d'airain calcine,
Les rocs sans une source et sans une racine,
L'Afrique, lieu d'horreur pour les plus résolus,
Terre au rivage étrange où l'on ne se sent plus
Regardé par les yeux de la douce patrie.
Et Pauline Roland, souriante et meurtrie,
Dit aux femmes en pleurs : courage, c'est ici.
Et quand elle était seule, elle pleurait aussi.
Ses trois enfants ! loin d'elle ! Oh ! quelle angoisse amère !
Un jour, un des geôliers dit à la pauvre mère,
Dans la casbah de Bône aux cachots étouffants :
— Voulez-vous être libre et revoir vos enfants ?
Demandez grâce au prince. — Et cette femme forte
Dit : — J'irai les revoir lorsque je serai morte.
Alors sur la martyre, humble cœur indompté,
On épuisa la haine et la férocité.

Bagnes d'Afrique! enfers qu'a sondés Ribeyrolles!
Oh! la pitié sanglote et manque de paroles.
Une femme, une mère, un esprit! ce fut là
Que malade, accablée et seule, on l'exila.
Le lit de camp, le froid et le chaud, la famine,
Le jour, l'affreux soleil, et la nuit, la vermine,
Les verrous, le travail sans repos, les affronts,
Rien ne plia son âme; elle disait : — Souffrons ;
Souffrons comme Jésus, souffrons comme Socrate.
Captive, on la traîna sur cette terre ingrate ;
Et, lasse, et quoiqu'un ciel torride l'écrasât,
On la faisait marcher à pied comme un forçat.
La fièvre la rongeait; sombre, pâle, amaigrie,
Le soir elle tombait sur la paille pourrie,
Et de la France aux fers murmurait le doux nom.
On jeta cette femme au fond d'un cabanon.
Le mal brisait sa vie et grandissait son âme.
Grave, elle répétait : — il est bon qu'une femme,
Dans cette servitude et cette lâcheté,
Meure pour la justice et pour la liberté. —
Voyant qu'elle râlait, sachant qu'ils rendront compte,
Les bourreaux eurent peur, ne pouvant avoir honte;
Et l'homme de décembre abrégea son exil.
— Puisque c'est pour mourir, qu'elle rentre! dit-il. —
Elle ne savait plus ce que l'on faisait d'elle.
L'agonie à Lyon la saisit. Sa prunelle,
Comme la nuit se fait quand baisse le flambeau,
Devint obscure et vague, et l'ombre du tombeau
Se leva lentement sur son visage blême.
Son fils, pour recueillir, à cette heure suprême,
Du moins son dernier souffle et son dernier regard,
Accourut. Pauvre mère! Il arriva trop tard.

Elle était morte; morte à force de souffrance,
Morte sans avoir su qu'elle voyait la France,
Et le doux ciel natal aux rayons réchauffants;
Morte dans le délire en criant : mes enfants!
On n'a pas même osé pleurer à ses obsèques;
Elle dort sous la terre. — Et maintenant, évêques,
Debout, la mitre au front, dans l'ombre du saint lieu,
Crachez vos Te Deum à la face de Dieu!

Jersey, décembre 1852.

XII

Le plus haut attentat que puisse faire un homme,
C'est de lier la France ou de garrotter Rome;
C'est, quel que soit le lieu, le pays, la cité,
D'ôter l'âme à chacun, à tous la liberté.
Dans la curie auguste entrer avec l'épée,
Assassiner la loi dans son temple frappée,
Mettre aux fers tout un peuple, est un crime odieux
Que Dieu calme et rêveur ne quitte pas des yeux.
Dès que ce grand forfait est commis, point de grâce;
La Peine au fond des cieux, lente, mais jamais lasse,
Se met en marche, et vient; son regard est serein.
Elle tient sous son bras son fouet aux clous d'airain.

Jersey, novembre 1852.

XIII

L'EXPIATION

I

Il neigeait. On était vaincu par sa conquête.
Pour la première fois l'aigle baissait la tête.
Sombres jours! l'empereur revenait lentement,
Laissant derrière lui brûler Moscou fumant.
Il neigeait. L'âpre hiver fondait en avalanche.
Après la plaine blanche une autre plaine blanche.
On ne connaissait plus les chefs ni le drapeau.
Hier la grande armée, et maintenant troupeau.
On ne distinguait plus les ailes ni le centre :
Il neigeait. Les blessés s'abritaient dans le ventre
Des chevaux morts; au seuil des bivouacs désolés
On voyait des clairons à leur poste gelés
Restés debout, en selle et muets, blancs de givre,
Collant leur bouche en pierre aux trompettes de cuivre.
Boulets, mitraille, obus, mêlés aux flocons blancs,
Pleuvaient; les grenadiers, surpris d'être tremblants,
Marchaient pensifs, la glace à leur moustache grise.
Il neigeait, il neigeait toujours! la froide bise
Sifflait; sur le verglas, dans des lieux inconnus,
On n'avait pas de pain et l'on allait pieds nus.
Ce n'étaient plus des cœurs vivants, des gens de guerre ;
C'était un rêve errant dans la brume, un mystère,

Une procession d'ombres sur le ciel noir.
La solitude, vaste, épouvantable à voir,
Partout apparaissait, muette vengeresse.
Le ciel faisait sans bruit avec la neige épaisse
Pour cette immense armée un immense linceul ;
Et, chacun se sentant mourir, on était seul.
— Sortira-t-on jamais de ce funeste empire?
Deux ennemis! le Czar, le Nord. Le Nord est pire.
On jetait les canons pour brûler les affûts.
Qui se couchait, mourait. Groupe morne et confus,
Ils fuyaient; le désert dévorait le cortége.
On pouvait, à des plis qui soulevaient la neige,
Voir que des régiments s'étaient endormis là.
O chutes d'Annibal! Lendemains d'Attila!
Fuyards, blessés, mourants, caissons, brancards, civières,
On s'écrasait aux ponts pour passer les rivières.
On s'endormait dix mille, on se réveillait cent.
Ney, que suivait naguère une armée, à présent
S'évadait, disputant sa montre à trois cosaques.
Toutes les nuits, qui vive! alerte! assauts! attaques!
Ces fantômes prenaient leurs fusils, et sur eux
Ils voyaient se ruer, effrayants, ténébreux,
Avec des cris pareils aux voix des vautours chauves,
D'horribles escadrons, tourbillons d'hommes fauves.
Toute une armée ainsi dans la nuit se perdait.
L'empereur était là, debout, qui regardait.
Il était comme un arbre en proie à la cognée.
Sur ce géant, grandeur jusqu'alors épargnée,
Le malheur, bûcheron sinistre, était monté ;
Et lui, chêne vivant, par la hache insulté,
Tressaillant sous le spectre aux lugubres revanches,
Il regardait tomber autour de lui ses branches.

Chefs, soldats, tous mouraient. Chacun avait son tour.
Tandis qu'environnant sa tente avec amour,
Voyant son ombre aller et venir sur la toile,
Ceux qui restaient, croyant toujours à son étoile,
Accusaient le destin de lèse-majesté,
Lui se sentit soudain dans l'âme épouvanté.
Stupéfait du désastre et ne sachant que croire,
L'empereur se tourna vers Dieu; l'homme de gloire
Trembla; Napoléon comprit qu'il expiait
Quelque chose peut-être, et, livide, inquiet,
Devant ses légions sur la neige semées :
— Est-ce le châtiment, dit-il, Dieu des armées? —
Alors il s'entendit appeler par son nom
Et quelqu'un qui parlait dans l'ombre lui dit : Non.

II

Waterloo! Waterloo! Waterloo! morne plaine!
Comme une onde qui bout dans une urne trop pleine,
Dans ton cirque de bois, de coteaux, de vallons,
La pâle mort mêlait les sombres bataillons.
D'un côté c'est l'Europe et de l'autre la France.
Choc sanglant! des héros Dieu trompait l'espérance;
Tu désertais, victoire, et le sort était las.
O Waterloo! je pleure et je m'arrête, hélas!
Car ces derniers soldats de la dernière guerre
Furent grands; ils avaient vaincu toute la terre,
Chassé vingt rois, passé les Alpes et le Rhin,
Et leur âme chantait dans les clairons d'airain!

Le soir tombait; la lutte était ardente et noire.

Il avait l'offensive et presque la victoire;
Il tenait Wellington acculé sur un bois.
Sa lunette à la main, il observait parfois
Le centre du combat, point obscur où tressaille
La mêlée, effroyable et vivante broussaille,
Et parfois l'horizon, sombre comme la mer.
Soudain, joyeux, il dit: Grouchy! — C'était Blücher!
L'espoir changea de camp, le combat changea d'âme,
La mêlée en hurlant grandit comme une flamme.
La batterie anglaise écrasa nos carrés.
La plaine où frissonnaient les drapeaux déchirés
Ne fut plus, dans les cris des mourants qu'on égorge,
Qu'un gouffre flamboyant, rouge comme une forge;
Gouffre où les régiments, comme des pans de murs,
Tombaient, où se couchaient comme des épis mûrs
Les hauts tambours-majors aux panaches énormes,
Où l'on entrevoyait des blessures difformes!
Carnage affreux! moment fatal! l'homme inquiet
Sentit que la bataille entre ses mains pliait.
Derrière un mamelon la garde était massée,
La garde, espoir suprême et suprême pensée!
— Allons! faites donner la garde, cria-t-il, —
Et Lanciers, Grenadiers aux guêtres de coutil,
Dragons que Rome eût pris pour des légionnaires,
Cuirassiers, Canonniers qui traînaient des tonnerres,
Portant le noir colback ou le casque poli,
Tous, ceux de Friedland et ceux de Rivoli,
Comprenant qu'ils allaient mourir dans cette fête,
Saluèrent leur dieu, debout dans la tempête.
Leur bouche, d'un seul cri, dit: vive l'empereur!
Puis, à pas lents, musique en tête, sans fureur,
Tranquille, souriant à la mitraille anglaise,

La garde impériale entra dans la fournaise.
Hélas! Napoléon, sur sa garde penché,
Regardait, et, sitôt qu'ils avaient débouché
Sous les sombres canons crachant des jets de soufre,
Voyait, l'un après l'autre, en cet horrible gouffre,
Fondre ces régiments de granit et d'acier,
Comme fond une cire au souffle d'un brasier.
Ils allaient, l'arme au bras, front haut, graves, stoïques.
Pas un ne recula. Dormez, morts héroïques!
Le reste de l'armée hésitait sur leurs corps
Et regardait mourir la garde. — C'est alors
Qu'élevant tout à coup sa voix désespérée,
La Déroute, géante à la face effarée,
Qui, pâle, épouvantant les plus fiers bataillons,
Changeant subitement les drapeaux en haillons,
A de certains moments, spectre fait de fumées,
Se lève grandissante au milieu des armées,
La Déroute apparut au soldat qui s'émeut,
Et, se tordant les bras, cria : Sauve qui peut!
Sauve qui peut! affront! horreur! toutes les bouches
Criaient; à travers champs, fous, éperdus, farouches,
Comme si quelque souffle avait passé sur eux,
Parmi les lourds caissons et les fourgons poudreux,
Roulant dans les fossés, se cachant dans les seigles,
Jetant shakos, manteaux, fusils, jetant les aigles,
Sous les sabres prussiens, ces vétérans, ô deuil!
Tremblaient, hurlaient, pleuraient, couraient! — En un clin d'œil
Comme s'envole au vent une paille enflammée,
S'évanouit ce bruit qui fut la grande armée,
Et cette plaine, hélas! où l'on rêve aujourd'hui,
Vit fuir ceux devant qui l'univers avait fui!
Quarante ans sont passés et ce coin de la terre,

Waterloo, ce plateau funèbre et solitaire,
Ce champ sinistre où Dieu mêla tant de néants,
Tremble encor d'avoir vu la fuite des géants!

Napoléon les vit s'écouler comme un fleuve;
Hommes, chevaux, tambours, drapeaux; — et dans l'épreuve,
Sentant confusément revenir son remords,
Levant les mains au ciel, il dit : — mes soldats morts,
Moi vaincu! mon empire est brisé comme verre.
Est-ce le châtiment cette fois, Dieu sévère? —
Alors parmi les cris, les rumeurs, le canon,
Il entendit la voix qui lui répondait : Non!

III

Il croula. Dieu changea la chaîne de l'Europe.

Il est, au fond des mers que la brume enveloppe,
Un roc hideux, débris des antiques volcans.
Le Destin prit des clous, un marteau, des carcans,
Saisit, pâle et vivant, ce voleur du tonnerre,
Et, joyeux, s'en alla sur le pic centenaire
Le clouer, excitant par son rire moqueur
Le vautour Angleterre à lui ronger le cœur.

Évanouissement d'une splendeur immense!
Du soleil qui se lève à la nuit qui commence,
Toujours l'isolement, l'abandon, la prison;
Un soldat rouge au seuil, la mer à l'horizon.
Des rochers nus, des bois affreux, l'ennui, l'espace,
Des voiles s'enfuyant comme l'espoir qui passe,

Toujours le bruit des flots, toujours le bruit des vents!
Adieu, tente de pourpre aux panaches mouvants,
Adieu, le cheval blanc que César éperonne!
Plus de tambours battant aux champs, plus de couronne,
Plus de rois prosternés dans l'ombre avec terreur,
Plus de manteau traînant sur eux, plus d'empereur!
Napoléon était retombé Bonaparte.
Comme un Romain blessé par la flèche du Parthe,
Saignant, morne, il songeait à Moscou qui brûla.
Un caporal anglais lui disait : halte-là!
Son fils aux mains des rois, sa femme aux bras d'un autre.
Plus vil que le pourceau qui dans l'égout se vautre,
Son sénat, qui l'avait adoré, l'insultait.
Aux bords des mers, à l'heure où la bise se tait,
Sur les escarpements croulant en noirs décombres,
Il marchait, seul, rêveur, captif des vagues sombres.
Sur les monts, sur les flots, sur les cieux, triste et fier,
L'œil encore ébloui des batailles d'hier,
Il laissait sa pensée errer à l'aventure.
Grandeur, gloire, ô néant! calme de la nature!
Les aigles qui passaient ne le connaissaient pas.
Des rois, ses guichetiers, avaient pris un compas
Et l'avaient enfermé dans un cercle inflexible.
Il expirait. La mort de plus en plus visible
Se levait dans sa nuit et croissait à ses yeux
Comme le froid matin d'un jour mystérieux,
Son âme palpitait, déjà presque échappée.
Un jour enfin il mit sur son lit son épée,
Et se coucha près d'elle, et dit : c'est aujourd'hui!
On jeta le manteau de Marengo sur lui.
Ses batailles du Nil, du Danube, du Tibre,
Se penchaient sur son front; il dit : me voici libre!

Je suis vainqueur! je vois mes aigles accourir!
Et, comme il retournait sa tête pour mourir,
Il aperçut, un pied dans la maison déserte,
Hudson-Lowe guettant par la porte entr'ouverte.
Alors, géant broyé sous le talon des rois,
Il cria : — la mesure est comble cette fois!
Seigneur! c'est maintenant fini! Dieu que j'implore,
Vous m'avez châtié! — la voix dit : — Pas encore!

IV

O noirs événements, vous fuyez dans la nuit!
L'empereur mort tomba sur l'empire détruit.
Napoléon alla s'endormir sous le saule.
Et les peuples alors, de l'un à l'autre pôle,
Oubliant le tyran, s'éprirent du héros.
Les poëtes, marquant au front les rois bourreaux,
Consolèrent, pensifs, cette gloire abattue.
A la colonne veuve on rendit sa statue.
Quand on levait les yeux, on le voyait debout
Au-dessus de Paris, serein, dominant tout,
Seul, le jour dans l'azur et la nuit dans les astres.
Panthéons, on grava son nom sur vos pilastres!
On ne regarda plus qu'un seul côté des temps;
On ne se souvint plus que des jours éclatants;
Cet homme étrange avait comme enivré l'histoire;
La justice à l'œil froid disparut sous sa gloire;
On ne vit plus qu'Eylau, Ulm, Arcole, Austerlitz;
Comme dans les tombeaux des romains abolis,
On se mit à fouiller dans ces grandes années;
Et vous applaudissiez, nations inclinées.

Chaque fois qu'on tirait de ce sol souverain
Ou le consul de marbre ou l'empereur d'airain!

V

Le nom grandit quand l'homme tombe
Jamais rien de tel n'avait lui.
Calme, il écoutait dans sa tombe
La terre qui parlait de lui.

La terre disait : « La victoire
« A suivi cet homme en tous lieux.
« Jamais tu n'as vu, sombre histoire,
« Un passant plus prodigieux !

« Gloire au maître qui dort sous l'herbe !
« Gloire à ce grand audacieux !
« Nous l'avons vu gravir, superbe,
« Les premiers échelons des cieux !

« Il envoyait, âme acharnée,
« Prenant Moscou, prenant Madrid,
« Lutter contre la destinée
« Tous les rêves de son esprit.

« A chaque instant, rentrant en lice,
« Cet homme, aux gigantesques pas,
« Proposait quelque grand caprice
« A Dieu, qui n'y consentait pas.

« Il n'était presque plus un homme.
« Il disait, grave et rayonnant,

« En regardant fixement Rome :
« C'est moi qui règne maintenant!

« Il voulait, héros et symbole,
« Pontife et roi, phare et volcan,
« Faire du Louvre un Capitole
« Et de Saint-Cloud un Vatican.

« César, il eût dit à Pompée :
« Sois fier d'être mon lieutenant!
« On voyait luire son épée
« Au fond d'un nuage tonnant.

« Il voulait, dans les frénésies
« De ses vastes ambitions,
« Faire devant ses fantaisies
« Agenouiller les nations,

« Ainsi qu'en une urne profonde,
« Mêler races, langues, esprits,
« Répandre Paris sur le monde,
« Enfermer le monde en Paris!

« Comme Cyrus dans Babylone,
« Il voulait, sous sa large main,
« Ne faire du monde qu'un trône
« Et qu'un peuple du genre humain,

« Et bâtir, malgré les huées,
« Un tel empire sous son nom,
« Que Jéhovah dans les nuées
« Fût jaloux de Napoléon! »

VI

Enfin, mort triomphant, il vit sa délivrance,
Et l'océan rendit son cercueil à la France.

L'homme, depuis douze ans, sous le dôme doré,
Reposait, par l'exil et par la mort sacré ;
En paix ! — quand on passait près du monument sombre,
On se le figurait, couronne au front, dans l'ombre,
Dans son manteau semé d'abeilles d'or, muet,
Couché sous cette voûte où rien ne remuait,
Lui, l'homme qui trouvait la terre trop étroite,
Le sceptre en sa main gauche, et l'épée en sa droite,
A ses pieds son grand aigle ouvrant l'œil à demi,
Et l'on disait : c'est là qu'est César endormi !

Laissant dans la clarté marcher l'immense ville,
Il dormait ; il dormait confiant et tranquille.

VII

Une nuit, — c'est toujours la nuit dans le tombeau, —
Il s'éveilla. Luisant comme un hideux flambeau,
D'étranges visions emplissaient sa paupière ;
Des rires éclataient sous son plafond de pierre ;
Livide, il se dressa, la vision grandit ;
O terreur ! une voix qu'il reconnut lui dit :

— Réveille-toi. Moscou, Waterloo, Sainte-Hélène,
L'exil, les rois geôliers, l'Angleterre hautaine

Sur ton lit accoudée à ton dernier moment,
Sire, cela n'est rien. Voici le châtiment!

La voix alors devint âpre, amère, stridente,
Comme le noir sarcasme et l'ironie ardente;
C'était le rire amer mordant un demi-dieu.

— Sire! on t'a retiré de ton Panthéon bleu!
Sire! on t'a descendu de ta haute colonne!
Regarde : des brigands, dont l'essaim tourbillonne,
D'affreux bohémiens, des vainqueurs de charnier
Te tiennent dans leurs mains et t'ont fait prisonnier.
A ton orteil d'airain leur patte infâme touche.
Ils t'ont pris. Tu mourus, comme un astre se couche,
Napoléon le Grand, empereur; tu renais
Bonaparte, écuyer du cirque Beauharnais.
Te voilà dans leurs rangs, on t'a, l'on te harnache.
Ils t'appellent tout haut grand homme, entre eux, ganache.
Ils traînent sur Paris, qui les voit s'étaler,
Des sabres qu'au besoin ils sauraient avaler.
Aux passants attroupés devant leur habitacle,
Ils disent, entends-les : — Empire à grand spectacle!
Le pape est engagé dans la troupe ; c'est bien,
Nous avons mieux; le czar en est; mais ce n'est rien,
Le czar n'est qu'un sergent, le pape n'est qu'un bonze.
Nous avons avec nous le bonhomme de bronze!
Nous sommes les neveux du Grand Napoléon! —
Et Fould, Magnan, Rouher, Parieu caméléon,
Font rage. Ils vont montrant un sénat d'automates.
Ils ont pris de la paille au fond des casemates
Pour empailler ton aigle, ô vainqueur d'Iéna!
Il est là, mort, gisant, lui qui si haut plana,

Et du champ de bataille il tombe au champ de foire.
Sire, de ton vieux trône ils recousent la moire.
Ayant dévalisé la France au coin d'un bois,
Ils ont à leurs haillons du sang, comme tu vois,
Et dans son bénitier Sibour lave leur linge.
Toi, lion, tu les suis; leur maître, c'est le singe.
Ton nom leur sert de lit, Napoléon premier.
On voit sur Austerlitz un peu de leur fumier.
Ta gloire est un gros vin dont leur honte se grise ;
Cartouche essaye et met ta redingote grise ;
On quête des liards dans le petit chapeau ;
Pour tapis sur la table ils ont mis ton drapeau ;
A cette table immonde où le grec devient riche,
Avec le paysan on boit, on joue, on triche.
Tu te mêles, compère, à ce tripot hardi,
Et ta main qui tenait l'étendard de Lodi,
Cette main qui portait la foudre, ô Bonaparte,
Aide à piper les dés et fait sauter la carte.
Ils te forcent à boire avec eux, et Carlier
Pousse amicalement d'un coude familier
Votre majesté, sire, et Piétri dans son antre
Vous tutoie, et Maupas vous tape sur le ventre.
Faussaires, meurtriers, escrocs, forbans, voleurs,
Ils savent qu'ils auront, comme toi, des malheurs ;
Leur soif en attendant vide la coupe pleine,
A ta santé ; Poissy trinque avec Sainte-Hélène.

Regarde ! bals, sabbats, fêtes matin et soir.
La foule au bruit qu'ils font se culbute pour voir ;
Debout sur le tréteau qu'assiége une cohue
Qui rit, bâille, applaudit, tempête, siffle, hue,
Entouré de pasquins agitant leur grelot,

— Commencer par Homère et finir par Callot!
Épopée! épopée! oh! quel dernier chapitre! —
Entre Troplong paillasse et Chaix-d'Estange pitre,
Devant cette baraque, abject et vil bazar
Où Mandrin mal lavé se déguise en César,
Riant, l'affreux bandit, dans sa moustache épaisse,
Toi, spectre impérial, tu bats la grosse caisse! —

L'horrible vision s'éteignit. — L'empereur,
Désespéré, poussa dans l'ombre un cri d'horreur,
Baissant les yeux, dressant ses mains épouvantées;
Les Victoires de marbre à la porte sculptées,
Fantômes blancs debout hors du sépulcre obscur,
Se faisaient du doigt signe et, s'appuyant au mur,
Écoutaient le titan pleurer dans les ténèbres.
Et Lui, cria : démon aux visions funèbres,
Toi qui me suis partout, que jamais je ne vois,
Qui donc es-tu? — Je suis ton crime, dit la voix. —
La tombe alors s'emplit d'une lumière étrange
Semblable à la clarté de Dieu quand il se venge;
Pareils aux mots que vit resplendir Balthazar,
Deux mots dans l'ombre écrits flamboyaient sur César;
Bonaparte, tremblant comme un enfant sans mère,
Leva sa face pâle et lut : — Dix-huit-Brumaire!

Jersey, 30 novembre 1852.

LIVRE VI

LA STABILITÉ EST ASSURÉE

I

NAPOLÉON III

Donc c'est fait. Dût rugir de honte le canon,
Te voilà, nain immonde, accroupi sur ce nom !
Cette gloire est ton trou, ta bauge, ta demeure !
Toi qui n'as jamais pris la fortune qu'à l'heure,
Te voilà presque assis sur ce hautain sommet !
Sur le chapeau d'Essling tu plantes ton plumet ;
Tu mets, petit Poucet, ces bottes de sept lieues ;
Tu prends Napoléon dans les régions bleues ;
Tu fais travailler l'oncle, et, perroquet ravi,
Grimper à ton perchoir l'aigle de Mondovi !
Thersite est le neveu d'Achille Péliade !
C'est pour toi qu'on a fait toute cette Iliade !
C'est pour toi qu'on livra ces combats inouïs !
C'est pour toi que Murat, aux Russes éblouis,
Terrible, apparaissait, cravachant leur armée !
C'est pour toi qu'à travers la flamme et la fumée

Les grenadiers pensifs s'avançaient à pas lents !
C'est pour toi que mon père et mes oncles vaillants
Ont répandu leur sang dans ces guerres épiques !
Pour toi qu'ont fourmillé les sabres et les piques,
Que tout le continent trembla sous Attila,
Et que Londres frémit, et que Moscou brûla !
C'est pour toi, pour tes Deutz et pour tes Mascarilles,
Pour que tu puisses boire avec de belles filles,
Et, la nuit, t'attabler dans le Louvre à l'écart,
C'est pour monsieur Fialin et pour monsieur Mocquart,
Que Lannes d'un boulet eut la cuisse coupée,
Que le front des soldats entr'ouvert par l'épée
Saigna sous le shako, le casque et le colback,
Que Lassalle à Wagram, Duroc à Reichenbach,
Expirèrent frappés au milieu de leur route,
Que Caulaincourt tomba dans la grande redoute,
Et que la vieille garde est morte à Waterloo !
C'est pour toi qu'agitant le pin et le bouleau
Le vent fait aujourd'hui, sous ses âpres haleines,
Blanchir tant d'ossements, hélas ! dans tant de plaines !
Faquin ! — Tu t'es soudé, chargé d'un vil butin,
Toi, l'homme du hasard, à l'homme du destin !
Tu fourres, impudent, ton front dans ses couronnes !
Nous entendons claquer dans tes mains fanfaronnes
Ce fouet prodigieux qui conduisait les rois ;
Et tranquille, attelant à ton numéro trois
Austerlitz, Marengo, Rivoli, Saint-Jean-d'Acre,
Aux chevaux du soleil tu fais traîner ton fiacre !

Jersey, décembre 1852.

II

LES MARTYRES

Ces femmes qu'on envoie aux lointaines bastilles,
Peuple, ce sont tes sœurs, tes mères et tes filles !
O peuple, leur forfait, c'est de t'avoir aimé !
Paris sanglant, courbé, sinistre, inanimé,
Voit ces horreurs et garde un silence farouche.

Celle-ci, qu'on amène un bâillon dans la bouche,
Cria : — (c'est là son crime) — à bas la trahison !
Ces femmes sont la foi, la vertu, la raison,
L'équité, la pudeur, la fierté, la justice.
Saint-Lazare — il faudra broyer cette bâtisse !
Il n'en restera pas pierre sur pierre un jour ! —
Les reçoit, les dévore, et, quand revient leur tour,
S'ouvre, et les revomit par son horrible porte,
Et les jette au fourgon hideux qui les emporte.
Où vont-elles ? L'oubli le sait, et le tombeau
Le raconte au cyprès et le dit au corbeau.

Une d'elles était une mère sacrée.
Le jour qu'on l'entraîna vers l'Afrique abhorrée,
Ses enfants étaient là qui voulaient l'embrasser ;
On les chassa. La mère en deuil les vit chasser
Et dit : — partons ! — Le peuple en larmes criait grâce.
La porte du fourgon étant étroite et basse,

Un argousin joyeux, raillant son embonpoint,
La fit entrer de force en la poussant du poing.

Elles s'en vont ainsi, malades, verrouillées,
Dans le noir chariot aux cellules souillées
Où le captif, sans air, sans jour, sans pleurs dans l'œil,
N'est plus qu'un mort vivant assis dans son cercueil.
Dans la route on entend leurs voix désespérées.
Le peuple hébété voit passer ces torturées.
A Toulon, le fourgon les quitte, le ponton
Les prend ; sans vêtements, sans pain, sous le bâton,
Elles passent la mer, veuves, seules au monde,
Mangeant avec les doigts dans la gamelle immonde.

Bruxelles, juillet 1852.

III

HYMNE DES TRANSPORTÉS

Prions ! voici l'ombre sereine.
Vers toi, grand Dieu, nos yeux et nos bras sont levés.
Ceux qui t'offrent ici leurs larmes et leur chaîne
Sont les plus douloureux parmi les éprouvés.
Ils ont le plus d'honneur ayant le plus de peine.

Souffrons! le crime aura son tour.
Oiseaux qui passez, nos chaumières,

Vents qui passez, nos sœurs, nos mères,
Sont là-bas, pleurant nuit et jour;
Oiseaux, dites-leur nos misères!
O vents, portez-leur notre amour!

Nous t'envoyons notre pensée,
Dieu! nous te demandons d'oublier les proscrits,
Mais de rendre sa gloire à la France abaissée;
Et laisse-nous mourir, nous brisés et meurtris,
Nous que le jour brûlant livre à la nuit glacée!

Souffrons! le crime —

Comme un archer frappe une cible,
L'implacable soleil nous perce de ses traits;
Après le dur labeur, le sommeil impossible;
Cette chauve-souris qui sort des noirs marais,
La fièvre bat nos fronts de son aile invisible.

Souffrons! le crime —

On a soif, l'eau brûle la bouche;
On a faim, du pain noir; travaillez, malheureux!
A chaque coup de pioche en ce désert farouche
La mort sort de la terre avec son rire affreux,
Prend l'homme dans ses bras, l'étreint et se recouche.

Souffrons! le crime —

Mais qu'importe! rien ne nous dompte;
Nous sommes torturés et nous sommes contents.
Nous remercions Dieu vers qui notre hymne monte

De nous avoir choisis pour souffrir dans ce temps
Où tous ceux qui n'ont pas la souffrance ont la honte.

    Souffrons ! le crime —

    Vive la grande République !
Paix à l'immensité du soir mystérieux !
Paix aux morts endormis dans la tombe stoïque !
Paix au sombre océan qui mêle sous les cieux
La plainte de Cayenne au sanglot de l'Afrique !

    Souffrons ! le crime aura son tour.
    Oiseaux qui passez, nos chaumières,
    Vents qui passez, nos sœurs, nos mères,
    Sont là-bas, pleurant nuit et jour ;
    Oiseaux, dites-leur nos misères !
    O vents, portez-leur notre amour !

Jersey, juillet 1853.

IV

CHANSON

Nous nous promenions parmi les décombres,
    A Rozel-Tower,
Et nous écoutions les paroles sombres
    Que disait la mer.

L'énorme océan, — car nous entendîmes
    Ses vagues chansons, —
Disait : « paraissez, vérités sublimes
    « Et bleus horizons!

« Le monde captif, sans lois et sans règles,
    « Est aux oppresseurs;
« Volez dans les cieux, ailes des grands aigles,
    « Esprits des penseurs !

« Naissez, levez-vous sur les flots sonores,
    « Sur les flots vermeils,
« Faites dans la nuit poindre vos aurores,
    « Peuples et soleils!

« Vous, — laissez passer la foudre et la brume,
    « Les vents et les cris,
« Affrontez l'orage, affrontez l'écume,
    « Rochers et proscrits ! »

Jersey, octobre 1852.

V

ÉBLOUISSEMENTS

O temps miraculeux ! ô gaîtés homériques !
O rires de l'Europe et des deux Amériques!
Croûtes qui larmoyez! bons dieux mal accrochés
Qui saignez dans vos coins ! madones qui louchez!

Phénomènes vivants ! ô choses inouïes !
Candeurs ! énormités au jour épanouies !
Le goudron déclaré fétide par le suif,
Judas flairant Shylock et criant : c'est un juif !
L'arsenic indigné dénonçant la morphine,
La hotte injuriant la borne, Messaline
Reprochant à Goton son regard effronté,
Et Dupin accusant Sauzet de lâcheté !

Oui, le vide-gousset flétrit le tire-laine,
Falstaff montre du doigt le ventre de Silène,
Lacenaire, pudique et de rougeur atteint,
Dit en baissant les yeux : j'ai vu passer Castaing !

Je contemple nos temps ; j'en ai le droit, je pense.
Souffrir étant mon lot, rire est ma récompense.
Je ne sais pas comment cette pauvre Clio
Fera pour se tirer de cet imbroglio.
Ma rêverie au fond de ce règne pénètre,
Quand, ne pouvant dormir, la nuit, à ma fenêtre,
Je songe, et que là-bas, dans l'ombre, à travers l'eau,
Je vois briller le phare auprès de Saint-Malo.

Donc ce moment existe ! il est ! Stupeur risible !
On le voit ; c'est réel, et ce n'est pas possible.
L'empire est là, refait par quelques sacripans.
Bonaparte le Grand dormait. Quel guet-apens !
Il dormait dans sa tombe, absous par la patrie.
Tout à coup des brigands firent une tuerie,
Qui dura tout un jour et du soir au matin ;
Napoléon le Nain en sortit. Le destin,
De l'expiation implacable ministre,

Dans tout ce sang versé trempa son doigt sinistre
Pour barbouiller, affront à la gloire en lambeau,
Cette caricature au mur de ce tombeau.

Ce monde-là prospère. Il prospère, vous dis-je!
Embonpoint de la honte! époque callipyge!
Il trône, ce cockney d'Eglinton et d'Epsom,
Qui, la main sur son cœur, dit : Je mens, ergo sum.
Les jours, les mois, les ans passent; ce flegmatique,
Ce somnambule obscur, brusquement frénétique,
Que Schœlcher a nommé le président Obus,
Règne, continuant ses crimes en abus.
O spectacle! en plein jour, il marche et se promène,
Cet être horrible insulte à la figure humaine!
Il s'étale effroyable, ayant tout un troupeau
De Suins et de Fortouls qui vivent sur sa peau,
Montrant ses nudités, cynique, infâme, indigne,
Sans mettre à son Baroche une feuille de vigne!
Il rit de voir à terre et montre à Machiavel
Sa parole d'honneur qu'il a tuée en duel.
Il sème l'or ; — venez! — et sa largesse éclate.
Magnan ouvre sa griffe et Troplong tend sa patte.
Tout va. Les sous-coquins aident le drôle en chef.
Tout est beau, tout est bon, et tout est juste; bref,
L'église le soutient, l'opéra le constate.
Il vola : Te Deum. Il égorgea : Cantate.

Lois, mœurs, maître, valets, tout est à l'avenant.
C'est un bivouac de gueux, splendide et rayonnant.
Le mépris bat des mains, admire, et dit : courage!
C'est hideux. L'entouré ressemble à l'entourage.
Quelle collection! quel choix! quel OEil-de-bœuf!

L'un vient de Loyola, l'autre vient de Babeuf.
Jamais vénitiens, romains et bergamasques
N'ont sous plus de soufflets vu passer plus de masques.
La société va sans but, sans jour, sans droit,
Et l'envers de l'habit est devenu l'endroit.
L'immondice au sommet de l'État se déploie.
Les chiffonniers, la nuit, courbés, flairant leur proie,
Allongent leurs crochets du côté du sénat.
Voyez-moi ce coquin, normand, corse, auvergnat ;
C'était fait pour vieillir belître et mourir cuistre ;
C'est premier président, c'est préfet, c'est ministre.
Ce truand catholique au temps jadis vivait
Maigre, chez Flicoteaux plutôt que chez Chevet ;
Il habitait au fond d'un bouge à tabatière
Un lit fait et défait, hélas ! par sa portière,
Et griffonnait dès l'aube, amer, affreux, souillé,
Exhalant dans son trou l'odeur d'un chien mouillé.
Il conseille l'État pour vingt-cinq mille livres
Par an. Ce petit homme, étant teneur de livres
Dans la blonde Marseille, au pays du mistral,
Fit des faux. Le voici procureur général.
Celui-là, qui courait la foire avec un singe,
Est député ; cet autre, ayant fort peu de linge,
Sur la pointe du pied entrait dans les logis
Où bâillait quelque armoire aux tiroirs élargis.
Et du bourgeois absent empruntait la tunique ;
Nul mortel n'a jamais, de façon plus cynique,
Assouvi le désir des chemises d'autrui ;
Il était grinche hier, il est juge aujourd'hui.
Ceux-ci, quand il leur plaît, chapelains de la clique,
Au saint-père accroupi font pondre une encyclique ;
Ce sont des gazetiers fort puissants en haut lieu,

Car ils sont les amis particuliers de Dieu ;
Sachez que ces béats, quand ils parlent du temple
Comme de leur maison, n'ont pas tort ; par exemple,
J'ai toujours applaudi quand ils ont affecté
Avec les saints du ciel des airs d'intimité ;
Veuillot, certe, aurait pu vivre avec saint Antoine.
Cet autre est général comme on serait chanoine,
Parce qu'il est très-gras et qu'il a trois mentons.
Cet autre fut escroc. Cet autre eut vingt bâtons
Cassés sur lui. Cet autre, admirable canaille,
Quand la bise, en janvier, nous pince et nous tenaille,
D'une savate oblique écrasant les talons,
Pour se garer du froid mettait deux pantalons
Dont les trous par bonheur n'étaient pas l'un sur l'autre.
Aujourd'hui, sénateur, dans l'empire il se vautre.
Je regrette le temps que c'était dans l'égout.
Ce ventre a nom d'Hautpoul, ce nez a nom d'Argout ;
Ce prêtre, c'est la honte à l'état de prodige.
Passons vite. L'histoire abrége, elle rédige
Royer d'un coup de fouet, Mongis d'un coup de pied,
Et fuit. Royer se frotte et Mongis se rassied ;
Tout est dit. Que leur fait l'affront ? l'opprobre engraisse.
Quant au maître qui hait les curieux, la presse,
La tribune, et ne veut pour son règne éclatant
Ni regards, ni témoins, il doit être content ;
Il a plus de succès encor qu'il n'en exige :
César, devant sa cour, son pouvoir, son quadrige,
Ses lois, ses serviteurs brodés et galonnés,
Veut qu'on ferme les yeux ; on se bouche le nez.

Prenez ce Beauharnais et prenez une loupe;
Penchez-vous, regardez l'homme et scrutez la troupe,

Vous n'y trouverez pas l'ombre d'un bon instinct.
C'est vil et c'est féroce. En eux l'homme est éteint;
Et ce qui plonge l'âme en des stupeurs profondes,
C'est la perfection de ces gredins immondes.

A ce ramas se joint un tas d'affreux poussahs,
Un tas de Triboulets et de Sancho-Panças.
Sous vingt gouvernements ils ont palpé des sommes.
Aucune indignité ne manque à ces bonshommes;
Rufins poussifs, Verrès goutteux, Séjans fourbus,
Selles à tout tyran, sénateurs omnibus.
On est l'ancien soudard, on est l'ancien bourgmestre;
On tua Louis seize, on vote avec de Maistre;
Ils ont eu leur fauteuil dans tous les Luxembourgs;
Ayant vu les Maurys, ils sont faits aux Sibours;
Ils sont gais et, contant leurs antiques bamboches,
Branlent leurs vieux gazons sur leurs vieilles caboches.
Ayant été, du temps qu'ils avaient un cheveu,
Lâches sous l'oncle, ils sont abjects sous le neveu.
Gros mandarins chinois adorant le tartare,
Ils apportent leur cœur, leur vertu, leur catarrhe,
Et prosternent, cagneux, devant sa majesté
Leur bassesse avachie en imbécillité.

Cette bande s'embrasse et se livre à des joies.
Bon ménage touchant des vautours et des oies!

Noirs empereurs romains couchés dans les tombeaux,
Qui faisiez aux sénats discuter les turbots,
Toi, dernière Lagide, ô reine au cou de cygne,
Prêtre Alexandre six qui rêves dans ta vigne,
Despotes d'Allemagne, éclos dans le Rœmer,

Nemrod qui hais le ciel, Xercès qui bats la mer,
Caïphe qui tressas la couronne d'épine,
Claude après Messaline épousant Agrippine,
Caïus qu'on fit césar, Commode qu'on fit dieu,
Iturbide, Rosas, Mazarin, Richelieu,
Moines qui chassez Dante et brisez Galilée,
Saint office, conseil des dix, chambre étoilée,
Parlements tout noircis de décrets et d'olims,
Vous sultans, les Mourads, les Achmets, les Sélims,
Rois qu'on montre aux enfants dans tous les syllabaires,
Papes, ducs, empereurs, princes, tas de Tibères !
Bourreaux toujours sanglants, toujours divinisés,
Tyrans ! enseignez-moi, si vous le connaissez,
Enseignez-moi le lieu, le point, la borne où cesse
La lâcheté publique et l'humaine bassesse !

Et l'archet frémissant fait bondir tout cela !
Bal à l'Hôtel de ville, au Luxembourg gala.
Allons, juges, dansez la danse de l'épée !
Gambade, ô Dombidau, pour l'onomatopée !
Polkez, Fould et Maupas, avec votre écriteau,
Toi, Persil-Guillotine, au profil de couteau !
Ours que Boustrapa montre et qu'il tient par la sangle,
Valsez, Billault, Parieu, Drouyn, Lebœuf, Delangle!
Danse, Dupin ! dansez, l'horrible et le bouffon !
Hyènes, loups, chacals, non prévus par Buffon,
Leroy, Forey, tueurs au fer rongé de rouilles,
Dansez ! dansez, Berger, d'Hautpoul, Murat, citrouilles!

Et l'on râle en exil, à Cayenne, à Blidah !
Et sur le Duguesclin, et sur le Canada,
Des enfants de dix ans, brigands qu'on extermine,

Agonisent, brûlés de fièvre et de vermine !
Et les mères, pleurant sous l'homme triomphant,
Ne savent même pas où se meurt leur enfant !
Et Samson reparaît, et sort de ses retraites !
Et le soir, on entend, sur d'horribles charrettes
Qui traversent la ville et qu'on suit à pas lents,
Quelque chose sauter dans des paniers sanglants
Oh ! laissez ! laissez-moi m'enfuir sur le rivage !
Laissez-moi respirer l'odeur du flot sauvage !
Jersey rit, terre libre, au sein des sombres mers ;
Les genêts sont en fleur, l'agneau paît les prés verts;
L'écume jette aux rocs ses blanches mousselines ;
Par moments apparaît, au sommet des collines,
Livrant ses crins épars au vent âpre et joyeux,
Un cheval effaré qui hennit dans les cieux !

Jersey, mai 1853.

VI

A CEUX QUI DORMENT

Réveillez-vous, assez de honte !
Bravez boulets et biscaïens.
Il est temps qu'enfin le flot monte,
Assez de honte, citoyens !
Troussez les manches de la blouse ;
Les hommes de quatre-vingt-douze

Affrontaient vingt rois combattants.
Brisez vos fers, forcez vos geôles!
Quoi! vous avez peur de ces drôles;
Vos pères bravaient les Titans!

Levez-vous! foudroyez et la horde et le maître!
Vous avez Dieu pour vous et contre vous le prêtre;
   Dieu seul est souverain.
Devant lui nul n'est fort et tous sont périssables.
Il chasse comme un chien le grand tigre des sables
   Et le dragon marin;
Rien qu'en soufflant dessus, comme un oiseau d'un arbre,
Il peut faire envoler de leur temple de marbre
   Les idoles d'airain.

Vous n'êtes pas armés? qu'importe!
Prends ta fourche, prends ton marteau!
Arrache le gond de ta porte,
Emplis de pierres ton manteau!
Et poussez le cri d'espérance!
Redevenez la grande France!
Redevenez le grand Paris!
Délivrez, frémissants de rage,
Votre pays de l'esclavage,
Votre mémoire du mépris!

Quoi! faut-il vous citer les royalistes même?
On était grand aux jours de la lutte suprême;
   Alors, que voyait-on?
La bravoure, ajoutant à l'homme une coudée,
Était dans les deux camps. N'est-il pas vrai, Vendée,
   O dur pays breton?

Pour vaincre un bastion, pour rompre une muraille,
Pour prendre cent canons vomissant la mitraille,
    Il suffit d'un bâton !

    Si dans ce cloaque on demeure,
    Si cela dure encore un jour,
    Si cela dure encore une heure,
    Je brise clairon et tambour,
    Je flétris ces pusillanimes ;
    O vieux peuple des jours sublimes,
    Géants à qui nous les mêlions,
    Je les laisse trembler leurs fièvres,
    Et je déclare que ces lièvres
    Ne sont pas vos fils, ô lions !

Jersey, septembre 1853.

VII

LUNA

    O France, quoique tu sommeilles,
    Nous t'appelons, nous, les proscrits !
    Les ténèbres ont des oreilles,
    Et les profondeurs ont des cris.

    Le despotisme âpre et sans gloire
    Sur les peuples découragés

Ferme la grille épaisse et noire
Des erreurs et des préjugés;

Il tient sous clef l'essaim fidèle
Des fermes penseurs, des héros,
Mais l'Idée avec un coup d'aile
Écartera les durs barreaux,

Et, comme en l'an quatre-vingt-onze,
Reprendra son vol souverain;
Car briser la cage de bronze,
C'est facile à l'oiseau d'airain.

L'obscurité couvre le monde,
Mais l'Idée illumine et luit;
De sa clarté blanche elle inonde
Les sombres azurs de la nuit.

Elle est le fanal solitaire,
Le rayon providentiel;
Elle est la lampe de la terre
Qui ne peut s'allumer qu'au ciel.

Elle apaise l'âme qui souffre,
Guide la vie, endort la mort;
Elle montre aux méchants le gouffre,
Elle montre aux justes le port.

En voyant dans la brume obscure,
L'Idée, amour des tristes yeux,
Monter calme, sereine et pure,
Sur l'horizon mystérieux,

Les fanatismes et les haines
Rugissent devant chaque seuil,
Comme hurlent les chiens obscènes
Quant apparaît la lune en deuil.

Oh! contemplez l'Idée altière,
Nations! son front surhumain
A, dès à présent, la lumière
Qui vous éclairera demain!

Jersey, juillet 1853.

VIII

AUX FEMMES

Quand tout se fait petit, femmes, vous restez grandes.
En vain, aux murs sanglants accrochant des guirlandes,
Ils ont ouvert le bal et la danse; ô nos sœurs,
Devant ces scélérats transformés en valseurs
Vous haussez, — châtiment! — vos charmantes épaules.
Votre divin sourire extermine ces drôles.
En vain leur frac brodé scintille, en vain, brigands,
Pour vous plaire ils ont mis à leurs griffes des gants,
Et de leur vil tricorne ils ont doré les ganses,
Vous bafouez ces gants, ces fracs, ces élégances,
Cet empire tout neuf et déjà vermoulu.
Dieu vous a tout donné, femmes; il a voulu

Que les seuls alcyons tinssent tête à l'orage,
Et qu'étant la beauté, vous fussiez le courage.

Les femmes ici-bas et là-haut les aïeux,
Voilà ce qui nous reste!

     Abjection! nos yeux
Plongent dans une nuit toujours plus épaissie.
Oui, le peuple français, oui, le peuple messie,
Oui, ce grand forgeron du droit universel
Dont, depuis soixante ans, l'enclume sous le ciel
Luit et sonne, dont l'âtre incessamment pétille,
Qui fit voler au vent les tours de la Bastille,
Qui broya, se dressant tout à coup Souverain,
Mille ans de royauté sous son talon d'airain,
Ce peuple dont le souffle, ainsi que des fumées,
Faisait tourbillonner les rois et les armées,
Qui, lorsqu'il se fâchait, brisait sous son bâton
Le géant Robespierre et le titan Danton,
Oui, ce peuple invincible, oui, ce peuple superbe
Tremble aujourd'hui, pâlit, frissonne comme l'herbe,
Claque des dents, se cache et n'ose dire un mot
Devant Magnan, ce reître, et Troplong, ce grimaud!
Oui, nous voyons cela! nous tenant dans leurs serres,
Mangeant les millions en face des misères,
Les Fortoul, les Rouher, êtres stupéfiants,
S'étalent; on se tait. Nos maîtres ruffians
A Cayenne, en un bagne, abîme d'agonie,
Accouplent l'héroïsme avec l'ignominie;
On se tait. Les pontons râlent; que dit-on? rien.
Des enfants sont forçats en Afrique; c'est bien.
Si vous pleurez, tenez votre larme secrète.

Le bourreau, noir faucheur, debout dans sa charrette,
Revient de la moisson avec son panier plein ;
Pas un souffle. Il est là, ce Tibère-Ezzelin
Qui se croit scorpion et n'est que scolopendre,
Fusillant, et jaloux de Haynau qui peut pendre ;
Éclaboussé de sang, le prêtre l'applaudit ;
Il est là, ce César chauve-souris qui dit
Aux rois : voyez mon sceptre ; aux gueux : voyez mon crime ;
Ce vainqueur qui, béni, lavé, sacré, sublime,
De deux pourpres vêtu, dans l'histoire s'assied,
Le globe dans sa main, un boulet à son pied ;
Il nous crache au visage, il règne ! nul ne bouge.

Et c'est à votre front qu'on voit monter le rouge,
C'est vous qui vous levez et qui vous indignez,
Femmes ; le sein gonflé, les yeux de pleurs baignés,
Vous huez le tyran, vous consolez les tombes.
Et le vautour frémit sous le bec des colombes !

Et moi, proscrit pensif, je vous dis : Gloire à vous !
Oh oui, vous êtes bien le sexe fier et doux,
Ardent au dévoûment, ardent à la souffrance,
Toujours prêt à la lutte, à Béthulie, en France,
Dont l'âme à la hauteur des héros s'élargit,
D'où se lève Judith, d'où Charlotte surgit !
Vous mêlez la bravoure à la mélancolie.
Vous êtes Porcia, vous êtes Cornélie,
Vous êtes Arria qui saigne et qui sourit ;
Oui, vous avez toujours en vous ce même esprit
Qui relève et soutient les nations tombées,
Qui suscite la Juive et les sept Macchabées,
Qui dans toi, Jeanne d'Arc, fait revivre Amadis ;

Et qui, sur le chemin des tyrans interdits,
Pour les épouvanter dans leur gloire éphémère,
Met tantôt une vierge et tantôt une mère!

Si bien que, par moments, lorsqu'en nos visions
Nous voyons, secouant un glaive de rayons,
Dans les cieux apparaître une figure ailée,
Saint Michel sous ses pieds foulant l'hydre écaillée,
Nous disons : c'est la Gloire et c'est la Liberté!
Et nous croyons, devant sa grâce et sa beauté,
Quand nous cherchons le nom dont il faut qu'on le nomme,
Que l'archange est plutôt une femme qu'un homme!

<small>Jersey, mai 1853.</small>

IX

AU PEUPLE

Il te ressemble; il est terrible et pacifique.
Il est sous l'infini le niveau magnifique;
Il a le mouvement, il a l'immensité.
Apaisé d'un rayon et d'un souffle agité,
Tantôt c'est l'harmonie et tantôt le cri rauque.
Les monstres sont à l'aise en sa profondeur glauque;
La trombe y germe; il a des gouffres inconnus
D'où ceux qui l'ont bravé ne sont pas revenus;

Sur son énormité le colosse chavire;
Comme toi le despote, il brise le navire;
Le fanal est sur lui comme l'esprit sur toi;
Il foudroie, il caresse, et Dieu seul sait pourquoi;
Sa vague, où l'on entend comme des chocs d'armures,
Emplit la sombre nuit de monstrueux murmures,
Et l'on sent que ce flot, comme toi, gouffre humain,
Ayant rugi ce soir, dévorera demain.
Son onde est une lame aussi bien que le glaive;
Il chante un hymne immense à Vénus qui se lève;
Sa rondeur formidable, azur universel,
Accepte en son miroir tous les astres du ciel;
Il a la force rude et la grâce superbe;
Il déracine un roc, il épargne un brin d'herbe;
Il jette comme toi l'écume aux fiers sommets,
O Peuple; seulement, lui, ne trompe jamais
Quand, l'œil fixe, et debout sur sa grève sacrée,
Et pensif, on attend l'heure de sa marée.

Au bord de l'Océan, juillet 1853.

X

Apportez-vos chaudrons, sorcières de Shakspeare.
Sorcières de Macbeth, prenez-moi tout l'empire,
L'ancien et le nouveau; sur le même réchaud
Mettez le gros Berger et le comte Frochot,
Maupas avec Réal, Hullin sur Espinasse,

La Saint-Napoléon avec la Saint-Ignace,
Fould et Maret, Fouché gâté, Troplong pourri,
Retirez Austerlitz, ajoutez Satory,
Penchez-vous, crins épars, œil ardent, gorge nue,
Soufflez à pleins poumons le feu sous la cornue;
Regardez le petit se dégager du grand,
Faites évaporer Baroche et Talleyrand,
Le neveu qui descend pendant que l'oncle monte;
Que reste-t-il au fond de l'alambic? La honte.

Jersey, avril 1853.

XI

LE PARTI DU CRIME

« Amis et Frères ! en présence de ce gouvernement infâme,
« négation de toute morale, obstacle à tout progrès social, en
« présence de ce gouvernement meurtrier du peuple et viola-
« teur des lois, de ce gouvernement né de la force et qui doit
« périr par la force, de ce gouvernement élevé par le crime et
« qui doit être terrassé par le droit, le Français, digne du nom
« de citoyen, ne sait pas, ne veut pas savoir s'il y a quelque
« part des semblants de scrutin, des comédies de suffrage uni-
« versel et des parodies d'appel à la nation ; il ne s'informe pas
« s'il y a des hommes qui votent et des hommes qui font voter,
« s'il y a un troupeau qu'on appelle le sénat et qui délibère et
« un autre troupeau qu'on appelle le peuple et qui obéit ; il
« ne s'informe pas si le pape va sacrer au maître-autel de
« Notre-Dame l'homme qui — n'en doutez pas, ceci est l'avenir
« inévitable — sera ferré au poteau par le bourreau ; — en pré-
« sence de M. Bonaparte et de son gouvernement, le citoyen,
« digne de ce nom, ne fait qu'une chose et n'a qu'une chose à
« faire : charger son fusil, et attendre l'heure.
                                        « Jersey, 31 octobre 1852. »
            (Déclaration des proscrits républicains de Jersey
              à propos de l'empire, publiée par le *Moniteur*,
              signée pour copie conforme :
                VICTOR HUGO, FAURE, FOMBERTAUX.)

« Nous flétrissons de l'énergie la plus vigoureuse de notre
« âme les ignobles et coupables manifestes du PARTI DU
« CRIME. »
              (RIANCEY, journal l'*Union*, 22 novembre.)

« LE PARTI DU CRIME relève la tête. »
                      (*Tous les journaux élyséens en chœur.*)

Ainsi ce gouvernant dont l'ongle est une griffe,
Ce masque impérial, Bonaparte apocryphe,
A coup sûr Beauharnais, peut-être Verhuell,
Qui, pour la mettre en croix, livra, sbire cruel,

Rome républicaine à Rome catholique,
Cet homme, l'assassin de la chose publique,
Ce parvenu, choisi par le destin sans yeux,
Ainsi, lui, ce glouton singeant l'ambitieux,
Cette altesse quelconque habile aux catastrophes,
Ce loup sur qui je lâche une meute de strophes,
Ainsi ce boucanier, ainsi ce chourineur
A fait d'un jour d'orgueil un jour de déshonneur,
Mis sur la gloire un crime et souillé la victoire ;
Il a volé, l'infâme, Austerlitz à l'histoire ;
Brigand, dans ce trophée il a pris un poignard ;
Il a broyé bourgeois, ouvrier, campagnard ;
Il a fait de corps morts une horrible étagère
Derrière les barreaux de la cité Bergère ;
Il s'est, le sabre en main, rué sur son serment ;
Il a tué les lois et le gouvernement,
La justice, l'honneur, tout, jusqu'à l'espérance ;
Il a rougi de sang, de ton sang pur, ô France,
Tous nos fleuves, depuis la Seine jusqu'au Var ;
Il a conquis le Louvre en méritant Clamar ;
Et maintenant il règne, appuyant, ô patrie,
Son vil talon fangeux sur ta bouche meurtrie ;
Voilà ce qu'il a fait ; je n'exagère rien ;
Et quand, nous indignant de ce galérien
Et de tous les escrocs de cette dictature,
Croyant rêver devant cette affreuse aventure,
Nous disons, de dégoût et d'horreur soulevés :
— Citoyens, marchons ! Peuple, aux armes, aux pavés !
A bas ce sabre abject qui n'est pas même un glaive !
Que le jour reparaisse et que le droit se lève ! —
C'est nous, proscrits frappés par ces coquins hardis,
Nous, les assassinés, qui sommes les bandits !

Nous qui voulons le meurtre et les guerres civiles!
Nous qui mettons la torche aux quatre coins des villes!

Donc trôner par la mort, fouler aux pieds le droit;
Être fourbe, impudent, cynique, atroce, adroit;
Dire : je suis César, et n'être qu'un maroufle;
Étouffer la pensée et la vie et le souffle;
Forcer quatre-vingt-neuf qui marche à reculer;
Supprimer lois, tribune et presse; museler
La grande nation comme une bête fauve;
Régner par la caserne et du fond d'une alcôve;
Restaurer les abus au profit des félons;
Livrer ce pauvre peuple aux voraces Troplongs,
Sous prétexte qu'il fut, loin des temps où nous sommes,
Dévoré par les rois et par les gentilshommes;
Faire manger aux chiens ce reste des lions;
Prendre gaîment pour soi palais et millions,
S'afficher tout crûment satrape, et, sans sourdines,
Mener joyeuse vie avec des gourgandines;
Torturer des héros dans le bagne exécré;
Bannir quiconque est ferme et fier; vivre entouré
De grecs, comme à Byzance autrefois le despote;
Être le bras qui tue et la main qui tripote;
Ceci, c'est la justice, ô peuple, et la vertu!
Et confesser le droit par le meurtre abattu;
Dans l'exil, à travers l'encens et les fumées,
Dire en face aux tyrans, dire en face aux armées :
— Violence, injustice et force sont vos noms;
Vous êtes les soldats, vous êtes les canons;
La terre est sous vos pieds comme votre royaume;
Vous êtes le colosse et nous sommes l'atome;
Eh bien! guerre! et luttons, c'est notre volonté,

Vous, pour l'oppression, nous, pour la liberté. —
Montrer les noirs pontons, montrer les catacombes,
Et s'écrier, debout sur la pierre des tombes :
— Français! craignez d'avoir un jour pour repentirs
Les pleurs des innocents et les os des martyrs!
Brise l'homme-sépulcre, ô France! ressuscite!
Arrache de ton flanc ce Néron parasite!
Sors de terre sanglante et belle, et dresse-toi,
Dans une main le glaive et dans l'autre la loi! —
Jeter ce cri du fond de son âme proscrite,
Attaquer le forban, démasquer l'hypocrite
Parce que l'honneur parle et parce qu'il le faut,
C'est le crime, cela! — Tu l'entends, toi, là-haut!
Oui, voilà ce qu'on dit, mon Dieu, devant ta face!
Témoin toujours présent qu'aucune ombre n'efface,
Voilà ce qu'on étale à tes yeux éternels!

Quoi! le sang fume aux mains de tous ces criminels!
Quoi! les morts, vierge, enfant, vieillards et femmes grosses,
Ont à peine eu le temps de pourrir dans leurs fosses!
Quoi! Paris saigne encor! quoi, devant tous les yeux,
Son faux serment est là qui plane dans les cieux!
Et voilà comme parle un tas d'êtres immondes!
O noirs bouillonnements des colères profondes!

Et maint vivant, gavé, triomphant et vermeil,
Reprend : — ce bruit qu'on fait dérange mon sommeil.
Tout va bien. Les marchands triplent leurs clientèles,
Et nos femmes ne sont que fleurs et que dentelles!
— De quoi donc se plaint-on? crie un autre quidam.
En flânant sur l'asphalte et sur le macadam,
Je gagne tous les jours trois cents francs à la Bourse.

L'argent coule aujourd'hui comme l'eau d'une source;
Les ouvriers maçons ont trois livres dix sous,
C'est superbe ; Paris est sens dessus dessous.
Il paraît qu'on a mis dehors les démagogues.
Tant mieux. Moi, j'applaudis les bals et les églogues
Du prince qu'autrefois à tort je reniais.
Que m'importe qu'on ait chassé quelques niais?
Quant aux morts, ils sont morts! paix à ces imbéciles!
Vivent les gens d'esprit! vivent ces temps faciles
Où l'on peut à son choix prendre pour nourricier
Le crédit mobilier ou le crédit foncier !
La république rouge aboie en ses cavernes,
C'est affreux! liberté, droits, progrès, balivernes!
Hier encor j'empochais une prime d'un franc ;
Et moi, je sens fort peu, j'en conviens, je suis franc,
Les déclamations m'étant indifférentes,
La baisse de l'honneur dans la hausse des rentes.

O langage hideux! on le tient! on l'entend !
Eh bien, sachez-le donc, repus au cœur content,
Que nous vous le disions bien une fois pour toutes,
Oui, nous, les vagabonds dispersés sur les routes,
Errant sans passe-port, sans nom et sans foyer,
Nous autres, les proscrits qu'on ne fait pas ployer,
Nous qui n'acceptons point qu'un peuple s'abrutisse,
Qui d'ailleurs ne voulons, tout en voulant justice,
D'aucune représaille et d'aucun échafaud,
Nous, dis-je, les vaincus sur qui Mandrin prévaut,
Pour que la liberté revive, et que la honte
Meure, et qu'à tous les fronts l'honneur serein remonte,
Pour affranchir Romains, Lombards, Germains, Hongrois,
Pour faire rayonner, soleil de tous les droits,

La République mère au centre de l'Europe,
Pour réconcilier le palais et l'échoppe,
Pour faire refleurir la fleur Fraternité,
Pour fonder du travail le droit incontesté,
Pour tirer les martyrs de ces bagnes infâmes,
Pour rendre aux fils le père et les maris aux femmes,
Pour qu'enfin ce grand siècle et cette nation
Sortent du Bonaparte et de l'abjection,
Pour atteindre à ce but où notre âme s'élance,
Nous nous ceignons les reins dans l'ombre et le silence ;
Nous nous déclarons prêts, — prêts, entendez-vous bien ? —
Le sacrifice est tout, la souffrance n'est rien, —
Prêts, quand Dieu fera signe, à donner notre vie ;
Car à voir ce qui vit, la mort nous fait envie,
Car nous sommes tous mal sous ce drôle effronté,
Vivant, nous sans patrie, et vous sans liberté !

Oui, sachez-le, vous tous que l'air libre importune
Et qui dans ce fumier plantez votre fortune,
Nous ne laisserons pas le peuple s'assoupir ;
Oui, nous appellerons, jusqu'au dernier soupir,
Au secours de la France aux fers et presque éteinte,
Comme nos grands aïeux, l'insurrection sainte ;
Nous convierons Dieu même à foudroyer ceci ;
Et c'est notre pensée et nous sommes ainsi,
Aimant mieux, dût le sort nous broyer sous sa roue,
Voir couler notre sang que croupir votre boue.

<small>Jersey, novembre 1852.</small>

XII

On dit. — Soyez prudents. — Puis vient ce dithyrambe :
    « — ... Qui veut frapper Néron
« Rampe, et ne se fait pas précéder d'un ïambe
    « Soufflant dans un clairon.

« Souviens-toi d'Ettenheim et des piéges célèbres ;
    « Attends le jour marqué.
« Sois comme Chéréas qui vient dans les ténèbres,
    « Seul, muet et masqué.

« La prudence conduit au but qui sait la suivre.
    « Marche d'ombre vêtu... » —
C'est bien ; je laisse à ceux qui veulent longtemps vivre
    Cette lâche vertu.

Jersey, août 1853.

XIII

A JUVÉNAL

I

Retournons à l'école, ô mon vieux Juvénal !
Homme d'ivoire et d'or, descends du tribunal
Où depuis deux mille ans tes vers superbes tonnent.
Il paraît, vois-tu bien, ces choses nous étonnent,

Mais c'est la vérité selon monsieur Riancey,
Que lorsqu'un peu de temps sur le sang a passé,
Après un an ou deux, c'est une découverte,
Quoi qu'en disent les morts avec leur bouche verte,
Le meurtre n'est plus meurtre et le vol n'est plus vol.
Monsieur Veuillot, qui tient d'Ignace et d'Auriol,
Nous l'affirme, quand l'heure a tourné sur l'horloge,
De notre entendement ceci fait peu l'éloge,
Pourvu qu'à Notre-Dame on brûle de l'encens,
Et que l'abonné vienne aux journaux bien pensants,
Il paraît que, sortant de son hideux suaire,
Joyeux, en panthéon changeant son ossuaire,
Dans l'opération par monsieur Fould aidé,
Par les juges lavé, par les filles fardé,
O miracle! entouré de croyants et d'apôtres,
En dépit des rêveurs, en dépit de nous autres
Noirs poëtes bourrus qui n'y comprenons rien,
Le mal prend tout à coup la figure du bien.

II

Il est l'appui de l'ordre; il est bon catholique;
Il signe hardiment : prospérité publique.
La trahison s'habille en général français;
L'archevêque ébloui bénit le dieu Succès;
C'était crime jeudi, mais c'est haut fait dimanche.
Du pourpoint Probité l'on retourne la manche.
Tout est dit. La vertu tombe dans l'arriéré.
L'honneur est un vieux fou dans sa cave muré.
O grand penseur de bronze, en nos dures cervelles
Faisons entrer un peu ces morales nouvelles,

Lorsque sur le Grand'Combe ou sur le blanc de zinc,
On a revendu vingt ce qu'on a payé cinq,
Sache qu'un guet-apens par où nous triomphâmes
Est juste, honnête et bon ; tout au rebours des femmes,
Sache qu'en vieillissant le crime devient beau.
Il plane cygne après s'être envolé corbeau.
Oui, tout cadavre utile exhale une odeur d'ambre.
Que vient-on nous parler d'un crime de décembre
Quand nous sommes en juin ! l'herbe a poussé dessus.
Toute la question, la voici : fils, tissus,
Cotons et sucres bruts prospèrent ; le temps passe.
Le parjure difforme et la trahison basse
En avançant en âge ont la propriété
De perdre leur bassesse et leur difformité ;
Et l'assassinat louche et tout souillé de fange
Change son front de spectre en un visage d'ange.

III

Et comme, en même temps, dans ce travail normal,
La vertu devient faute et le bien devient mal,
Apprends que, quand Saturne a soufflé sur leur rôle,
Néron est un sauveur et Spartacus un drôle.
La raison obstinée a beau faire du bruit ;
La justice, ombre pâle, a beau, dans notre nuit,
Murmurer comme un souffle à toutes les oreilles ;
On laisse dans leur coin bougonner ces deux vieilles.
Narcisse gazetier lapide Scévola.
Accoutumons nos yeux à ces lumières-là
Qui font qu'on aperçoit tout sous un nouvel angle,
Et qu'on voit Malesherbe en regardant Delangle.

Sachons dire : Lebœuf est grand, Persil est beau;
Et laissons la pudeur au fond du lavabo.

IV

Le bon, le sûr, le vrai, c'est l'or dans notre caisse.
L'homme est extravagant qui, lorsque tout s'affaisse,
Proteste seul debout dans une nation,
Et porte à bras tendu son indignation.
Que diable! il faut pourtant vivre de l'air des rues,
Et ne pas s'entêter aux choses disparues.
Quoi! tout meurt ici-bas, l'aigle comme le ver,
Le charançon périt sous la neige l'hiver,
Quoi! le Pont-Neuf fléchit lorsque les eaux sont grosses,
Quoi! mon coude est troué, quoi! je perce mes chausses,
Quoi! mon feutre était neuf et s'est usé depuis,
Et la Vérité, maître, aurait, dans son vieux puits,
Cette prétention rare d'être éternelle!
De ne pas se mouiller quand il pleut, d'être belle
A jamais, d'être reine en n'ayant pas le sou,
Et de ne pas mourir quand on lui tord le cou!
Allons donc! citoyens, c'est au fait qu'il faut croire!

V

Sur ce, les charlatans prêchent leur auditoire
D'idiots, de mouchards, de grecs, de philistins,
Et de gens pleins d'esprit détroussant les crétins;
La Bourse rit; la hausse offre aux badauds ses prismes
La douce hypocrisie éclate en aphorismes;

C'est bien, nous gagnons gros et nous sommes contents;
Et ce sont, Juvénal, les maximes du temps.
Quelque sous-diacre, éclos dans je ne sais quel bouge,
Trouva ces vérités en balayant Montrouge,
Si bien qu'aujourd'hui, fiers et rois des temps nouveaux,
Messieurs les aigrefins et messieurs les dévots
Déclarent, s'éclairant aux lueurs de leur cierge,
Jeanne d'Arc courtisane et Messaline vierge.

Voilà ce que curés, évêques, talapoins,
Au nom du Dieu vivant, démontrent en trois points,
Et ce que le filou qui fouille dans ma poche
Prouve par A plus B, par Argout plus Baroche.

VI

Maître! voilà-t-il pas de quoi nous indigner?
A quoi bon s'exclamer? à quoi bon trépigner?
Nous avons l'habitude, en songeurs que nous sommes,
De contempler les nains bien moins que les grands hommes;
Même toi, satirique, et moi, tribun amer,
Nous regardons en haut, le bourgeois dit : en l'air;
C'est notre infirmité. Nous fuyons la rencontre
Des sots et des méchants. Quand le Dombidau montre
Son crâne et que le Fould avance son menton,
J'aime mieux Jacques Cœur, tu préfères Caton;
La gloire des héros, des sages que Dieu crée,
Est notre vision éternelle et sacrée;
Éblouis, l'œil noyé des clartés de l'azur,
Nous passons notre vie à voir dans l'Éther pur
Resplendir les géants, penseurs ou capitaines,

Nous regardons, au bruit des fanfares lointaines,
Au-dessus de ce monde où l'ombre règne encor,
Mêlant dans les rayons leurs vagues poitrails d'or,
Une foule de chars voler dans les nuées;
Aussi l'essaim des gueux et des prostituées,
Quand il se heurte à nous, blesse nos yeux pensifs.

Soit. Mais réfléchissons. Soyons moins exclusifs.
Je hais les cœurs abjects, et toi, tu t'en défies;
Mais laissons-les en paix dans leurs philosophies.

VII

Et puis, même en dehors de tout ceci, vraiment
Peut-on blâmer l'instinct et le tempérament?
Ne doit-on pas se faire aux natures des êtres?
La fange a ses amants et l'ordure a ses prêtres;
De la cité-bourbier le vice est citoyen;
Où l'un se trouve mal, l'autre se trouve bien;
J'en atteste Minos et j'en fais juge Éaque,
Le paradis du porc, n'est-ce pas le cloaque?
Voyons, en quoi, réponds, génie âpre et subtil,
Cela nous touche-t-il et nous regarde-t-il,
Quand l'homme du serment dans le meurtre patauge,
Quand monsieur Beauharnais fait du pouvoir une auge,
Si quelque évêque arrive et chante alleluia,
Si Saint-Arnaud bénit la main qui le paya,
Si tel ou tel bourgeois le célèbre et le loue,
S'il est des estomacs qui digèrent la boue?
Quoi! quand la France tremble au vent des trahisons,
Stupéfaits et naïfs, nous nous ébahissons,

Si Parieu vient manger des glands sous ce grand chêne!
Nous trouvons surprenant que l'eau coule à la Seine,
Nous trouvons merveilleux que Troplong soit Scapin,
Nous trouvons inouï que Dupin soit Dupin!

VIII

Un vieux penchant humain mène à la turpitude.
L'opprobre est un logis, un centre, une habitude,
Un toit, un oreiller, un lit tiède et charmant,
Un bon manteau bien ample où l'on est chaudement.
L'opprobre est le milieu respirable aux immondes.
Quoi! nous nous étonnons d'ouïr dans les deux mondes
Les dupes faisant chœur avec les chenapans,
Les gredins, les niais vanter ce guet-apens.
Mais ce sont là les lois de la mère nature.
C'est de l'antique instinct l'éternelle aventure.
Par le point qui séduit ses appétits flattés
Chaque bête se plaît aux monstruosités.
Quoi! ce crime est hideux! quoi! ce crime est stupide!
N'est-il plus d'animaux pour l'admirer? Le vide
S'est-il fait? N'est-il plus d'êtres vils et rampants?
N'est-il plus de chacals? n'est-il plus de serpents?
Quoi! les baudets ont-ils pris tout à coup des ailes,
Et se sont-ils enfuis aux voûtes éternelles?
De la création l'âne a-t-il disparu?
Quand Cyrus, Annibal, César, montaient à cru
Cet effrayant cheval qu'on appelle la gloire,
Quand, ailés, effarés de joie et de victoire,
Ils passaient flamboyants au fond des cieux vermeils,
Les aigles leur criaient : vous êtes nos pareils!

Les aigles leur criaient : vous portez le tonnerre!
Aujourd'hui les hiboux acclament Lacenaire.
Eh bien! je trouve bon que cela soit ainsi.
J'applaudis les hiboux et je leur dis : merci.
La sottise se mêle à ce concert sinistre,
Tant mieux. Dans sa gazette, ô Juvénal, tel cuistre
Déclare, avec messieurs d'Arras et de Beauvais,
Mandrin très-bon, et dit l'honnête homme mauvais,
Foule aux pieds les héros et vante les infâmes,
C'est tout simple; et vraiment, nous serions bonnes âmes
De nous émerveiller lorsque nous entendons
Les Veuillots aux lauriers préférer les chardons.

IX

Donc laissons aboyer la conscience humaine
Comme un chien qui s'agite et qui tire sa chaîne.
Guerre aux justes proscrits! gloire aux coquins fêtés!
Et faisons bonne mine à ces réalités.
Acceptons cet empire unique et véritable.
Saluons sans broncher Trestaillon connétable,
Mingrat grand-aumônier, Bosco grand-électeur;
Et ne nous fâchons pas s'il advient qu'un rhéteur,
Un homme du sénat, un homme du conclave,
Un eunuque, un cagot, un sophiste, un esclave,
Esprit sauteur prenant la phrase pour tremplin,
Après avoir chanté César de grandeur plein,
Et ses perfections et ses mansuétudes,
Insulte les bannis jetés aux solitudes,
Ces brigands qu'a vaincus Tibère Amphitryon.
Vois-tu, c'est un talent de plus dans l'histrion;

C'est de l'art de flatter le plus exquis peut-être ;
On chatouille moins bien Henri huit, le bon maître,
En louant Henri huit qu'en déchirant Morus.
Les dictateurs d'esprit, bourrés d'éloges crus,
Sont friands, dans leur gloire et dans leurs arrogances,
De ces raffinements et de ces élégances.
Poëte, c'est ainsi que les despotes sont.
Le pouvoir, les honneurs sont plus doux quand ils ont
Sur l'échafaud du juste une fenêtre ouverte.
Les exilés, pleurant près de la mer déserte,
Les sages torturés, les martyrs expirants
Sont l'assaisonnement du bonheur des tyrans.
Juvénal, Juvénal, mon vieux lion classique,
Notre vin de Champagne et ton vin de Massique,
Les festins, le palais et le luxe effréné,
L'adhésion du prêtre et l'amour de Phryné,
Les triomphes, l'orgueil, les respects, les caresses,
Toutes les voluptés et toutes les ivresses
Dont s'abreuvait Séjan, dont se gorgeait Rufin,
Sont meilleures à boire, ont un goût bien plus fin,
Si l'on n'est pas un sot à cervelle exiguë,
Dans la coupe où Socrate hier but la ciguë !

Jersey, novembre 1852.

XIV

FLORÉAL

Au retour des beaux jours, dans ce vert floréal
Où meurent les Danton trahis par les Réal,
Quand l'étable s'agite au fond des métairies,
Quand l'eau vive au soleil se change en pierreries,
Quand la grisette assise, une aiguille à la main,
Soupire, et de côté regardant le chemin,
Voudrait aller cueillir des fleurs au lieu de coudre,
Quand les nids font l'amour, quand le pommier se poudre
Pour le printemps ainsi qu'un marquis pour le bal,
Quand, par mai réveillés, Charles douze, Annibal,
Disent : c'est l'heure! et font vers les sanglants tumultes
Rouler, l'un les canons, l'autre les catapultes;
Moi, je crie : ô soleil! salut! parmi les fleurs
J'entends les gais pinsons et les merles siffleurs;
L'arbre chante; j'accours, ô printemps! on vit double;
Gallus entraîne au bois Lycoris qui se trouble;
Tout rayonne; et le ciel, couvant l'homme enchanté,
N'est plus qu'un grand regard plein de sérénité!
Alors l'herbe m'invite et le pré me convie;
Alors j'absous le sort, je pardonne à la vie,
Et je dis : pourquoi faire autre chose qu'aimer?
Je sens, comme au dehors, tout en moi s'animer,
Et je dis aux oiseaux : petits oiseaux, vous n'êtes
Que des chardonnerets et des bergeronnettes,

Vous ne me connaissez pas même, vous allez
Au hasard dans les champs, dans les bois, dans les blés,
Pêle-mêle, pluviers, grimpereaux, hochequeues,
Dressant vos huppes d'or, lissant vos plumes bleues ;
Vous êtes, quoique beaux, très-bêtes : votre loi
C'est d'errer ; vous chantez en l'air sans savoir quoi ;
Eh bien ! vous m'inondez d'émotions sacrées !
Et quand je vous entends sur les branches dorées,
Oiseaux, mon aile s'ouvre, et mon cœur rajeuni
Boit à l'amour sans fond et s'emplit d'infini. —
Et je me laisse aller aux longues rêveries.
O feuilles d'arbre ! oubli ! bœufs mugissants ! prairies !
Mais dans ces moments-là, tu le sais, Juvénal,
Qu'il sorte par hasard de ma poche un journal,
Et que mon œil distrait qui vers les cieux remonte,
Heurte l'un de ces noms qui veulent dire : honte,
Alors toute l'horreur revient ; dans les bois verts
Némésis m'apparaît, et me montre, à travers
Les rameaux et les fleurs, sa gorge de furie.

C'est que tu veux tout l'homme, ô devoir ! ô patrie !
C'est que, lorsque ton flanc saigne, ô France, tu veux
Que l'angoisse nous tienne et dresse nos cheveux,
Que nous ne regardions plus autre chose au monde,
Et que notre œil, noyé dans la pitié profonde,
Cesse de voir les cieux pour ne voir que ton sang !

Et je me lève, et tout s'efface, et, frémissant,
Je n'ai plus sous les yeux qu'un peuple à la torture,
Crimes sans châtiment, griefs sans sépulture,
Les géants garrottés livrés aux avortons,
Femme danss les cachots, enfants dans les pontons,

Bagnes, sénats, proscrits, cadavres, gémonies;
Alors, foulant aux pieds toutes les fleurs ternies,
Je m'enfuis, et je dis à ce soleil si doux :
Je veux l'ombre! et je dis aux oiseaux : taisez-vous!

Et je pleure! et la strophe, éclose de ma bouche,
Bat mon front orageux de son aile farouche.

Ainsi pas de printemps! ainsi pas de ciel bleu!
O bandits, et toi, fils d'Hortense de Saint-Leu,
Soyez maudits, d'abord d'être ce que vous êtes,
Et puis soyez maudits d'obséder les poëtes!
Soyez maudits, Troplong, Fould, Magnan, Faustin deux,
De faire au penseur triste un cortége hideux,
De le suivre au désert, dans les champs, sous les ormes,
De mêler aux forêts vos figures difformes!
Soyez maudits, bourreaux qui lui masquez le jour,
D'emplir de haine un cœur qui déborde d'amour!

Jersey, mai 1853.

XV

STELLA

Je m'étais endormi la nuit près de la grève.
Un vent frais m'éveilla, je sortis de mon rêve,
J'ouvris les yeux, je vis l'étoile du matin.
Elle resplendissait au fond du ciel lointain

Dans une blancheur molle, infinie et charmante.
Aquilon s'enfuyait emportant la tourmente.
L'astre éclatant changeait la nuée en duvet.
C'était une clarté qui pensait, qui vivait;
Elle apaisait l'écueil où la vague déferle ;
On croyait voir une âme à travers une perle.
Il faisait nuit encor, l'ombre régnait en vain,
Le ciel s'illuminait d'un sourire divin.
La lueur argentait le haut du mât qui penche ;
Le navire était noir, mais la voile était blanche ;
Des goëlands debout sur un escarpement,
Attentifs, contemplaient l'étoile gravement
Comme un oiseau céleste et fait d'une étincelle ;
L'océan, qui ressemble au peuple, allait vers elle,
Et, rugissant tout bas, la regardait briller,
Et semblait avoir peur de la faire envoler.
Un ineffable amour emplissait l'étendue.
L'herbe verte à mes pieds frissonnait éperdue,
Les oiseaux se parlaient dans les nids; une fleur
Qui s'éveillait me dit : C'est l'étoile ma sœur.
Et pendant qu'à longs plis l'ombre levait son voile,
J'entendis une voix qui venait de l'étoile
Et qui disait : — Je suis l'astre qui vient d'abord.
Je suis celle qu'on croit dans la tombe et qui sort.
J'ai lui sur le Sina, j'ai lui sur le Taygète ;
Je suis le caillou d'or et de feu que Dieu jette,
Comme avec une fronde, au front noir de la nuit.
Je suis ce qui renaît quand un monde est détruit.
O nations! je suis la Poésie ardente.
J'ai brillé sur Moïse et j'ai brillé sur Dante.
Le lion Océan est amoureux de moi.
J'arrive. Levez-vous, vertu, courage, foi!

Penseurs, esprits! montez sur la tour, sentinelles!
Paupières, ouvrez-vous! allumez-vous, prunelles!
Terre, émeus le sillon; vie, éveille le bruit;
Debout, vous qui dormez; — car celui qui me suit,
Car celui qui m'envoie en avant la première,
C'est l'ange Liberté, c'est le géant Lumière!

Jersey, juillet 1853.

XVI

LES TROIS CHEVAUX

Trois chevaux, qu'on avait attachés au même arbre,
Causaient.

      L'un, coureur leste à la croupe de marbre,
Valait cent mille francs, était vainqueur d'Epsom,
Et tout harnaché d'or, s'écriait : *sum qui sum!*
Cela parle latin, les bêtes. Des mains blanches
Cent fois de ce pur-sang avaient flatté les hanches,
Et souvent il avait, dans le turf ébloui,
Senti courir les cœurs des femmes après lui.
De là bien des succès à son propriétaire.

Le second quadrupède était un militaire,
Un dada formidable, une brute d'acier,

Un cheval que Racine eût appelé coursier.
Il se dressait, bridé, superbe, ivre de joie,
D'autant plus triomphant qu'il avait l'œil d'une oie.
Sur sa housse on lisait : Essling, Ulm, Iéna.
Il avait la fierté massive que l'on a
Lorsqu'on est orgueilleux de tout ce qu'on ignore ;
Son caparaçon fauve était riche et sonore ;
Il piaffait, il semblait écouter le tambour.

Et le troisième était un cheval de labour.
Un bât de corde au cou, c'était là sa toilette.
Triste bête! on croyait voir marcher un squelette,
Ayant assez de peau sous la bise et le vent
Pour faire un peu l'effet d'un être encor vivant.

Le beau cheval de luxe, espèce de jocrisse,
Disait :

— Ici le pape, et là le baron Brisse;
Pour l'estomac Brébant, pour l'âme Loyola;
Être béni, bien boire et bien manger, voilà
Ce que prêche mon maître ; et moi, roi de la joute,
J'estime que mon maître a raison, et j'ajoute
Que les cocottes font l'ornement du derby.
Il faut au peuple un dieu par les prêtres fourbi,
A nous une écurie en acajou, la Bible
Pour l'homme, et des journaux, morbleu, le moins possible!
Le Jockey-Club vaut mieux que l'esprit-Légion.
Pas de société sans la religion.
Si je n'étais cheval, je voudrais être moine.

— Moi, je voudrais manger parfois un peu d'avoine

Et de foin, soupira le cheval paysan.
Je travaille beaucoup, et je suis, jugez-en
Par ma côte saignante et mon échine maigre,
Presque aussi mal traité que l'homme appelé nègre.
Compter les coups de fouet que je reçois, serait
Compter combien d'oiseaux chantent dans la forêt;
J'ai faim, j'ai soif, j'ai froid; je ne suis pas féroce,
Mais je suis malheureux.

Ainsi parla la rosse.

Le cheval de bataille alors, plein de fureur,
Indigné, bien pensant, dit : — Vive l'Empereur!

XVII

APPLAUDISSEMENT

O grande nation, vous avez à cette heure,
Tandis qu'en bas dans l'ombre on souffre, on râle, on pleure,
Un empire qui fait sonner ses étriers,
Les éblouissements des panaches guerriers,
Une cour où pourrait trôner le roi de Thune,
Une bourse où l'on peut faire en huit jours fortune,
Des rosières jetant aux soldats leurs bouquets;
Vous avez des abbés, des juges, des laquais,

Dansant sur des sacs d'or une danse macabre,
La banque à deux genoux qui harangue le sabre,
Des boulets qu'on empile au fond des arsenaux,
Un sénat, les sermons remplaçant les journaux,
Des maréchaux dorés sur toutes les coutures,
Un Paris qu'on refait tout à neuf, des voitures
A huit chevaux, entrant dans le Louvre à grand bruit,
Des fêtes tout le jour, des bals toute la nuit,
Des lampions, des jeux, des spectacles; en somme,
Tu t'es prostituée à ce misérable homme !

Tout ce que tu conquis est tombé de tes mains;
On dit les vieux Français comme les vieux Romains,
Et leur nom fait songer leurs fils rouges de honte;
Le monde aimait ta gloire et t'en demande compte,
Car il se réveillait au bruit de ton clairon.
Tu contemples d'un œil abruti ton Néron
Qu'entourent des Romieux déguisés en Sénèques,
Tu te complais à voir brailler ce tas d'évêques
Qui, pendant que César croupit dans son harem,
Entonnent leur *Salvum fac imperatorem*.
(Au fait, faquin devait se trouver dans la phrase.)
Ton âme est comme un chien sous le pied qui l'écrase;
Ton fier quatre-vingt-neuf reçoit des coups de fouet
D'un gueux qu'hier encor l'Europe bafouait;
Tes propres souvenirs, folle, tu les lapides.
La Marseillaise est morte à tes lèvres stupides.
Ton Champ de Mars subit ces vainqueurs répugnants,
Ces Maupas, ces Fortouls, ces Bertrands, ces Magnans,
Tous ces tueurs portant le tricorne en équerre,
Et Korte, et Carrelet, et Canrobert Macaire.
Tu n'es plus rien; c'est dit c'est fait, c'est établi.

Tu ne sais même plus, dans ce lugubre oubli,
Quelle est la nation qui brisa la Bastille.
On te voit le dimanche aller à la Courtille,
Riant, sautant, buvant, sans un instinct moral,
Comme une drôlesse ivre au bras d'un caporal.
Des soufflets qu'il te donne on ne sait plus le nombre.
Et, tout en revenant sur ce boulevard sombre
Où le meurtre a rempli tant de noirs corbillards,
Où bourgeois et passants, femmes, enfants, vieillards,
Tombèrent effarés d'une attaque soudaine,
Tu chantes Turlurette et la Faridondaine!

C'est bien, descends encore et je m'en réjouis,
Car ceci nous promet des retours inouïs,
Car, France, c'est ta loi de ressaisir l'espace,
Car tu seras bien grande ayant été si basse!
L'avenir a besoin d'un gigantesque effort.
Va, traîne l'affreux char d'un satrape ivre-mort,
Toi, qui de la victoire as conduit les quadriges.
J'applaudis. Te voilà condamnée aux prodiges.
Le monde, au jour marqué, te verra brusquement
Égaler la revanche à l'avilissement,
O Patrie, et sortir, changeant soudain de forme,
Par un immense éclat de cet opprobre énorme!
Oui, nous verrons, ainsi va le progrès humain,
De ce vil aujourd'hui naître un fier lendemain,
Et tu rachèteras, ô prêtresse, ô guerrière,
Par cent pas en avant chaque pas en arrière !
Donc recule et descends! tombe, ceci me plaît!
Flatte le pied du maître et le pied du valet!
Plus bas! baise Troplong! plus bas! lèche Baroche!
Descends, car le jour vient, descends, car l'heure approche,

Car tu vas t'élancer, ô grand peuple courbé,
Et, comme le jaguar dans un piége tombé,
Tu donnes pour mesure, en tes ardentes luttes,
A la hauteur des bonds la profondeur des chutes!

Oui, je me réjouis; oui, j'ai la foi; je sais
Qu'il faudra bien qu'enfin tu dises : c'est assez!
Tout passe à travers toi comme à travers le crible,
Mais tu t'éveilleras bientôt, pâle et terrible,
Peuple, et tu deviendras superbe tout à coup.
De cet empire abject, bourbier, cloaque, égout,
Tu sortiras splendide, et ton aile profonde
En secouant la fange éblouira le monde!
Et les couronnes d'or fondront au front des rois,
Et le pape, arrachant sa tiare et sa croix,
Tremblant, se cachera comme un loup sous sa chaire,
Et la Thémis aux bras sanglants, cette bouchère,
S'enfuira vers la nuit, vieux monstre épouvanté,
Et tous les yeux humains s'empliront de clarté,
Et l'on battra des mains de l'un à l'autre pôle,
Et tous les opprimés, redressant leur épaule,
Se sentiront vainqueurs, délivrés et vivants,
Rien qu'à te voir jeter ta honte aux quatre vents!

    Jersey, septembre 1853.

LIVRE VII

LES SAUVEURS SE SAUVERONT

I

Sonnez, sonnez toujours, clairons de la pensée.

Quand Josué rêveur, la tête aux cieux dressée,
Suivi des siens, marchait, et, prophète irrité,
Sonnait de la trompette autour de la cité,
Au premier tour qu'il fit le roi se mit à rire;
Au second tour, riant toujours, il lui fit dire :
— Crois-tu donc renverser ma ville avec du vent?
A la troisième fois l'arche allait en avant,
Puis les trompettes, puis toute l'armée en marche,
Et les petits enfants venaient cracher sur l'arche,
Et, soufflant dans leur trompe, imitaient le clairon;
Au quatrième tour, bravant les fils d'Aaron,
Entre les vieux créneaux tout brunis par la rouille,
Les femmes s'asseyaient en filant leur quenouille,
Et se moquaient jetant des pierres aux Hébreux;
A la cinquième fois, sur ces murs ténébreux,
Aveugles et boiteux vinrent, et leurs huées

Raillaient le noir clairon sonnant sous les nuées ;
A la sixième fois, sur sa tour de granit
Si haute qu'au sommet l'aigle faisait son nid,
Si dure que l'éclair l'eût en vain foudroyée,
Le roi revint, riant à gorge déployée,
Et cria : — ces Hébreux sont bons musiciens ! —
Autour du roi joyeux, riaient tous les anciens
Qui le soir sont assis au temple et délibèrent.

A la septième fois, les murailles tombèrent.

<small>Jersey, septembre 1853.</small>

11

LA RECULADE

I

Je disais : — Ces soldats ont la tête trop basse.
  Il va leur ouvrir des chemins.
Le peuple aime la poudre, et quand le clairon passe
  La France chante et bat des mains.
La guerre est une pourpre où le meurtre se drape ;
  Il va crier son quos ego !
Un beau jour, de son crime, ainsi que d'une trappe,
  Nous verrons sortir Marengo.
Il faut bien qu'il leur jette enfin un peu de gloire
  Après tant de honte et d'horreur !

Que, vainqueur, il défile avec tout son prétoire,
    Devant Troplong le procureur;
Qu'il tâche de cacher son carcan à l'histoire,
    Et qu'il fasse par le doreur
Ajuster sa sellette au vieux char de victoire
    Où monta le grand empereur.
Il voudra devenir César, frapper, dissoudre
    Les anciens États ébranlés,
Et, calme, à l'univers montrer, tenant la foudre,
    La main qui fit des fausses clefs.
Il fera du vieux monde éclater la machine;
    Il voudra vaincre et surnager!
Hudson Lowe, Blücher, Wellington, Rostopschine,
    Que de souvenirs à venger!
L'occasion abonde à l'époque où nous sommes.
    Il saura saisir le moment.
On ne peut pas rester avec cinq cent mille hommes
    Dans la fange éternellement.
Il ne peut les laisser courbés sous leur sentence;
    Il leur faut les hauts faits lointains;
A la meute guerrière il faut une pitance
    De lauriers et de bulletins.
Ces soldats, que Décembre orne comme une dartre,
    Ne peuvent pas, chiens avilis,
Ronger à tout jamais le boulevard Montmartre,
    Quand leurs pères ont Austerlitz! —

II

Eh bien non! je rêvais. Illusion détruite!
    Gloire! songe, néant, vapeur!

O soldats ! quel réveil ! l'empire, c'est la fuite.
    Soldats ! l'empire, c'est la peur.
Ce Mandrin de la paix est plein d'instincts placides;
    Ce Schinderhannes craint les coups.
O châtiment ! pour lui vous fûtes parricides,
    Soldats, il est poltron pour vous.
Votre gloire a péri sous ce hideux incube
    Aux doigts de fange, au cœur d'airain.
Ah ! frémissez ! le czar marche sur le Danube,
    Vous ne marchez pas sur le Rhin !

III

O nos pauvres enfants ! soldats de notre France !
    O triste armée à l'œil terni !
Adieu la tente ! adieu les camps ! plus d'espérance !
    Soldats ! soldats ! tout est fini !
N'espérez plus laver dans les combats le crime
    Dont vous êtes éclaboussés.
Pour nous ce fut le piége et pour vous c'est l'abîme.
    Cartouche règne; c'est assez.
Oui, Décembre à jamais vous tient, hordes trompées !
    Oui, vous êtes ses vils troupeaux !
Oui, gardez sur vos mains, gardez sur vos épées,
    Hélas ! gardez sur vos drapeaux
Ces souillures qui font horreur à vos familles
    Et qui font sourire Dracon,
Et que ne voudrait pas avoir sur ses guenilles
    L'équarrisseur de Montfaucon !
Gardez le deuil, gardez le sang, gardez la boue !
    Votre maître hait le danger,

Il vous fait reculer ; gardez sur votre joue
    L'âpre soufflet de l'étranger!
Ce nain à sa stature a rabaissé vos tailles.
    Ce n'est qu'au vol qu'il est hardi.
Adieu la grande guerre et les grandes batailles!
    Adieu Wagram! adieu Lodi !
Dans cette horrible glu votre aile est prisonnière.
    Derrière un crime il faut marcher.
C'est fini. Désormais vous avez pour bannière
    Le tablier de ce boucher !
Renoncez aux combats, au nom de Grande Armée,
    Au vieil orgueil des trois couleurs;
Renoncez à l'immense et superbe fumée,
    Aux femmes vous jetant des fleurs,
A l'encens, aux grands arcs triomphaux que fréquentent
    Les ombres des héros le soir;
Hélas ! contentez-vous de ces prêtres qui chantent
    Des Te Deum dans l'abattoir!
Vous ne conquerrez point la palme expiatoire,
    La palme des exploits nouveaux,
Et vous ne verrez pas se dorer dans la gloire
    La crinière de vos chevaux!

IV

Donc l'épopée échoue avant qu'elle commence!
    Annibal a pris un calmant ;
L'Europe admire, et mêle une huée immense
    A cet immense avortement.
Donc ce neveu s'en va par la porte bâtarde!
    Donc ce sabreur, ce pourfendeur,

Ce masque moustachu dont la bouche vantarde
    S'ouvrait dans toute sa grandeur
Ce César qu'un valet tous les matins harnache
    Pour s'en aller dans les combats,
Cet ogre galonné dont le hautain panache
    Faisait oublier le front bas,
Le tueur qui semblait l'homme que rien n'étonne,
    Qui jouait, dans les hosanna,
Tout barbouillé du sang du ruisseau Tiquetonne,
    La pantomime d'Iéna,
Ce héros que Dieu fit général des jésuites,
    Ce vainqueur qui s'est dit absous,
Montre à Clio son nez meurtri de pommes cuites,
    Son œil éborgné de gros sous !
Et notre armée, hélas! sa dupe et sa complice,
    Baisse un front lugubre et puni,
Et voit sous les sifflets s'enfuir dans la coulisse
    Cet écuyer de Franconi !
Cet histrion, qu'on cingle à grands coups de lanière,
    A le crime pour seul talent;
Les Saint-Barthélemy vont mieux à sa manière
    Qu'Aboukir et que Friedland.
Le Cosaque stupide arrache à ce superbe
    Sa redingote à brandebourgs;
L'âne russe a brouté ce Bonaparte en herbe.
    Sonnez, clairons! battez, tambours!
Tranchemontagne, ainsi que Basile, a la fièvre;
    La colique empoigne Agramant;
Sur le crâne du loup les oreilles du lièvre
    Se dressent lamentablement.
Le fier-à-bras tremblant se blottit dans son antre;
    Le grand sabre a peur de briller;

La fanfare bégaye et meurt ; la flotte rentre
  Au port, et l'aigle au poulailler !

V

Et tous ces capitans dont l'épaulette brille
  Dans les Louvres et les châteaux
Disent : — mangeons la France et le peuple en famille.
  Sire, les boulets sont brutaux.
Et Forey va criant : — majesté, prenez garde.
  Reybell dit : — morbleu, sacrebleu !
Tenons-nous coi. Le czar fait manœuvrer sa garde.
  Ne jouons pas avec le feu.
Espinasse reprend : — César, gardez la chambre.
  Ces Kalmoucks ne sont pas manchots.
— Coiffez-vous, dit Leroy, du laurier de décembre,
  Prince, et tenez-vous les pieds chauds.
Et Magnan dit : — buvons et faisons l'amour, sire !
  Les rêves s'en vont à vau-l'eau.
Et dans sa sombre plaine, ô douleur, j'entends rire
  Le noir lion de Waterloo !

Jersey, juillet 1853.

III

LE CHASSEUR NOIR

— Qu'es-tu, passant? le bois est sombre,
Les corbeaux volent en grand nombre.
    Il va pleuvoir.
— Je suis celui qui va dans l'ombre,
    Le Chasseur Noir!

Les feuilles des bois, du vent remuées,
    Sifflent... on dirait
Qu'un sabbat nocturne emplit de huées
    Toute la forêt;
Dans une clairière au sein des nuées,
    La lune apparaît.

Chasse le daim, chasse la biche,
Cours dans les bois, cours dans la friche,
    Voici le soir.
Chasse le czar, chasse l'Autriche,
    O Chasseur Noir!

Les feuilles des bois —

Souffle en ton cor, boucle ta guêtre,
Chasse les cerfs qui viennent paître
    Près du manoir.

Chasse le roi, chasse le prêtre,
O Chasseur Noir!

Les feuilles des bois —

Il tonne, il pleut, c'est le déluge.
Le renard fuit, pas de refuge
Et pas d'espoir!
Chasse l'espion, chasse le juge,
O Chasseur Noir!

Les feuilles des bois —

Tous les démons de saint Antoine
Bondissent dans la folle avoine
Sans t'émouvoir
Chasse l'abbé, chasse le moine,
O Chasseur Noir!

Les feuilles des bois —

Chasse les ours! ta meute jappe.
Que pas un sanglier n'échappe!
Fais ton devoir!
Chasse César, chasse le pape,
O Chasseur Noir!

Les feuilles des bois —

Le loup de ton sentier s'écarte.
Que ta meute à sa suite parte!
Cours! fais-le choir!

Chasse le brigand Bonaparte,
O Chasseur Noir !

Les feuilles des bois, du vent remuées,
Tombent... on dirait
Que le sabbat sombre aux rauques huées
A fui la forêt ;
Le clair chant du coq perce les nuées ;
Ciel ! l'aube apparaît !

Tout reprend sa force première,
Tu redeviens la France altière
Si belle à voir,
L'Ange blanc vêtu de lumière,
O Chasseur Noir !

Les feuilles des bois, du vent remuées,
Tombent... on dirait
Que le sabbat sombre aux rauques huées
A fui la forêt ;
Le clair chant du coq perce les nuées,
Ciel ! l'aube apparaît !

Jersey, septembre 1853.

IV

L'ÉGOUT DE ROME

Voici le trou. Voici l'échelle. Descendez.
Tandis qu'au corps de garde en face, on joue aux dés
En riant sous le nez des matrones bourrues ;
Laissez le crieur rauque, assourdissant les rues,
Proclamer le Numide ou le Dace aux abois,
Et, groupés sous l'auvent des échoppes de bois,
Les savetiers romains et les marchandes d'herbes
De la Minerve étrusque échanger les proverbes ;
Descendez.

    Vous voilà dans un lieu monstrueux,
Enfer d'ombre et de boue aux porches tortueux,
Où les murs ont la lèpre, où, parmi les pustules,
Glissent les scorpions mêlés aux tarentules.
Morne abîme !

    Au-dessus de ce plafond fangeux,
Dans les cieux, dans le cirque immense et plein de jeux,
Sur les pavés sabins, dallage centenaire,
Roulent les chars, les bruits, les vents et les tonnerres ;
Le peuple gronde et rit dans le forum sacré ;
Le navire d'Ostie au port est amarré,
L'arc triomphal rayonne, et sur la borne agraire
Tettent, nus et divins, Rémus avec son frère

Romulus, louveteaux de la louve d'airain;
Non loin, le fleuve Tibre épand son flot serein,
Et la vache au flanc roux y vient boire, et les buffles
Laissent en fils d'argent l'eau tomber de leurs mufles.

Le hideux souterrain s'étend dans tous les sens;
Il ouvre par endroits sous les pieds des passants
Ses soupiraux infects et flairés par les truies;
Cette cave se change en fleuve au temps des pluies;
Vers midi, tout au bord du soupirail vermeil,
Les durs barreaux de fer découpent le soleil,
Et le mur apparaît semblable au dos des zèbres;
Tout le reste est miasme, obscurité, ténèbres.
Par places le pavé, comme chez les tueurs,
Paraît sanglant; la pierre a d'affreuses sueurs;
Ici, l'oubli, la peste et la nuit font leurs œuvres.
Le rat heurte en courant la taupe; les couleuvres
Serpentent sur le mur comme de noirs éclairs;
Les tessons, les haillons, les piliers aux pieds verts,
Les reptiles laissant des traces de salives,
La toile d'araignée accrochée aux solives,
Des mares dans des coins, effroyables miroirs,
Où nagent on ne sait quels êtres lents et noirs,
Font un fourmillement horrible dans ces ombres.
La vieille hydre Chaos rampe sous ces décombres.
On voit des animaux accroupis et mangeant;
La moisissure rose aux écailles d'argent
Fait sur l'obscur bourbier luire ses mosaïques,
L'odeur du lieu mettrait en fuite des stoïques,
Le sol partout se creuse en gouffres empestés;
Et les chauves-souris volent de tous côtés
Comme au milieu des fleurs s'ébattent les colombes.

On croit, dans cette brume et dans ces catacombes,
Entendre bougonner la mégère Atropos ;
Le pied sent dans la nuit le dos mou des crapauds ;
L'eau pleure ; par moments quelque escalier livide
Plonge lugubrement ses marches dans le vide.
Tout est fétide, informe, abject, terrible à voir.

Le charnier, le gibet, le ruisseau, le lavoir,
Les vieux parfums rancis dans les fioles persanes,
Le lavabo vidé des pâles courtisanes,
L'eau lustrale épandue aux pieds des dieux menteurs,
Le sang des confesseurs et des gladiateurs,
Les meurtres, les festins, les luxures hardies,
Le chaudron renversé des noires Canidies,
Ce que Trimalcion vomit sur le chemin,
Tous les vices de Rome, égout du genre humain,
Suintent, comme en un crible, à travers cette voûte,
Et l'immonde univers y filtre goutte à goutte.
Là-haut, on vit, on teint ses lèvres de carmin,
On a le lierre au front et la coupe à la main,
Le peuple sous les fleurs cache sa plaie impure
Et chante ; et c'est ici que l'ulcère suppure.
Ceci, c'est le cloaque, effrayant, vil, glacé.
Et Rome tout entière avec tout son passé,
Joyeuse, souveraine, esclave, criminelle,
Dans ce marais sans fond croupit, fange éternelle.
C'est le noir rendez-vous de l'immense néant ;
Toute ordure aboutit à ce gouffre béant,
La vieille au chef branlant, qui gronde et qui soupire,
Y vide son panier, et le monde, l'empire.
L'horreur emplit cet antre, infâme vision.
Toute l'impureté de la création

Tombe et vient échouer sur cette sombre rive.
Au fond, en entrevoit, dans une ombre où n'arrive
Pas un reflet de jour, pas un souffle de vent,
Quelque chose d'affreux qui fut jadis vivant,
Des mâchoires, des yeux, des ventres, des entrailles,
Des carcasses qui font des taches aux murailles;
On approche, et longtemps on reste l'œil fixé
Sur ce tas monstrueux, dans la bourbe enfoncé,
Jeté là par un trou redouté des ivrognes,
Sans pouvoir distinguer si ces mornes charognes
Ont une forme encor visible en leurs débris,
Et sont des chiens crevés ou des césars pourris.

Jersey, avril 1853.

V

C'était en juin, j'étais à Bruxelle; on me dit:
Savez-vous ce que fait maintenant ce bandit?
Et l'on me raconta le meurtre juridique,
Charlet assassiné sur la place publique,
Cirasse, Cuisinier, tous ces infortunés
Que cet homme au supplice a lui-même traînés
Et qu'il a de ses mains liés sur la bascule.
O sauveur, ô héros, vainqueur de crépuscule,
César ! Dieu fait sortir de terre les moissons,
La vigne, l'eau courante abreuvant les buissons,
Les fruits vermeils, la rose où l'abeille butine,
Les chênes, les lauriers, et toi, la guillotine.

Prince qu'aucun de ceux qui lui donnent leur voix
Ne voudrait rencontrer le soir au coin d'un bois!

J'avais le front brûlant; je sortis par la ville.
Tout m'y parut plein d'ombre et de guerre civile,
Les passants me semblaient des spectres effarés;
Je m'enfuis dans les champs paisibles et dorés;
O contre-coups du crime au fond de l'âme humaine!
La nature ne put me calmer. L'air, la plaine,
Les fleurs, tout m'irritait; je frémissais devant
Ce monde où je sentais ce scélérat vivant.
Sans pouvoir m'apaiser, je fis plus d'une lieue.
Le soir triste monta sous la coupole bleue;
Linceul frissonnant, l'ombre autour de moi s'accrut;
Tout à coup la nuit vint, et la lune apparut
Sanglante, et dans les cieux, de deuil enveloppée,
Je regardai rouler cette tête coupée.

Jersey, mai 1853.

VI

CHANSON

Sa grandeur éblouit l'histoire.
Quinze ans, il fut
Le dieu que traînait la victoire
Sur un affût;

L'Europe sous sa loi guerrière
    Se débattit. —
Toi, son singe, marche derrière,
    Petit, petit.

Napoléon dans la bataille,
    Grave et serein,
Guidait à travers la mitraille
    L'aigle d'airain.
Il entra sur le pont d'Arcole,
    Il en sortit. —
Voici de l'or, viens, pille et vole,
    Petit, petit.

Berlin, Vienne, étaient ses maîtresses;
    Il les forçait,
Leste, et prenant les forteresses
    Par le corset;
Il triompha de cent bastilles
    Qu'il investit. —
Voici pour toi, voici des filles,
    Petit, petit.

Il passait les monts et les plaines,
    Tenant en main
La palme, la foudre et les rênes
    Du genre humain;
Il était ivre de sa gloire
    Qui retentit. —
Voici du sang, accours, viens boire,
    Petit, petit.

Quand il tomba, lâchant le monde,
L'immense mer
Ouvrit à sa chute profonde
Le gouffre amer;
Il y plongea, sinistre archange,
Et s'engloutit. —
Toi, tu te noîras dans la fange,
Petit, petit.

Jersey, septembre 1853.

VII

PATRIA

Musique de Beethoven [1].

Là haut, qui sourit?
Est-ce un esprit?
Est-ce une femme?
Quel front sombre et doux!
Peuple, à genoux!
Est-ce notre âme
Qui vient à nous?

Cette figure en deuil
Paraît sur notre seuil,

---

1. Voir la note IV, page 310.

Et notre antique orgueil
    Sort du cercueil.
Ses fiers regards vainqueurs
Réveillent tous les cœurs,
Les nids dans les buissons,
    Et les chansons.

C'est l'ange du jour;
    L'espoir, l'amour
    Du cœur qui pense;
Du monde enchanté
    C'est la clarté.
    Son nom est France
    Ou Vérité.

Bel ange, à ton miroir
Quand s'offre un vil pouvoir,
Tu viens, terrible à voir,
    Sous le ciel noir.
Tu dis au monde : Allons!
Formez vos bataillons!
    Et le monde ébloui
    Te répond : Oui!

C'est l'ange de nuit.
    Rois, il vous suit
    Marquant d'avance
Le fatal moment
    Au firmament.
    Son nom est France
    Ou Châtiment.

Ainsi que nous voyons

En mai les alcyons,
Voguez, ô nations,
Dans ses rayons!
Son bras aux cieux dressé
Ferme le noir passé
Et les portes de fer
Du sombre enfer.

C'est l'ange de Dieu.
Dans le ciel bleu
Son aile immense
Couvre avec fierté
L'Humanité.
Son nom est France
Ou Liberté!

Jersey, septembre 1853.

VIII

LA CARAVANE

Sur la terre, tantôt sable, tantôt savane,
L'un à l'autre liés en longue caravane,
Échangeant leur pensée en confuses rumeurs,
Emmenant avec eux les lois, les faits, les mœurs,
Les esprits, voyageurs éternels, sont en marche.
L'un porte le drapeau, les autres portent l'arche;

Ce saint voyage a nom Progrès. De temps en temps,
Ils s'arrêtent, rêveurs, attentifs, haletants,
Puis repartent. En route! ils s'appellent, ils s'aident,
Ils vont! Les horizons aux horizons succèdent,
Les plateaux aux plateaux, les sommets aux sommets.
On avance toujours, on n'arrive jamais.

A chaque étape un guide accourt à leur rencontre;
Quand Jean Hus disparaît, Luther pensif se montre;
Luther s'en va, Voltaire alors prend le flambeau;
Quand Voltaire s'arrête, arrive Mirabeau.
Ils sondent, pleins d'espoir, une terre inconnue.
A chaque pas qu'on fait, la brume diminue;
Ils marchent, sans quitter des yeux un seul instant
Le terme du voyage et l'asile où l'on tend,
Point lumineux au fond d'une profonde plaine,
La Liberté sacrée, éclatante et lointaine,
La Paix dans le travail, l'universel Hymen,
L'Idéal, ce grand but, Mecque du genre humain.

Plus ils vont, plus la Foi les pousse et les exalte.

Pourtant, à de certains moments, lorsqu'on fait halte,
Que la fatigue vient, qu'on voit le jour blêmir,
Et qu'on a tant marché qu'il faut enfin dormir,
C'est l'instant où le Mal, prenant toutes les formes,
Morne oiseau, vil reptile ou monstre aux bonds énormes,
Chimère, préjugé, mensonge ténébreux,
C'est l'heure où le Passé, qu'ils laissent derrière eux,
Voyant dans chacun d'eux une proie échappée,
Surprend la caravane assoupie et campée,
Et, sortant hors de l'ombre et du néant profond,
Tâche de ressaisir ces esprits qui s'en vont.

II

Le jour baisse ; on atteint quelque colline chauve
Que l'âpre solitude entoure, immense et fauve,
Et dont pas même un arbre, une roche, un buisson,
Ne coupe l'immobile et lugubre horizon ;
Les tchaouchs, aux lueurs des premières étoiles,
Piquent des pieux en terre et déroulent les toiles ;
En cercle autour du camp les feux sont allumés ;
Il est nuit. Gloire à Dieu ! voyageurs las, dormez.

Non, veillez ! car autour de vous tout se réveille.
Écoutez ! écoutez ! debout ! prêtez l'oreille !
Voici qu'à la clarté du jour zodiacal
L'épervier gris, le singe obscène, le chacal,
Les rats abjects et noirs, les belettes, les fouines,
Nocturnes visiteurs des tentes bédouines,
L'hyène au pas boiteux qui menace et qui fuit,
Le tigre au crâne plat, où nul instinct ne luit,
Dont la férocité ressemble à de la joie,
Tous, les oiseaux de deuil et les bêtes de proie,
Vers le feu rayonnant poussant d'étranges voix,
De tous les points de l'ombre arrivent à la fois.
Dans la brume, pareils aux brigands qui maraudent,
Bandits de la nature, ils sont tous là qui rôdent.
Le foyer se reflète aux yeux des léopards.
Fourmillement terrible ! on voit de toutes parts
Des prunelles de braise errer dans les ténèbres.
La solitude éclate en hurlements funèbres.
Des pierres, des fossés, des ravins tortueux,
De partout, sort un bruit farouche et monstrueux.

Car lorsqu'un pas humain pénètre dans ces plaines,
Toujours, à l'heure où l'ombre épanche ses haleines,
Où la création commence son concert,
Le peuple épouvantable et rauque du désert,
Horrible et bondissant sous les pâles nuées,
Accueille l'homme avec des cris et des huées.
Bruit lugubre ! chaos des forts et des petits
Cherchant leur proie avec d'immondes appétits !
L'un glapit, l'autre rit, miaule, aboie, ou gronde.
Le voyageur invoque en son horreur profonde
Ou son saint musulman ou son patron chrétien.

Soudain tout fait silence et l'on n'entend plus rien.

Le tumulte effrayant cesse, râles et plaintes
Meurent, comme des voix par l'agonie éteintes,
Comme si, par miracle et par enchantement,
Dieu même avait dans l'ombre emporté brusquement
Renards, singes, vautours, le tigre, la panthère,
Tous ces monstres hideux qui sont sur notre terre
Ce que sont les démons dans le monde inconnu.
Tout se tait.

        Le désert est muet, vaste et nu.
L'œil ne voit sous les cieux que l'espace sans borne.

Tout à coup, au milieu de ce silence morne
Qui monte et qui s'accroît de moment en moment,
S'élève un formidable et long rugissement !

C'est le lion.

III

Il vient, il surgit où vous êtes,
Le roi sauvage et roux des profondeurs muettes !

Il vient de s'éveiller comme le soir tombait,
Non, comme le loup triste, à l'odeur du gibet,
Non, comme le jaguar, pour aller dans les havres
Flairer si la tempête a jeté des cadavres,
Non, comme le chacal furtif et hasardeux,
Pour déterrer la nuit les morts, spectres hideux,
Dans quelque champ qui vit la guerre et ses désastres;
Mais pour marcher dans l'ombre à la clarté des astres,
Car l'azur constellé plaît à son œil vermeil;
Car Dieu fait contempler par l'aigle le soleil,
Et fait par le lion regarder les étoiles.
Il vient, du crépuscule il traverse les voiles,
Il médite, il chemine à pas silencieux,
Tranquille et satisfait sous la splendeur des cieux;
Il aspire l'air pur qui manquait à son antre;
Sa queue à coups égaux revient battre son ventre,
Et dans l'obscurité qui le sent approcher,
Rien ne le voit venir, rien ne l'entend marcher.
Les palmiers, frissonnant comme des touffes d'herbe,
Frémissent. C'est ainsi que, paisible et superbe,
Il arrive toujours par le même chemin,
Et qu'il venait hier, et qu'il viendra demain,
A cette heure où Vénus à l'occident décline.

Et quand il s'est trouvé proche de la colline,
Marquant ses larges pieds dans le sable mouvant,

Avant même que l'œil d'aucun être vivant
Ait pu, sous l'éternel et mystérieux dôme,
Voir poindre à l'horizon son vague et noir fantôme
Avant que, dans la plaine, il se soit avancé,
Il se taisait; son souffle a seulement passé,
Et ce souffle a suffi, flottant à l'aventure,
Pour faire tressaillir la profonde nature,
Et pour faire soudain taire au plus fort du bruit
Toutes ces sombres voix qui hurlent dans la nuit.

IV

Ainsi, quand, de ton antre enfin poussant la pierre,
Et las du long sommeil qui pèse à ta paupière,
O Peuple, ouvrant tes yeux d'où sort une clarté,
Tu te réveilleras dans ta tranquillité,
Le jour où nos pillards, où nos tyrans sans nombre
Comprendront que quelqu'un remue au fond de l'ombre,
Et que c'est toi qui viens, ô lion! ce jour-là,
Ce vil groupe où Falstaff s'accouple à Loyola,
Tous ces gueux devant qui la probité se cabre,
Les traîneurs de soutane et les traîneurs de sabre,
Le général Soufflard, le juge Barrabas,
Le jésuite au front jaune, à l'œil féroce et bas,
Disant son chapelet dont les grains sont des balles,
Les Mingrats bénissant les Héliogabales,
Les Veuillots qui naguère, errant sans feu ni lieu,
Avant de prendre en main la cause du bon Dieu,
Avant d'être des saints, traînaient dans les ribotes
Les haillons de leur style et les trous de leurs bottes,
L'archevêque, ouléma du Christ ou de Mahom,

Mâchant avec l'hostie un sanglant Te Deum,
Les Troplong, les Rouher, violateurs de chartes,
Grecs qui tiennent les lois comme ils tiendraient les cartes,
Les beaux fils dont les mains sont rouges sous leurs gants;
Ces dévots, ces viveurs, ces bedeaux, ces brigands,
Depuis les hommes vils jusqu'aux hommes sinistres,
Tout ce tas monstrueux de gredins et de cuistres
Qui grincent, l'œil ardent, le mufle ensanglanté,
Autour de la raison et de la vérité,
Tous, du maître au goujat, du bandit au maroufle,
Pâles, rien qu'à sentir au loin passer ton souffle,
Feront silence, ô peuple! et tous disparaîtront
Subitement, l'éclair ne sera pas plus prompt,
Cachés, évanouis, perdus sous la nuit sombre,
Avant même qu'on ait entendu dans cette ombre
Où les justes tremblants aux méchants sont mêlés,
Ta grande voix monter vers les cieux étoilés!

Jersey, juin 1853.

IX

Cette nuit, il pleuvait, la marée était haute,
Un brouillard lourd et gris couvrait toute la côte,
Les brisants aboyaient comme des chiens, le flot
Aux pleurs du ciel profond joignait son noir sanglot,
L'infini secouait et mêlait dans son urne
Les sombres tournoîments de l'abîme nocturne;
Les bouches de la nuit semblaient rugir dans l'air.

J'entendais le canon d'alarme sur la mer.
Des marins en détresse appelaient à leur aide.
Dans l'ombre où la rafale aux rafales succède,
Sans pilote, sans mât, sans ancre, sans abri,
Quelque vaisseau perdu jetait son dernier cri.
Je sortis. Une vieille, en passant effarée,
Me dit : — il a péri. C'est un chasse-marée.
Je courus à la grève et ne vis qu'un linceul
De brouillard et de nuit, et l'horreur, et moi seul;
Et la vague, dressant sa tête sur l'abîme,
Comme pour éloigner un témoin de son crime,
Furieuse, se mit à hurler après moi.

Qu'es-tu donc, Dieu jaloux, Dieu d'épreuve et d'effroi,
Dieu des écroulements, des gouffres, des orages,
Que tu n'es pas content de tant de grands naufrages,
Qu'après tant de puissants et de forts engloutis,
Il te reste du temps encor pour les petits,
Que sur les moindres fronts ton bras laisse sa marque,
Et qu'après cette France il te faut cette barque!

Jersey, avril 1853.

X

I

Ce serait une erreur de croire que ces choses
Finiront par des chants et des apothéoses;

Certe, il viendra, le rude et fatal châtiment ;
Jamais l'arrêt d'en haut ne recule et ne ment,
Mais ces jours effrayants seront des jours sublimes.
Tu feras expier à ces hommes leurs crimes,
O peuple généreux, ô peuple frémissant,
Sans glaive, sans verser une goutte de sang,
Par la loi ; sans pardon, sans fureur, sans tempête.
Non, que pas un cheveu ne tombe d'une tête
Que l'on n'entende pas une bouche crier ;
Que pas un scélérat ne trouve un meurtrier.
Les temps sont accomplis ; la loi de mort est morte.
Du vieux charnier humain nous avons clos la porte.
Tous ces hommes vivront. — Peuple, pas même lui !

Nous le disions hier, nous venons aujourd'hui
Le redire, et demain nous le dirons encore,
Nous qui des temps futurs portons au front l'aurore,
Parce que nos esprits, peut-être pour jamais,
De l'adversité sombre habitent les sommets ;
Nous, les absents, allant où l'exil nous envoie ;
Nous, proscrits, qui sentons, pleins d'une douce joie,
Dans le bras qui nous frappe une main nous bénir,
Nous, les germes du grand et splendide avenir
Que le Seigneur, penché sur la famille humaine,
Sema dans un sillon de misère et de peine.

II

Ils tremblent, ces coquins, sous leur nom accablant ;
Ils ont peur pour leur tête infâme, ou font semblant ;
Mais, marauds, ce serait déshonorer la Grève !

Des révolutions remuer le vieux glaive
Pour eux! y songent-ils? diffamer l'échafaud!
Mais, drôles, des martyrs qui marchaient le front haut,
Des justes, des héros, souriant à l'abîme,
Sont morts sur cette planche et l'ont faite sublime!
Quoi! Charlotte Corday, quoi! madame Roland
Sous cette grande hache ont posé leur cou blanc,
Elles l'ont essuyée avec leur tresse blonde,
Et Magnan y viendrait faire sa tache immonde!
Où le lion gronda, grognerait le pourceau!
Pour Rouher, Fould et Suin, ces rebuts du ruisseau,
L'échafaud des Camille et des Vergniaud superbes!
Quoi, grand Dieu, pour Troplong la mort de Malesherbes!
Traiter le sieur Delangle ainsi qu'André Chénier!
Jeter ces têtes-là dans le même panier,
Et, dans ce dernier choc qui mêle et qui rapproche,
Faire frémir Danton du contact de Baroche!
Non, leur règne, où l'atroce au burlesque se joint,
Est une mascarade, et, ne l'oublions point,
Nous en avons pleuré, mais souvent nous en rîmes.
Sous prétexte qu'il a commis beaucoup de crimes,
Et qu'il est assassin autant que charlatan,
Paillasse, après Saint-Just, Robespierre et Titan,
Monterait cette échelle effrayante et sacrée!
Après avoir coupé le cou de Briarée,
Ce glaive couperait la tête d'Arlequin!
Non, non! maître Rouher, vous êtes un faquin,
Fould, vous êtes un fat, Suin, vous êtes un cuistre.
L'échafaud est le lieu du triomphe sinistre,
Le piédestal dressé sur le noir cabanon,
Qui fait tomber la tête et fait surgir le nom;
C'est le faîte vermeil d'où le **martyr** s'envole;

C'est la hache impuissante à trancher l'auréole
C'est le créneau sanglant, étrange et redouté,
Par où l'âme se penche et voit l'éternité.
Ce qu'il faut, ô Justice, à ceux de cette espèce,
C'est le lourd bonnet vert, c'est la casaque épaisse,
C'est le poteau ; c'est Brest, c'est Clairvaux, c'est Toulon ;
C'est le boulet roulant derrière leur talon,
Le fouet et le bâton, la chaîne, âpre compagne,
Et les sabots sonnant sur le pavé du bagne !
Qu'ils vivent accouplés et flétris ! L'échafaud,
Sévère, n'en veut pas. Qu'ils vivent, il le faut,
L'un avec sa simarre et l'autre avec son cierge !
La mort devant ces gueux baisse ses yeux de vierge.

Jersey, juillet 1853.

XI

Quand l'eunuque régnait à côté du césar,
Quand Tibère et Caïus, et Néron, sous leur char
Foulaient Rome, plus morte, hélas ! que Babylone,
Le poëte saisit ces bourreaux sur leur trône ;
La Muse entre deux vers, tout vivants, les scia.
Toi, faux prince, cousin du blême hortensia,
Hidalgo par ta femme, amiral par ta mère,
Tu règnes par Décembre et tu vis sur Brumaire,
Mais la muse t'a pris ; et maintenant, c'est bien,
Tu tressailles aux mains du sombre historien.

Pourtant, quoique tremblant sous la verge lyrique,
Tu dis dans ton orgueil : — je vais être historique. —
Non, coquin ! le charnier des rois t'est interdit ;
Non, tu n'entreras point dans l'histoire, bandit !
Haillon humain, hibou déplumé, bête morte,
Tu resteras dehors et cloué sur la porte.

Jersey, octobre 1853.

XII

PAROLES D'UN CONSERVATEUR

A PROPOS

D'UN PERTURBATEUR

Était-ce un rêve ? étais-je éveillé ? jugez-en.
Un homme, — était-il grec, juif, chinois, turc, persan ?
Un membre du parti de l'ordre, véridique
Et grave, me disait : — cette mort juridique
Frappant ce charlatan, anarchiste éhonté,
Est juste. Il faut que l'ordre et que l'autorité
Se défendent. Comment souffrir qu'on les discute ?
D'ailleurs les lois sont là pour qu'on les exécute.
Il est des vérités éternelles qu'il faut
Faire prévaloir, fût-ce au prix de l'échafaud.
Ce novateur prêchait une philosophie :
Amour, progrès, mots creux, et dont je me défie.

Il raillait notre culte antique et vénéré.
Cet homme était de ceux qui n'ont rien de sacré,
Il ne respectait rien de tout ce qu'on respecte.
Pour leur inoculer sa doctrine suspecte,
Il allait ramassant dans les plus méchants lieux
Des bouviers, des pêcheurs, des drôles bilieux,
D'immondes va-nu-pieds n'ayant ni sou ni maille;
Il faisait son cénacle avec cette canaille.
Il ne s'adressait pas à l'homme intelligent,
Sage, honorable, ayant des rentes, de l'argent,
Du bien; il n'avait garde; il égarait les masses;
Avec des doigts levés en l'air et des grimaces,
Il prétendait guérir malades et blessés,
Contrairement aux lois. Mais ce n'est pas assez :
L'imposteur, s'il vous plaît, tirait les morts des fosses.
Il prenait de faux noms et des qualités fausses,
Et se faisait passer pour ce qu'il n'était pas.
Il errait au hasard, disant : — suivez mes pas, —
Tantôt dans la campagne et tantôt dans la ville.
N'est-ce pas exciter à la guerre civile,
Au mépris, à la haine entre les citoyens?
On voyait accourir vers lui d'affreux païens,
Couchant dans les fossés et dans les fours à plâtre,
L'un boiteux, l'autre sourd, l'autre un œil sous l'emplâtre,
L'autre raclant sa plaie avec un vieux tesson.
L'honnête homme indigné rentrait dans sa maison
Quand ce jongleur passait avec cette séquelle.
Dans une fête, un jour, je ne sais plus laquelle,
Cet homme prit un fouet, et criant, déclamant,
Il se mit à chasser, mais fort brutalement,
Des marchands patentés, le fait est authentique,
Très-braves gens tenant sur le parvis boutique,

Avec permission, ce qui, je crois, suffit,
Du clergé qui touchait sa part de leur profit.
Il traînait à sa suite une espèce de fille.
Il allait pérorant, ébranlant la famille,
Et la religion, et la société ;
Il sapait la morale et la propriété ;
Le peuple le suivait, laissant les champs en friches ;
C'était fort dangereux. Il attaquait les riches,
Il flagornait le pauvre, affirmant qu'ici-bas
Les hommes sont égaux et frères, qu'il n'est pas
De grands et de petits, d'esclaves ni de maîtres,
Que le fruit de la terre est à tous ; quant aux prêtres,
Il les déchirait ; bref, il blasphémait. Cela
Dans la rue. Il contait toutes ces horreurs-là
Aux premiers gueux venus, sans cape et sans semelles.
Il fallait en finir, les lois étaient formelles,
On l'a crucifié. —

    Ce mot, dit d'un air doux,
Me frappa. Je lui dis : — mais qui donc êtes-vous ?
Il répondit : — vraiment, il fallait un exemple.
Je m'appelle Elizab, je suis scribe du temple.
— Et de qui parlez-vous ? demandai-je. — Il reprit :
— Mais de ce vagabond qu'on nomme Jésus-Christ.

Jersey, novembre 1853.

XIII

FORCE DES CHOSES

Que devant les coquins l'honnête homme soupire;
Que l'histoire soit laide et plate; que l'empire
Boite avec Talleyrand ou louche avec Parieu;
Qu'un tour d'escroc bien fait ait nom grâce de Dieu;
Que le pape en massue ait changé sa houlette;
Qu'on voie au Champ de Mars piaffer sous l'épaulette
Le Meurtre général, le Vol aide de camp;
Que hors de l'Élysée un prince débusquant,
Qu'un flibustier quittant l'île de la Tortue,
Assassine, extermine, égorge, pille et tue;
Que les bonzes chrétiens, cognant sur leur tam-tam,
Hurlent devant Soufflard : *attollite portam!*
Que pour claqueurs le crime ait cent journaux infâmes,
Ceux qu'à la Maison-d'Or, sur les genoux des femmes,
Griffonnent les Romieux, le verre en main, et ceux
Que saint Ignace inspire à des gredins crasseux;
Qu'en ces vils tribunaux où le regard se heurte
De Moreau de la Seine à Moreau de la Meurthe,
La justice ait reçu d'horribles horions;
Que, sur un lit de camp, par des centurions
La loi soit violée et râle à l'agonie;
Que cet être choisi, créé par Dieu génie,
L'homme, adore à genoux le loup fait empereur;
Qu'en un éclat de rire abrégé par l'horreur,

Tout ce que nous voyons aujourd'hui se résume ;
Qu'Hautpoul vende son sabre et Cucheval sa plume ;
Que tous les grands bandits, en petit copiés,
Revivent ; qu'on emplisse un Sénat de plats pieds
Dont la servilité négresse et mamelouque
Eût révolté Mahmoud et lasserait Soulouque ;
Que l'or soit le seul culte, et qu'en ce temps vénal,
Coffre-fort étant Dieu, Gousset soit cardinal ;
Que la vieille Thémis ne soit plus qu'une gouine
Baisant Mandrin dans l'antre où Mongis baragouine ;
Que Montalembert bave accoudé sur l'autel ;
Que Veuillot sur Sibour crève sa poche au fiel ;
Qu'on voie aux bals de cour s'étaler des guenipes
Qui le long des trottoirs traînaient hier leurs nippes,
Beautés de lansquenet avec un profil grec ;
Que Haynau dans Brescia soit pire que Lautrec ;
Que partout, des Sept-Tours aux colonnes d'Hercule,
Napoléon, le poing sur la hanche, recule,
Car l'aigle est vieux, Essling grisonne, Marengo
A la goutte, Austerlitz est pris d'un lumbago ;
Que le czar russe ait peur tout autant que le nôtre ;
Que l'ours noir et l'ours blanc tremblent l'un devant l'autre ;
Qu'avec son grand panache et sur son grand cheval
Rayonne Saint-Arnaud, ci-devant Florival,
Fort dans la pantomime et les combats-à-l'hache ;
Que Sodome se montre et que Paris se cache ;
Qu'Escobar et Houdin vendent le même onguent ;
Que grâce à tous ces gueux qu'on touche avec le gant,
Tout dorés au dehors, au dedans noirs de lèpres,
Courant les bals, courant les jeux, allant à vêpres,
Grâce à ces bateleurs mêlés aux scélérats,
La Saint-Barthélemy s'achève en mardi gras ;

O nature profonde et calme, que t'importe!
Nature, Isis voilée assise à notre porte,
Impénétrable aïeule aux regards attendris,
Vieille comme Cybèle et fraîche comme Iris,
Ce qu'on fait ici-bas s'en va devant ta face;
A ton rayonnement toute laideur s'efface;
Tu ne t'informes pas quel drôle ou quel tyran
Est fait premier chanoine à Saint-Jean-de-Latran;
Décembre, les soldats ivres, les lois faussées,
Les cadavres mêlés aux bouteilles cassées,
Ne te font rien; tu suis ton flux et ton reflux.
Quand l'homme des faubourgs s'endort et ne sait plus
Bourrer dans un fusil des balles de calibre;
Quand le peuple français n'est plus le peuple libre;
Quand mon esprit, fidèle au but qu'il se fixa,
Sur cette léthargie applique un vers moxa,
Toi, tu rêves; souvent du fond des geôles sombres
Sort, comme d'un enfer, le murmure des ombres
Que Baroche et Rouher gardent sous les barreaux,
Car ce tas de laquais est un tas de bourreaux;
Étant les cœurs de boue ils sont les cœurs de roche;
Ma strophe alors se dresse, et pour cingler Baroche,
Se taille un fouet sanglant dans Rouher écorché;
Toi, tu ne t'émeus point; flot sans cesse épanché,
La vie indifférente emplit toujours tes urnes;
Tu laisses s'élever des attentats nocturnes,
Des crimes, des fureurs de Rome mise en croix,
De Paris mis aux fers, des guets-apens des rois,
Des piéges, des serments, des toiles d'araignées,
L'orageuse clameur des âmes indignées;
Dans ce calme où toujours tu te réfugias,
Tu laisses le fumier croupir chez Augias,

Et renaître un passé dont nous nous affranchîmes,
Et le sang rajeunir les abus cacochymes,
La France en deuil jeter son suprême soupir,
Les prostitutions chanter, et se tapir
Les lâches dans leurs trous, la taupe en ses cachettes,
Et gronder les lions, et rugir les poëtes!
Ce n'est pas ton affaire à toi de t'irriter.
Tu verrais, sans frémir et sans te révolter,
Sur tes fleurs, sous tes pins, tes ifs et tes érables,
Errer le plus coquin de tous ces misérables.
Quand Troplong, le matin, ouvre un œil chassieux,
Vénus, splendeur sereine éblouissant les cieux,
Vénus, qui devrait fuir courroucée et hagarde,
N'a pas l'air de savoir que Troplong la regarde!
Tu laisserais cueillir une rose à Dupin!
Tandis que, de velours recouvrant le sapin,
L'escarpe couronné que l'Europe surveille,
Trône et guette, et qu'il a, lui parlant à l'oreille,
D'un côté Loyola, de l'autre Trestaillon,
Ton doigt au blé dans l'ombre entr'ouvre le sillon.
Pendant que l'horreur sort des sénats, des conclaves,
Que les États-Unis ont des marchés d'esclaves
Comme en eut Rome avant que Jésus-Christ passât,
Que l'Américain libre à l'Africain forçat
Met un bât, et qu'on vend des hommes pour des piastres,
Toi, tu gonfles la mer, tu fais lever les astres,
Tu courbes l'arc-en-ciel, tu remplis les buissons
D'essaims, l'air de parfums, et les nids de chansons,
Tu fais dans le bois vert la toilette des roses,
Et tu fais concourir, loin des hommes moroses,
Pour des prix inconnus par les anges cueillis,
La candeur de la vierge et la blancheur du lys;

Et quand, tordant ses mains devant les turpitudes,
Le penseur douloureux fuit dans les solitudes,
Tu lui dis : viens! c'est moi! moi que rien ne corrompt,
Je t'aime! et tu répands dans l'ombre sur son front,
Où de l'artère ardente il sent battre les ondes,
L'âcre fraîcheur de l'herbe et des feuilles profondes!
Par moments, à te voir, parmi les trahisons,
Mener paisiblement les mois et les saisons,
A te voir impassible et froide, quoi qu'on fasse,
Pour qui ne creuse point plus bas que la surface,
Tu sembles bien glacée et l'on s'étonne un peu.
Quand les proscrits, martyrs du peuple, élus de Dieu,
Stoïques, dans la mort se couchent sans se plaindre,
Tu n'as l'air de songer qu'à dorer et qu'à peindre
L'aile du scarabée errant sur leurs tombeaux.
Les rois font les gibets, toi, tu fais les corbeaux.
Tu mets le même ciel sur le juste et l'injuste.
Occupée à la mouche, à la pierre, à l'arbuste,
Aux mouvements confus du vil monde animal,
Tu parais ignorer le bien comme le mal;
Tu laisses l'homme en proie à sa misère aiguë.
Que t'importe Socrate! et tu fais la ciguë.
Tu créas le besoin, l'instinct et l'appétit;
Le fort mange le faible et le grand le petit,
L'ours déjeune du rat, l'autour de la colombe,
Qu'importe! allez, naissez, fourmillez pour la tombe,
Multitudes! vivez, tuez, faites l'amour,
Croissez! le pré verdit, la nuit succède au jour,
L'âne brait, le cheval hennit, le taureau beugle.
O figure terrible, on te croirait aveugle!
Le bon et le mauvais se mêlent sous tes pas.
Dans cet immense oubli, tu ne vois même pas

Ces deux géants lointains penchés sur ton abîme,
Satan, père du mal, Caïn, père du crime!

Erreur! erreur! erreur! ô géante aux cent yeux,
Tu fais un grand labeur, saint et mystérieux!
Oh! qu'un autre que moi te blasphème, ô Nature!
Tandis que notre chaîne étreint notre ceinture,
Et que l'obscurité s'étend de toutes parts,
Les principes cachés, les éléments épars,
Le fleuve, le volcan à la bouche écarlate,
Le gaz qui se condense et l'air qui se dilate,
Les fluides, l'éther, le germe sourd et lent,
Sont autant d'ouvriers dans l'ombre travaillant;
Ouvriers sans sommeil, sans fatigue, sans nombre.
Tu viens dans cette nuit, libératrice sombre!
Tout travaille, l'aimant, le bitume, le fer,
Le charbon; pour changer en éden notre enfer,
Les forces à ta voix sortent du fond des gouffres.

Tu murmures tout bas : — race d'Adam qui souffres,
Hommes, forçats pensants au vieux monde attachés,
Chacune de mes lois vous délivre. Cherchez! —
Et chaque jour surgit une clarté nouvelle,
Et le penseur épie et le hasard révèle;
Toujours le vent sema, le calcul récolta.
Ici Fulton, ici Galvani, là Volta,
Sur tes secrets profonds, que chaque instant nous livre,
Rêvent; l'homme ébloui déchiffre enfin ton livre.
D'heure en heure on découvre un peu plus d'horizon:
Comme un coup de bélier au mur d'une prison,
Du genre humain qui fouille et qui creuse et qui sonde,
Chaque tâtonnement fait tressaillir le monde.

L'hymen des nations s'accomplit. Passions,
Intérêts, mœurs et lois, les révolutions
Par qui le cœur humain germe et change de formes,
Paris, Londres, New-York, les continents énormes,
Ont pour lien un fil qui tremble au fond des mers.
Une force inconnue, empruntée aux éclairs,
Mêle au courant des flots le courant des idées.
La science, gonflant ses ondes débordées,
Submerge trône et sceptre, idole et potentat.
Tout va, pense, se meut, s'accroît ! L'aérostat
Passe, et du haut des cieux ensemence les hommes !
Chanaan apparaît ; le voilà, nous y sommes !
L'amour aux pleurs succède et l'eau vive à la mort,
Et la bouche qui chante à la bouche qui mord.
La science, pareille aux antiques pontifes,
Attelle aux chars tonnants d'effrayants hippogriffes ;
Le feu souffle aux naseaux de la bête d'airain.
Le globe esclave cède à l'esprit souverain.
Partout où la terreur régnait, où marchait l'homme,
Triste et plus accablé que la bête de somme,
Traînant ses fers sanglants que l'erreur a forgés,
Partout où les carcans sortaient des préjugés,
Partout où les césars, posant le pied sur l'âme,
Étouffaient la clarté, la pensée et la flamme,
Partout où le mal sombre, étendant son réseau,
Faisait ramper le ver, tu fais naître l'oiseau !
Par degrés, lentement, on voit sous ton haleine
La liberté sortir de l'herbe de la plaine,
Des pierres du chemin, des branches des forêts,
Rayonner, convertir la science en décrets,
Du vieil univers mort briser la carapace,
Emplir le feu qui luit, l'eau qui bout, l'air qui passe,

Gronder dans le tonnerre, errer dans les torrents,
Vivre! et tu rends le monde impossible aux tyrans!
La matière, aujourd'hui vivante, jadis morte,
Hier écrasait l'homme et maintenant l'emporte.
Le bien germe à toute heure et la joie en tout lieu.
Oh! sois fière en ton cœur, toi qui, sous l'œil de Dieu
Nous prodigues les dons que ton mystère épanche,
Toi qui regardes, comme une mère se penche
Pour voir naître l'enfant que son ventre a porté,
De ton flanc éternel sortir l'humanité!

Vie! idée! avatars bouillonnant dans les têtes!
Le progrès, reliant entre elles ses conquêtes,
Gagne un point après l'autre, et court contagieux.
De cet obscur amas de faits prodigieux
Qu'aucun regard n'embrasse et qu'aucun mot ne nomme,
Tu nais plus frissonnant que l'aigle, esprit de l'homme
Refaisant mœurs, cités, codes, religion.
Le passé n'est que l'œuf d'où tu sors, Légion!

O nature! c'est là ta genèse sublime.
Oh! l'éblouissement nous prend sur cette cime!
Le monde, réclamant l'essor que Dieu lui doit,
Vibre; et dès à présent, grave, attentif, le doigt
Sur la bouche, incliné sur les choses futures,
Sur la création et sur les créatures,
Une vague lueur dans son œil éclatant,
Le voyant, le savant, le philosophe entend
Dans l'avenir, déjà vivant sous ses prunelles,
La palpitation de ces millions d'ailes!

    Jersey, mai 1853.

XIV

CHANSON

A quoi ce proscrit pense-t-il?
A son champ d'orge ou de laitue,
A sa charrue, à son outil,
A la grande France abattue.
Hélas! le souvenir le tue.
Pendant qu'on rente les Dupin
Le pauvre exilé souffre et prie.
— On ne peut pas vivre sans pain;
On ne peut pas non plus vivre sans la patrie. —

L'ouvrier rêve l'atelier,
Et le laboureur sa chaumière;
Les pots de fleurs sur l'escalier,
Le feu brillant, la vitre claire,
Au fond, le lit de la grand'mère.
Quatre gros glands de vieux crépin
En faisaient la coquetterie.
— On ne peut pas vivre sans pain;
On ne peut pas non plus vivre sans la patrie. —

En mai volait la mouche à miel;
On voyait courir dans les seigles
Les moineaux, partageux du ciel;
Ils pillaient nos champs, ces espiègles,
Tout comme s'ils étaient des aigles.

Un château du temps de Pépin
Croulait près de la métairie.
— On ne peut pas vivre sans pain ;
On ne peut pas non plus vivre sans la patrie. —

Avec sa lime ou son maillet
On soutenait enfants et femme ;
De l'aube au soir on travaillait
Et le travail égayait l'âme.
O saint travail ! lumière et flamme !
De Watt, de Jacquart, de Papin,
La jeunesse ainsi fut nourrie.
— On ne peut pas vivre sans pain ;
On ne peut pas non plus vivre sans la patrie. —

Les jours de fête, l'ouvrier
Laissait les soucis en fourrière ;
Chantant les chants de février,
Blouse au vent, casquette en arrière,
On s'en allait à la barrière.
On mangeait un douteux lapin
Et l'on buvait à la Hongrie.
— On ne peut pas vivre sans pain ;
On ne peut pas non plus vivre sans la patrie. —

Les dimanches le paysan
Appelait Jeanne ou Jacqueline,
Et disait : — femme, viens-nous-en,
Mets ta coiffe de mousseline !
Et l'on dansait sur la colline.
Le sabot et non l'escarpin
Foulait gaîment l'herbe fleurie.

— On ne peut pas vivre sans pain ;
On ne peut pas non plus vivre sans la patrie. —

Les exilés s'en vont pensifs.
Leur âme, hélas! n'est plus entière.
Ils regardent l'ombre des ifs
Sur les fosses du cimetière ;
L'un songe à l'Allemagne altière,
L'autre au beau pays transalpin,
L'autre à sa Pologne chérie.
— On ne peut pas vivre sans pain ;
On ne peut pas non plus vivre sans la patrie. —

Un proscrit, lassé de souffrir,
Mourait ; calme, il fermait son livre ;
Et je lui dis : « pourquoi mourir ? »
Il me répondit : « pourquoi vivre ? »
Puis il reprit : « Je me délivre.
« Adieu! je meurs. Néron-Scapin
« Met aux fers la France flétrie... »
—.On ne peut pas vivre sans pain ;
On ne peut pas non plus vivre sans la patrie. —

« ...Je meurs de ne plus voir les champs
« Où je regardais l'aube naître,
« De ne plus entendre les chants
« Que j'entendais de ma fenêtre.
« Mon âme est où je ne puis être.
« Sous quatre planches de sapin,
« Enterrez-moi dans la prairie. »

— On ne peut pas vivre sans pain;
On ne peut pas non plus vivre sans la patrie. —

Jersey, avril 1853.

XV

Il est des jours abjects où, séduits par la joi
   Sans honneur,
Les peuples au succès se livrent, triste proie
   Du bonheur.

Alors des nations que berce un fatal songe
   Dans leur lit,
La vertu coule et tombe ainsi que d'une éponge
   L'eau jaillit.

Alors devant le mal, le vice, la folie,
   Les vivants
Imitent les saluts du vil roseau qui plie
   Sous les vents.

Alors festins et jeux; rien de ce que dit l'âme
   Ne s'entend;
On boit, on mange, on chante, on danse, on est infâme
   Et content.

Le crime heureux, servi par d'immondes ministres,
Sous les cieux
Rit, et vous frissonnez, grands ossements sinistres
Des aïeux.

On vit honteux, les yeux troubles, le pas oblique,
Hébété ;
Tout à coup un clairon jette aux vents : République !
Liberté !

Et le monde, éveillé par cette âpre fanfare,
Est pareil
Aux ivrognes de nuit qu'en se levant effare
Le soleil.

Jersey, 1853.

XVI

SAINT-ARNAUD

Cet homme avait donné naguère un coup de main
Au recul de la France et de l'esprit humain.
Ce général avait les états de service
D'un chacal, et le crime aimait en lui le vice.
Buffon l'eût admis, certe, au rang des carnassiers ;
Il avait fait charger le septième lanciers

Secouant les guidons aux trois couleurs françaises,
Sur des bonnes d'enfants, derrière un tas de chaises;
Il était le vainqueur des passants de Paris;
Il avait mitraillé les cigares surpris,
Et broyé Tortoni fumant, à coup de foudre;
Fier, le tonnerre au poing, il avait mis en poudre
Un marchand de coco près des Variétés;
Avec quinze escadrons, bien armés, bien montés,
Et trente bataillons, et vingt pièces de douze,
Il avait pris d'assaut le perron Sallandrouze;
Il avait réussi même, en fort peu de temps,
A tuer sur sa porte un enfant de sept ans;
Et sa gloire planait dans l'ouragan qui tonne
De l'égout Poissonnière au ruisseau Tiquetonne.
Tout cela l'avait fait maréchal. Nous aussi,
Nous étions ses vaincus, je dois le dire ici;
Nous étions douze cents; eux, ils étaient cent mille.

Or ce Verrès croyait qu'on devient Paul-Émile;
Pendant que Beauharnais, l'être ignorant le mal,
Affiche aux trois poteaux d'un chiffre impérial,
Son nom hideux, dégoût des lèvres de l'histoire;
Pendant qu'un bas empire éclôt sous un prétoire
Et s'étale, amas d'ombre où rampent les serpents,
Fumier de trahison, de dol, de guet-apens,
Dont n'auraient pas voulu les poules de Carthage;
Pendant que de la France on se fait le partage;
Pendant que des milliers d'innocents égorgés
Pourrissent, par le ver du sépulcre rongés;
Pendant que les proscrits, que la chiourme accompagne,
Cheminant deux à deux dans les sabots du bagne,
Vieillards enfants, brûlés de fièvre, sans sommeil

Vont à Ghelma casser des pierres au soleil ;
Pendant qu'à Bône on meurt et qu'en Guyane on tombe,
Et qu'ici, chaque jour, nous creusons une tombe,
Ce sbire galonné du crime, ce vainqueur,
De la fraude et du vol sinistre remorqueur,
Cet homme, bras sanglant de la trahison louche,
Ce Mars Mandrin ayant pour Jupiter Cartouche,
S'était dit : — Bah ! la France oublie. Un vrai laurier !
Et l'on n'osera plus sur mes talons crier.
En guerre ! Il n'est pas bon que la gloire demeure
Au charnier Montfaucon : nous avons à cette heure
Trop de Dix-huit Brumaire et trop peu d'Austerlitz ;
Lorsque nous secouons nos drapeaux, de leurs plis
Ils ne laissent tomber sur nous que des huées ;
Au lieu des vieillards morts et des femmes tuées,
Il est temps qu'il se dresse autour de nous un peu
De fanfare et d'orgueil, chantant dans le ciel bleu ;
Or, voici que la guerre à l'Orient se lève ;
Je ne suis que couteau, je puis devenir glaive.
On me crache au visage aujourd'hui ; mais demain
J'apparaîtrai, superbe, éclatant, surhumain,
Vainqueur, dans une illustre et splendide fumée,
Et duc de la mer Noire et prince de Crimée,
Et je ferai voler ce mot : Sébastopol,
Des tours de Notre-Dame au dôme de Saint-Paul !
Le vieux monstre Russie, aux regards ronds et troubles,
Qui fascine l'Europe avec des yeux de roubles,
Je le prendrai, j'irai le saisir dans son trou,
Et je rapporterai sur mon poing ce hibou.
On verra sous mes yeux fondre le czar qui croule.
Paris m'admirera de la Bastille au Roule ;
On me battra des mains au fond des vieux faubourgs ;

Les gamins marqueront le pas à mes tambours ;
La porte Saint-Denis tirera des fusées ;
Et, quand je passerai, du haut de ses croisées,
Le boulevard Montmartre applaudira. — Partons.
Effaçons d'un seul trait tûrie, exils, pontons,
Et jetons cette poudre aux yeux froids de l'histoire.
Je m'en irai Massacre et reviendrai Victoire ;
Je serai parti chien, je reviendrai lion.
En guerre ! —

       Tu mettrais Atlas sur Pélion,
Tu ferais plus qu'aucun dont l'homme se souvienne,
Tu forcerais Moscou, Pétersbourg, Berlin, Vienne,
Tu tordrais dans tes mains ainsi que des serpents
Tous les fleuves domptés, tremblants, soumis, rampants,
Le Don, le Nil, le Tibre, et le Rhin basaltique,
Tu prendrais la mer Noire avec la mer Baltique,
On te verrait, vainqueur, au front des escadrons,
Précédé des tambours et suivi des clairons,
Parmi les plus fameux marcher le plus insigne,
Que tu ne ferais pas décroître d'une ligne
L'épaisseur du carcan qui pend à l'échafaud !
Que tu n'ôterais pas une lettre au fer chaud
Que l'histoire, quand vient l'heure de comparaître,
Imprime au dos du lâche et sur le front du traître !

On est ivre parfois quand on a bu du sang.
Nul ne sait le destin. Fais ton rêve, passant !
L'éternel Océan nous regarde, et sanglote.

Il prit ce qu'il voulut dans l'armée et la flotte ;
Il reçut le baiser de Néron-le-Petit,

Gagna Toulon, sa ville, et partit. Il partit,
Traînant des millions après lui dans ses coffres,
Entouré de banquiers qui lui faisaient des offres,
En satrape persan, en proconsul romain,
Son bâton de velours et d'aigles dans sa main,
Emportant pour sa table un service de Chine,
Suivi de vingt fourgons, brodé jusqu'à l'échine,
Empanaché, doré, magnifique, hideux.
Un jour on déterra l'un de ceux de l'an deux,
Un vieux républicain, le général Dampierre ;
On le trouva couché tout armé sous la pierre,
Et portant, fier soldat que nul n'avait vu fuir,
L'épaulette de laine et la dragonne en cuir.

Il partit, tout trempé d'eau bénite ; et ce reître
Partout sur son chemin baisait la griffe au prêtre,
Car cette hypocrisie est le genre actuel ;
Le crime, qui jadis bravait le rituel,
L'ancien vieux crime impie à présent dégénère
En clins d'yeux qu'à Tartuffe adresse Lacenaire ;
Le brigand est béni du curé, point ingrat ;
Papavoine aujourd'hui se confesse à Mingrat ;
Le bedeau Poulmann sert la messe. — Ah ! je l'avoue,
Quand un bandit sincère, entier, sentant la roue,
Honnête à sa façon, bonne fille, complet,
Se déclare bandit, s'annonce ce qu'il est,
Fuit les honnêtes gens, sent qu'il les dépareille,
Et porte carrément son crime sur l'oreille,
Mon Dieu ! quand un voleur dit : je suis un voleur,
Quand un pauvre histrion de foire, un avaleur
De sabres, au milieu d'un torrent de paroles,
Un arracheur de dents, avec ses bottes molles,

Orné de galons faux et de poil de lapin,
Quand un drôle ingénu, qui peut-être est sans pain,
Met sa main dans ma poche et m'empoigne ma montre,
Quand, le matin, poussant ma porte qu'il rencontre,
Il entre, prend ma bourse et mes couverts d'argent,
Et, si je le surprends à même et pataugeant,
Me dit : c'est vrai, monsieur, je suis une canaille ;
Je ris, et je suis prêt à dire : qu'il s'en aille !
Amnistie au coquin qui se donne pour tel !
Mais quand l'assassinat s'étale sur l'autel
Et que sous une mitre un prêtre l'escamote ;
Quand un soldat féroce entre ses dents marmotte
Un oremus infâme au bout d'un sacrebleu
Quand on fait devant moi cette insulte au ciel bleu
De faire Magnan saint et Canrobert ermite,
Quand le carnage prend des airs de chattemite,
Et quand Jean-l'Écorcheur se confit en Veuillot ;
Quand le massacre affreux, le couteau, le billot,
Le rond-point la Roquette, et la place Saint-Jacques,
Tout ruisselants de sang, viennent faire leurs pâques ;
Quand les larrons, après avoir coupé le cou
Au voyageur, et mis ses membres dans un trou,
Vont au lieu saint ouvrir et piller la valise ;
Quand j'attends la caverne et quand je vois l'église ;
Quand le meurtre sournois qui chourina sans bruit
La loi, par escalade et guet-apens, la nuit,
Et qui par la fenêtre entra dans nos demeures,
Prend un cierge, se signe, ânonne un livre d'heures,
Offre sa pince au Dieu sous qui l'Horeb tremblait,
Et de sa corde à nœuds se fait un chapelet,
Alors, ô cieux profonds ! ma prunelle s'allume,
Mon pouls bat sur mon cœur comme sur une enclume,

Je sens grandir en moi la colère, géant,
Et j'accours éperdu, frémissant, secouant
Sur ces horreurs, à l'âme humaine injurieuses,
Dans mes deux mains, des fouets de strophes furieuses !

Stamboul, lui prodiguant galas, orchestre et bal,
Lui fit fête, Capoue où manquait Annibal.
Ce bandit rayonna quelque temps dans des gloires ;
Byzance illumina pour lui ses promontoires ;
Au cirque Franconi, quand vient le dénoûment,
Quand la toile de fond se lève brusquement
Et que tout le décor n'est plus qu'une astragale,
On voit ces choses-là dans un feu de bengale.
Et pendant ces festins et ces jeux on brûla,
Les Russes, Silistrie, et les Anglais, Kola.

Le moment vint ; l'escadre appareilla ; les roues
Tournèrent ; par ce tas de voiles et de proues,
Dont l'âpre artillerie en vingt salves gronda,
L'infini se laissa violer. L'armada,
Formidable, penchant, prête à cracher le soufre,
Les gueules des canons sur les gueules du gouffre,
Nageant, polype humain, sur l'abîme béant,
Et, comme un noir poisson dans un filet géant,
Prenant l'ouragan sombre en ses mille cordages,
S'ébranla ; dans ses flancs, les haches d'abordages,
Les sabres, les fusils, le lourd tromblon marin,
La fauve caronade aux ailerons d'airain,
Se heurtaient ; et, jetant de l'écume aux étoiles,
Et roulant dans ses plis des tempêtes de toiles,
Frégate, aviso, brick, brûlot, trois-ponts, steamer,
Le troupeau monstrueux couvrit la vaste mer.
La flotte ainsi marchait en ordre de bataille.

O mouches! il est temps que cet homme s'en aille.
Venez! Souffle, ô vent noir des moustiques de feu!
Hurrah! les inconnus, les punisseurs de Dieu!
L'obscure légion des hydres invisibles,
L'infiniment petit, rempli d'ailes horribles,
Accourut; l'âpre essaim des moucherons, tenant
Dans un souffle, et qui fait trembler un continent,
L'atome, monde affreux peuplant l'ombre hagarde,
Que l'œil du microscope avec effroi regarde,
Vint, groupe insaisissable et vague où rien ne luit,
Et plana sur la flotte énorme dans la nuit,
Et les canons, hurlant contre l'homme, molosses
De la mort, les vaisseaux, titaniques colosses,
Les mortiers lourds, volcans aux hideux entonnoirs,
Les grands steamers, dragons dégorgeant des flots noirs,
Tous ces géants tremblaient au sein des flots terribles
Sous ce frémissement d'ailes imperceptibles!

Et le lugubre essaim, vil, céleste, infernal,
Planait, planait toujours, attendant un signal.

Terre! dit la vigie. Et l'on toucha la rive.
La gloire, qui, parfois, jusqu'aux bandits arrive,
Apparut, et cet homme entrevit les combats,
Les tentes, les bivouacs, et tout au fond, là-bas,
Vous couvrant de son ombre, horreurs atténuées,
L'immense arc de triomphe au milieu des nuées.

Il débarqua. L'essaim planait toujours. Hurrah!
C'est l'heure. Et le Seigneur fit signe au choléra.

La peste saisissant son condamné sinistre,

A défaut du césar acceptant le ministre,
Dit à la guerre pâle et reculant d'effroi :
— Va-t'en. Ne me prends pas cet homme. Il est à moi.
Et cria, de sa voix où siffle une couleuvre :
— Bataille, fais ta tâche et laisse-moi mon œuvre.
Alors, suivant le doigt qui d'en haut l'avertit,
L'essaim vertigineux sur ce front s'abattit ;
Le monstre aux millions de bouches, l'impalpable,
L'infini, se rua sur le blême coupable ;
Les ténèbres, mordant, rongeant, piquant, suçant,
Entrèrent dans cet homme, et lui burent le sang,
Et l'enfer, le tordant vivant dans ses tenailles,
Se mit à lui manger dans l'ombre les entrailles.

Et dans ce même instant la bataille tonna,
Et cria dans les cieux : Wagram ! Ulm ! Iéna !
En avant ! bataillons ! dans la fière mêlée !

Peuples ! ceci descend de la voûte étoilée ;
Et c'est l'histoire et c'est la justice de Dieu :
Pendant que, sous des flots de mitraille, au milieu
Des balles, bondissaient vers le but électrique
Les highlanders d'Écosse et les spahis d'Afrique,
Tandis que, s'excitant et s'entre-regardant,
Le chasseur de Vincenne et le zouave ardent
Rampaient et gravissaient la montagne en décombres,
Tandis que Mentschikoff et ses grenadiers sombres,
A travers les obus, sur l'âpre escarpement,
Voyaient, plus effarés de moment en moment,
Monter vers eux ce tas de tigres dans les ronces,
Et que les lourds canons s'envoyaient des réponses,
Et qu'on pouvait, fût-on serf, esclave ou troupeau,

Tomber du moins en brave à l'ombre d'un drapeau,
Lui, l'homme frémissant du boulevard Montmartre,
Ayant son crime au flanc qui se changeait en dartre,
Les boulets indignés se détournant de lui,
Vil, la main sur le ventre, et plein d'un sombre ennui,
Il voyait, pâle, amer, l'horreur dans les narines,
Fondre sous lui sa gloire en allée aux latrines.
Il râlait; et, hurlant, fétide, ensanglanté,
A deux pas de son champ de bataille, à côté
Du triomphe, englouti dans l'opprobre incurable,
Triste, horrible, il mourut. Je plains ce misérable.

Ici, spectre! Viens là que je te parle. Oui,
Puisque dans le néant tu t'es évanoui
Sous l'œil mystérieux du Dieu que je contemple,
Puisque la mort a fait sur toi ce grand exemple,
Et que, traînant ton crime, abject, épouvanté,
Te voilà face à face avec l'éternité,
Puisque c'est du tombeau que la prière monte,
Que tu n'es plus qu'une ombre, et que Dieu sur la honte
De ton commencement met l'horreur de ta fin,
Quoique au-dessous du tigre esclave de la faim,
Tu me serres le cœur, bandit, et je t'avoue
Que je me sens un peu de pitié pour ta boue,
Que je frémis de voir comme mon Dieu te suit,
Et que, plusieurs ici, qui sommes dans la nuit,
Nous avons fait un signe avec notre front pâle,
Quand l'ange Châtiment, qui, penché sur ton râle,
Te gardait, et tenait sur toi ses yeux baissés,
S'est tourné vers nous, spectre, en disant : Est-ce assez?

Jersey.

XVII

ULTIMA VERBA

La conscience humaine est morte ; dans l'orgie,
Sur elle il s'accroupit ; ce cadavre lui plaît ;
Par moments, gai, vainqueur, la prunelle rougie,
Il se retourne et donne à la morte un soufflet.

La prostitution du juge est la ressource.
Les prêtres font frémir l'honnête homme éperdu ;
Dans le champ du potier ils déterrent la bourse,
Sibour revend le Dieu que Judas a vendu.

Ils disent : — César règne, et le Dieu des armées
L'a fait son élu. Peuple, obéis ! tu le dois. —
Pendant qu'ils vont chantant, tenant leurs mains fermées,
On voit le sequin d'or qui passe entre leurs doigts.

Oh ! tant qu'on le verra trôner, ce gueux, ce prince,
Par le pape béni, monarque malandrin,
Dans une main le sceptre et dans l'autre la pince,
Charlemagne taillé par Satan dans Mandrin ;

Tant qu'il se vautrera, broyant dans ses mâchoires
Le serment, la vertu, l'honneur religieux ;
Ivre, affreux, vomissant sa honte sur nos gloires ;
Tant qu'on verra cela sous le soleil des cieux ;

Quand même grandirait l'abjection publique
A ce point d'adorer l'exécrable trompeur;
Quand même l'Angleterre et même l'Amérique
Diraient à l'exilé : — Va-t'en! nous avons peur!

Quand même nous serions comme la feuille morte,
Quand, pour plaire à César, on nous renîrait tous ;
Quand le proscrit devrait s'enfuir de porte en porte,
Aux hommes déchiré comme un haillon aux clous;

Quand le désert, où Dieu contre l'homme proteste,
Bannirait les bannis, chasserait les chassés;
Quand même, infâme aussi, lâche comme le reste,
Le tombeau jetterait dehors les trépassés;

Je ne fléchirai pas! Sans plainte dans la bouche,
Calme, le deuil au cœur, dédaignant le troupeau,
Je vous embrasserai dans mon exil farouche,
Patrie, ô mon autel! liberté, mon drapeau!

Mes nobles compagnons, je garde votre culte;
Bannis, la République est là qui nous unit.
J'attacherai la gloire à tout ce qu'on insulte;
Je jetterai l'opprobre à tout ce qu'on bénit!

Je serai, sous le sac de cendre qui me couvre,
La voix qui dit : malheur! la bouche qui dit : non!
Tandis que tes valets te montreront ton Louvre,
Moi, je te montrerai, César, ton cabanon.

Devant les trahisons et les têtes courbées,
Je croiserai les bras, indigné, mais serein.

Sombre fidélité pour les choses tombées,
Sois ma force et ma joie et mon pilier d'airain!

Oui, tant qu'il sera là, qu'on cède ou qu'on persiste,
O France! France aimée et qu'on pleure toujours,
Je ne reverrai pas ta terre douce et triste,
Tombeau de mes aïeux et nid de mes amours!

Je ne reverrai pas ta rive qui nous tente,
France! hors le devoir, hélas! j'oublîrai tout.
Parmi les éprouvés je planterai ma tente :
Je resterai proscrit, voulant rester debout.

J'accepte l'âpre exil, n'eût-il ni fin ni terme;
Sans chercher à savoir et sans considérer
Si quelqu'un a plié qu'on aurait cru plus ferme,
Et si plusieurs s'en vont qui devraient demeurer.

Si l'on n'est plus que mille, eh bien, j'en suis! Si même
Ils ne sont plus que cent, je brave encor Sylla;
S'il en demeure dix, je serai le dixième;
Et s'il n'en reste qu'un, je serai celui-là!

Jersey, 2 décembre 1852.

LUX

XVIII

I

Temps futurs! vision sublime!
Les peuples sont hors de l'abîme.
Le désert morne est traversé.
Après les sables, la pelouse;
Et la terre est comme une épouse,
Et l'homme est comme un fiancé!

Dès à présent l'œil qui s'élève
Voit distinctement ce beau rêve
Qui sera le réel un jour;
Car Dieu dénoûra toute chaîne,
Car le passé se nomme haine
Et l'avenir s'appelle amour!

Dès à présent dans nos misères
Germe l'hymen des peuples frères;
Volant sur nos sombres rameaux,
Comme un frelon que l'aube éveille,
Le progrès, ténébreuse abeille,
Fait du bonheur avec nos maux.

Oh ! voyez ! la nuit se dissipe
Sur le monde qui s'émancipe,
Oubliant Césars et Capets,
Et sur les nations nubiles,
S'ouvrent dans l'azur, immobiles,
Les vastes ailes de la paix !

O libre France enfin surgie !
O robe blanche après l'orgie !
O triomphe après les douleurs !
Le travail bruit dans les forges,
Le ciel rit, et les rouges-gorges
Chantent dans l'aubépine en fleurs !

La rouille mord les hallebardes.
De vos canons, de vos bombardes,
Il ne reste pas un morceau
Qui soit assez grand, capitaines,
Pour qu'on puisse prendre aux fontaines
De quoi faire boire un oiseau.

Les rancunes sont effacées ;
Tous les cœurs, toutes les pensées,
Qu'anime le même dessein,
Ne font plus qu'un faisceau superbe ;
Dieu prend pour lier cette gerbe
La vieille corde du tocsin.

Au fond des cieux un point scintille.
Regardez, il grandit, il brille,
Il approche, énorme et vermeil.
O République universelle

Tu n'es encor que l'étincelle,
Demain tu seras le soleil !

II

Fêtes dans les cités, fêtes dans les campagnes!
Les cieux n'ont plus d'enfers, les lois n'ont plus de bagnes.
Où donc est l'échafaud? ce monstre a disparu.
Tout renaît. Le bonheur de chacun est accru
De la félicité des nations entières.
Plus de soldats l'épée au poing, plus de frontières,
Plus de fisc, plus de glaive ayant forme de croix.
L'Europe en rougissant dit : — quoi! j'avais des rois!
Et l'Amérique dit : — quoi! j'avais des esclaves!
Science, art, poésie, ont dissous les entraves
De tout le genre humain. Où sont les maux soufferts?...
Les libres pieds de l'homme ont oublié les fers.
Tout l'univers n'est plus qu'une famille unie.
Le saint labeur de tous se fond en harmonie;
Et la Société, qui d'hymnes retentit,
Accueille avec transport l'effort du plus petit;
L'ouvrage du plus humble au fond de sa chaumière
Émeut l'immense peuple heureux dans la lumière;
Toute l'humanité, dans sa splendide ampleur,
Sent le don que lui fait le moindre travailleur;
Ainsi les verts sapins, vainqueurs des avalanches,
Les grands chênes remplis de feuilles et de branches,
Les vieux cèdres touffus, plus durs que le granit,
Quand la fauvette en mai vient y faire son nid,
Tressaillent dans leur force et leur hauteur superbe,
Tout joyeux qu'un oiseau leur apporte un brin d'herbe.

Radieux avenir! Essor universel!
Épanouissement de l'homme sous le ciel!

III

O proscrits! hommes de l'épreuve,
Mes compagnons vaillants et doux,
Bien des fois, assis près du fleuve,
J'ai chanté ce chant parmi vous;

Bien des fois, quand vous m'entendites,
Plusieurs m'ont dit : « Perds ton espoir.
« Nous serions des races maudites,
« Le ciel ne serait pas plus noir!

« Que veut dire cette inclémence?
« Quoi! le juste a le châtiment!
« La vertu s'étonne et commence
« A regarder Dieu fixement.

« Dieu se dérobe et nous échappe.
« Quoi donc! l'iniquité prévaut!
« Le crime, voyant où Dieu frappe,
« Rit d'un rire impie et dévot.

« Nous ne comprenons pas ses voies.
« Comment ce Dieu des nations
« Fera-t-il sortir tant de joies
« De tant de désolations?

« Ses desseins nous semblent contraires
« A l'espoir qui luit dans tes yeux... »

— Mais qui donc, ô proscrits, mes frères,
Comprend le grand mystérieux ?

Qui donc a traversé l'espace,
La terre, l'eau, l'air et le feu,
Et l'étendue où l'esprit passe ?
Qui donc peut dire : « J'ai vu Dieu !

« J'ai vu Jéhovah ! je le nomme !
« Tout à l'heure il me réchauffait !
« Je sais comment il a fait l'homme !
« Comment il fait tout ce qu'il fait !

« J'ai vu cette main inconnue
« Qui lâche en s'ouvrant l'âpre hiver,
« Et les tonnerres dans la nue,
« Et les tempêtes sur la mer,

« Tendre et ployer la nuit livide ;
« Mettre une âme dans l'embryon ;
« Appuyer dans l'ombre du vide
« Le pôle du septentrion ;

« Amener l'heure où tout arrive ;
« Faire au banquet du roi fêté
« Entrer la mort, ce noir convive,
« Qui vient sans qu'on l'ait invité ;

« Créer l'araignée et sa toile,
« Peindre la fleur, mûrir le fruit,
« Et sans perdre une seule étoile
« Mener tous les astres la nuit ;

« Arrêter la vague à la rive ;
« Parfumer de roses l'été ;
« Verser le temps comme une eau vive
« Des urnes de l'éternité ;

« D'un souffle, avec ses feux sans nombre,
« Faire, dans toute sa hauteur,
« Frissonner le firmament sombre
« Comme la tente d'un pasteur ;

« Attacher les globes aux sphères
« Par mille invisibles liens...
« Toutes ces choses sont très-claires,
« Je sais comment il fait ! j'en viens ! »

Qui peut dire cela ? personne.
Nuit sur nos cœurs ! nuit sur nos yeux !
L'homme est un vain clairon qui sonne.
Dieu seul parle aux axes des cieux.

IV

Ne doutons pas ! croyons ! la fin, c'est le mystère.
Attendons. Des Nérons comme de la panthère,
  Dieu sait briser la dent.
Dieu nous essaye, amis. Ayons foi, soyons calmes,
Et marchons. O désert ! s'il fait croître des palmes,
  C'est dans ton sable ardent !

Parce qu'il ne fait pas son œuvre tout de suite,
Qu'il ivre Rome au prêtre et Jésus au jésuite

Et les bons au méchant,
Nous désespérerions! de lui! du juste immense!
Non! non! lui seul connaît le nom de la semence
Qui germe dans son champ.

Ne possède-t-il pas toute la certitude?
Dieu ne remplit-il pas ce monde, notre étude,
Du nadir au zénith?
Notre sagesse auprès de la sienne est démence;
Et n'est-ce pas à lui que la clarté commence,
Et que l'ombre finit?

Ne voit-il pas ramper les hydres sur leurs ventres?
Ne regarde-t-il pas jusqu'au fond de leurs antres
Atlas et Pélion?
Ne connaît-il pas l'heure où la cigogne émigre?
Sait-il pas ton entrée et ta sortie, ô tigre,
Et ton antre, ô lion?

Hirondelle, réponds, aigle à l'aile sonore,
Parle, avez-vous des nids que l'Éternel ignore?
O cerf, quand l'as-tu fui?
Renard, ne vois-tu pas ses yeux dans la broussaille?
Loup, quand tu sens la nuit une herbe qui tressaille,
Ne dis-tu pas : c'est lui!

Puisqu'il sait tout cela, puisqu'il peut toute chose,
Que ses doigts font jaillir les effets de la cause
Comme un noyau d'un fruit,
Puisqu'il peut mettre un ver dans les pommes de l'arbre,
Et faire disperser les colonnes de marbre
Par le vent de la nuit;

Puisqu'il bat l'océan pareil au bœuf qui beugle,
Puisqu'il est le voyant et que l'homme est l'aveugle,
    Puisqu'il est le milieu,
Puisque son bras nous porte, et puisque à son passage
La comète frissonne ainsi qu'en une cage
    Tremble une étoupe en feu;

Puisque l'obscure nuit le connaît, puisque l'ombre
Le voit, quand il lui plaît, sauver la nef qui sombre,
    Comment douterions-nous,
Nous qui, fermes et purs, fiers dans nos agonies,
Sommes debout devant toutes les tyrannies,
    Pour lui seul, à genoux!

D'ailleurs pensons. Nos jours sont des jours d'amertume,
Mais quand nous étendons les bras dans cette brume,
    Nous sentons une main;
Quand nous marchons, courbés, dans l'ombre du martyre,
Nous entendons quelqu'un derrière nous nous dire :
    C'est ici le chemin.

O proscrits, l'avenir est aux peuples! Paix, gloire,
Liberté, reviendront sur des chars de victoire
    Aux foudroyants essieux;
Ce crime qui triomphe est fumée et mensonge;
Voilà ce que je puis affirmer, moi qui songe
    L'œil fixé sur les cieux!

Les césars sont plus fiers que les vagues marines,
Mais Dieu dit :—Je mettrai ma boucle en leurs narines,
    Et dans leur bouche un mors,
Et je les traînerai, qu'on cède ou bien qu'on lutte,

Eux et leurs histrions et leurs joueurs de flûte,
Dans l'ombre où sont les morts!

Dieu dit; et le granit que foulait leur semelle
S'écroule, et les voilà disparus pêle-mêle
Dans leurs prospérités!
Aquilon! aquilon! qui viens battre nos portes,
Oh! dis-nous, si c'est toi, souffle, qui les emportes,
Où les as-tu jetés?

V

Bannis! bannis! bannis! c'est là la destinée.
Ce qu'apporte le flux sera dans la journée
Repris par le reflux.
Les jours mauvais fuiront sans qu'on sache leur nombre,
Et les peuples joyeux et se penchant sur l'ombre
Diront : cela n'est plus!

Les temps heureux luiront, non pour la seule France,
Mais pour tous. On verra, dans cette délivrance,
Funeste au seul passé,
Toute l'humanité chanter, de fleurs couverte,
Comme un maître qui rentre en sa maison déserte,
Dont on l'avait chassé.

Les tyrans s'éteindront comme des météores.
Et, comme s'il naissait de la nuit deux aurores
Dans le même ciel bleu,
Nous vous verrons sortir de ce gouffre où nous sommes,
Mêlant vos deux rayons, fraternité des hommes,
Paternité de Dieu!

Oui, je vous le déclare, oui, je vous le répète,
Car le clairon redit ce que dit la trompette,
    Tout sera paix et jour !
Liberté ! plus de serf et plus de prolétaire !
O sourire d'en haut ! ô du ciel pour la terre
    Majestueux amour !

L'arbre saint du Progrès, autrefois chimérique,
Croîtra, couvrant l'Europe et couvrant l'Amérique,
    Sur le passé détruit,
Et, laissant l'Éther pur luire à travers ses branches,
Le jour, apparaîtra plein de colombes blanches,
    Plein d'étoiles, la nuit.

Et nous qui serons morts, morts dans l'exil peut-être,
Martyrs saignants, pendant que les hommes, sans maître,
    Vivront, plus fiers, plus beaux,
Sous ce grand arbre, amour des cieux qu'il avoisine,
Nous nous réveillerons pour baiser sa racine
    Au fond de nos tombeaux !

    Jersey, septembre 1853.

NOTES

NOTE PREMIÈRE.

ÉCRIT EN DESCENDANT DE LA TRIBUNE LE 17 JUILLET 1851.

Livre IV, page 124.

Le 17 juillet 1851, on débattait à l'Assemblée nationale la révision de la Constitution. Il est bon de jeter aujourd'hui un coup d'œil rétrospectif sur cette lutte. L'auteur de ce livre resta quatre heures à la tribune. Son discours remplit la séance. On peut le lire tout entier dans le recueil complet de ses discours, publié en deux volumes à Bruxelles, sous ce titre : *OEuvres oratoires de Victor Hugo*. Nous en extrayons, pour l'enseignement et la méditation du lecteur, ce qui suit :

. . . .
. . . .

« Mais des publicistes d'une autre couleur, des journaux d'une autre nuance, qui expriment bien incontestablement la pensée du gouvernement, car ils sont vendus dans les rues avec privilége et à l'exclusion de tous les autres, ces journaux nous crient :

« Vous avez raison ; la légitimité est impossible, la monarchie
« de droit divin et de principe est morte ; mais l'autre, la monar-
« chie de gloire, l'empire, celle-là est non-seulement possible,
« mais nécessaire. »

« Voilà le langage qu'on nous tient.

« Ceci est l'autre côté de la question monarchie. Examinons.

« Et d'abord, la monarchie de gloire, dites-vous? Tiens! vous avez de la gloire? Montrez-nous-la! (*Hilarité.*) Je serais curieux de voir de la gloire sous ce gouvernement-ci! (*Rires et applaudissements à gauche.*) de la gloire qui soit à vous!

« Voyons! votre gloire, où est-elle? Je la cherche. Je regarde autour de moi; de quoi se compose-t-elle?

« M. LEPIC. — Demandez à votre père!

« M. VICTOR HUGO. — Quels en sont les éléments? Qu'est-ce que j'ai devant moi? Qu'est-ce que nous avons devant les yeux? Toutes nos libertés prises au piége l'une après l'autre et garrottées; le suffrage universel trahi, livré, mutilé; les programmes socialistes aboutissant à une politique jésuite; pour gouvernement, une immense intrigue (*Mouvement.*), l'histoire dira peut-être un complot (*Vive sensation.*); je ne sais quel sous-entendu inouï qui donne à la République l'empire pour but, et qui fait de cinq cent mille fonctionnaires une sorte de franc-maçonnerie bonapartiste au milieu de la nation! toute réforme ajournée ou bafouée, les impôts improportionnels et onéreux au peuple maintenus ou rétablis, l'état de siége pesant sur cinq départements, Paris et Lyon mis en surveillance, l'amnistie refusée, la transportation aggravée, la déportation votée, des gémissements à la kasbah de Bône, des tortures à Belle-Isle, des casemates où l'on ne veut pas laisser pourrir des matelas, mais où on laisse pourrir des hommes!... (*Sensation.*) la presse traquée, le jury trié; pas assez de justice et beaucoup trop de police; la misère en bas, l'anarchie en haut; l'arbitraire, la compression, l'iniquité! Au dehors, le cadavre de la République romaine. (*Bravos à gauche.*)

« VOIX A DROITE. — C'est le bilan de la République.

« M. LE PRÉSIDENT. — Laissez donc; n'interrompez pas. Cela constate que la tribune est libre. Continuez. (*Très-bien! très-bien! à gauche.*)

« M. CHARRAS. — Malgré vous.

« M. VICTOR HUGO. — ... La potence, c'est-à-dire l'Autriche (*Mouvement.*) debout sur la Hongrie, sur la Lombardie, sur Milan, sur Venise; la Sicile livrée aux fusillades; l'espoir des nationalités dans la France détruit; le lien intime des peuples rompu; partout le droit foulé aux pieds, au nord comme au midi, à Cassel comme à Palerme; une coalition de rois latente et qui n'attend que l'occasion; notre diplomatie muette, je ne veux pas dire complice; quelqu'un qui est toujours lâche devant quelqu'un qui est toujours insolent; la Turquie laissée sans appui contre le czar et forcée d'abandonner les proscrits; Kossuth agonisant dans un cachot de l'Asie Mineure; voilà où nous en sommes! La France baisse la tête, Napoléon tressaille de honte dans sa tombe, et cinq ou six mille coquins crient: *Vive l'empereur!* Est-ce tout cela que vous appelez votre gloire, par hasard? (*Profonde agitation.*)

« M. DE LADEVANSAYE. — C'est la République qui nous a donné tout cela!

« M. LE PRÉSIDENT. — C'est aussi au gouvernement de la République qu'on reproche tout cela.

« M. VICTOR HUGO. — Maintenant, votre empire, causons-en, je le veux bien. (*Rires à gauche.*)

« M. VIELLARD[1]. — Personne n'y songe, vous le savez bien!

« M. VICTOR HUGO. — Messieurs, des murmures tant que vous voudrez, mais pas d'équivoques. On me crie: Personne ne songe à l'empire. J'ai pour habitude d'arracher les masques.

« Personne ne songe à l'empire, dites-vous! Que signifient donc ces cris payés de: Vive l'empereur! Une simple question: Qui les paye?

« Personne ne songe à l'empire, vous venez de l'entendre! Que signifient donc ces paroles du général Changarnier, ces allusions aux prétoriens en débauche applaudies par vous? Que signifient ces paroles de M. Thiers, également applaudies par vous: L'empire est fait?

« Que signifie ce pétitionnement ridicule et mendié pour la prolongation des pouvoirs?

« Qu'est-ce que la prolongation, s'il vous plaît? C'est le consulat à vie. Où mène le consulat à vie? A l'empire. Messieurs, il y a là une intrigue! Une intrigue! vous dis-je. J'ai le droit de la fouiller. Je la fouille. Allons! le grand jour sur tout cela!

« Il ne faut pas que la France soit prise par surprise et se trouve, un beau matin, avoir un empereur sans savoir pourquoi! (*Applaudissements.*)

« Un empereur! Discutons un peu la prétention.

---

1. Aujourd'hui sénateur. 30,000 francs par an

« Quoi! parce qu'il y a eu un homme qui a gagné la bataille de Marengo, et qui a régné, vous voulez régner, vous qui n'avez gagné que la bataille de Satory! (*Rires.*)

« M. FERDINAND BARROT[1]. — Il y a trois ans qu'il gagne une bataille : celle de l'ordre contre l'anarchie.

« M. VICTOR HUGO. — Quoi! parce que, il y a dix siècles de cela, Charlemagne, après quarante années de gloire, a laissé tomber sur la face du globe un sceptre et une épée tellement démesurés que personne ensuite n'a pu et n'a osé y toucher, — et pourtant il y a eu dans l'intervalle des hommes qui se sont appelés Philippe-Auguste, François Ier, Henri IV, Louis XIV! — quoi! parce que mille ans après, car il ne faut pas moins d'une gestation de mille années à l'humanité pour reproduire de pareils hommes, parce que, mille ans après, un autre génie est venu qui a ramassé ce glaive et ce sceptre, et qui s'est dressé debout sur le continent, qui a fait l'histoire gigantesque dont l'éblouissement dure encore, qui a enchaîné la Révolution en France et qui l'a déchaînée en Europe, qui a donné à son nom, pour synonymes éclatants, Rivoli, Jéna, Essling, Friedland, Montmirail! quoi! parce que, après dix ans d'une gloire immense, d'une gloire presque fabuleuse à force de grandeur, il a, à son tour, laissé tomber d'épuisement ce sceptre et ce glaive qui avaient accompli tant de choses colossales, vous venez, vous, vous voulez, vous, les ramasser après lui, comme il les a ramassés, lui, Napoléon, après Charlemagne, et prendre dans vos petites mains ce sceptre des titans, cette épée des géants! Pourquoi faire? (*Longs applaudissements.*) Quoi! après Auguste, Augustule! Quoi! parce que nous avons eu Napoléon le Grand, il faut que nous ayons Napoléon le Petit! (*La gauche applaudit, la droite crie. La séance est interrompue pendant plusieurs minutes. Tumulte inexprimable.*)

« A GAUCHE. — Monsieur le président, nous avons écouté M. Berryer; la droite doit écouter M. Victor Hugo. Faites taire la majorité.

« M. SAVATIER-LAROCHE. — On doit le respect aux grands orateurs. (*A gauche : Très-bien !*)

---

1. Aujourd'hui sénateur. 30,000 francs par an.

« M. DE LA MOSKOWA [1]. — M. le président devrait faire respecter le gouvernement de la République dans la personne du président de la République.

« M. LEPIC [2]. — On déshonore la République !

« M. DE LA MOSKOWA. — Ces messieurs crient : *Vive la République !* et insultent le président.

« M. ERNEST DE GIRARDIN. — Napoléon Bonaparte a eu six millions de suffrages ; vous insultez l'élu du peuple ! (*Vive agitation au banc des ministres. — M. le président essaye en vain de se faire entendre au milieu du bruit.*)

« M. DE LA MOSKOWA. — Et, sur les bancs des ministres, pas un mot d'indignation n'éclate à de pareilles paroles !

« M. BAROCHE, *ministre des affaires étrangères* [3]. — Discutez, mais n'insultez pas.

« M. LE PRÉSIDENT. — Vous avez le droit de contester l'abrogation de l'article 45 en termes de droit, mais vous n'avez pas le droit d'insulter ! (*Les applaudissements de l'extrême gauche redoublent et couvrent la voix de M. le président.*)

« M. LE MINISTRE DES AFFAIRES ÉTRANGÈRES. — Vous discutez des projets qu'on n'a pas, et vous insultez ! (*Les applaudissements de l'extrême gauche continuent.*)

« UN MEMBRE DE L'EXTRÊME GAUCHE. — Il fallait défendre la République hier quand on l'attaquait !

« M. LE PRÉSIDENT. — L'opposition a affecté de couvrir d'applaudissements et mon observation et celle de M. le ministre, que la mienne avait précédée.

« Je disais à M. Victor Hugo qu'il a parfaitement le droit de contester la convenance de demander la révision de l'article 45 en termes de droit, mais qu'il n'a pas le droit de discuter, sous une forme insultante, une candidature personnelle qui n'est pas en jeu.

« VOIX A L'EXTRÊME GAUCHE. — Mais si, elle est en jeu.

« M. CHARRAS. — Vous l'avez vu vous-même, à Dijon, face à face.

---

1. Aujourd'hui sénateur. 30,000 francs par an.
2. Aujourd'hui aide de camp de l'empereur.
3. Aujourd'hui président du conseil d'État de l'empire. 150,000 francs par an.

« M. LE PRÉSIDENT. — Je vous rappelle à l'ordre ici, parce que je suis président; à Dijon, je respectais les convenances, et je me suis tu.

« M. CHARRAS. — On ne les a pas respectées envers vous.

« M. VICTOR HUGO. — Je réponds à M. le ministre et à M. le président, qui m'accusent d'offenser M. le président de la République, qu'ayant le droit constitutionnel d'accuser M. le président de la République, j'en userai le jour où je le jugerai convenable, et je ne perdrai pas mon temps à l'offenser; mais ce n'est pas l'offenser que de dire qu'il n'est pas un grand homme. (*Vives réclamations sur quelques bancs de la droite.*)

« M. BRIFFAUT. — Vos insultes ne peuvent aller jusqu'à lui.

« M. DE CAULAINCOURT. — Il y a des injures qui ne peuvent l'atteindre, sachez-le bien!

« M. LE PRÉSIDENT. — Si vous continuez après mon avertissement, je vous rappellerai à l'ordre.

« M. VICTOR HUGO. — Voici ce que j'ai à dire, et M. le président ne m'empêchera pas de compléter mon explication. (*Vive agitation.*)

« Ce que nous demandons à M. le président responsable de la République, ce que nous attendons de lui, ce que nous avons le droit d'attendre fermement de lui, ce n'est pas qu'il tienne le pouvoir en grand homme, c'est qu'il le quitte en honnête homme.

« A GAUCHE. — Très-bien! très-bien!

« M. CLARY[1]. — Ne le calomniez pas en attendant.

« M. VICTOR HUGO. — Ceux qui l'offensent, ce sont ceux de ses amis qui laissent entendre que le deuxième dimanche de mai il ne quittera pas le pouvoir purement et simplement, comme il le doit, à moins d'être un séditieux.

« VOIX A GAUCHE. — Et un parjure!

« M. VIELLARD[2]. — Ce sont là des calomnies; M. Victor Hugo le sait bien.

« M. VICTOR HUGO. — Messieurs de la majorité, vous avez supprimé la liberté de la presse; voulez-vous supprimer la liberté de la tribune? (*Mouvement.*) Je ne viens pas demander de la

---

1. Aujourd'hui sénateur. 30,000 francs par an.
2. Sénateur. 30,000 francs par an.

faveur, je viens demander de la franchise. Le soldat qu'on empêche de faire son devoir brise son épée; si la liberté de la tribune est morte, dites-le-moi, afin que je brise mon mandat. Le jour où la tribune ne sera plus libre, j'en descendrai pour n'y plus remonter. (*A droite : Le beau malheur!*) La tribune sans liberté n'est acceptable que pour l'orateur sans dignité. (*Profonde sensation.*)

« Eh bien, si la tribune est respectée, je vais voir. Je continue. Non! après Napoléon le Grand, je ne veux pas de Napoléon le Petit!

« Allons, respectez les grandes choses. Trêve aux parodies! Pour qu'on puisse mettre un aigle sur les drapeaux, il faut d'abord avoir un aigle aux Tuileries! Où est l'aigle? (*Longs applaudissements.*)

« M. LÉON FAUCHER. — L'orateur insulte le président de la République. (*Oui! oui! à droite.*)

« M. LE PRÉSIDENT. — Vous offensez le président de la République. (*Oui! oui! à droite.* — *M. Abatucci*[1] *gesticule vivement.*)

« M. VICTOR HUGO. — Je reprends :

« Messieurs, comme tout le monde, comme vous tous, j'ai tenu dans mes mains ces journaux, ces brochures, ces pamphlets impérialistes ou césaristes, comme on dit aujourd'hui. Une idée me frappe, et il m'est impossible de ne pas la communiquer à l'assemblée. (*Immense agitation, l'orateur poursuit :*) Oui, il m'est impossible de ne pas la laisser déborder devant cette assemblée. Que dirait ce soldat, ce grand soldat de la France, qui est couché là, aux Invalides, et à l'ombre duquel on s'abrite, et dont on invoque si souvent et si étrangement le nom, que dirait ce Napoléon, qui, parmi tant de combats prodigieux, est allé, à huit cents lieues de Paris, provoquer la vieille barbarie moscovite à ce grand duel de 1812; que dirait ce sublime esprit, qui n'entrevoyait qu'avec horreur la possibilité d'une Europe cosaque, et qui, certes, quels que fussent ses instincts d'autorité, lui préférait l'Europe républicaine, que dirait-il, lui! si, du fond de son tombeau, il pouvait voir que son empire, son glorieux et belliqueux empire, a aujourd'hui pour panégyristes,

---

1. Aujourd'hui ministre de la justice de l'empire. 120,000 francs par an.

pour apologistes, pour théoriciens et pour reconstructeurs, qui, des hommes qui, dans notre époque rayonnante et libre, se tournent vers le Nord avec un désespoir qui serait risible, s'il n'était monstrueux! des hommes qui, chaque fois qu'ils nous entendent prononcer les mots démocratie, liberté, humanité, progrès, se couchent à plat ventre avec terreur et se collent l'oreille contre terre pour écouter s'ils n'entendront pas enfin venir le canon russe!

« (*Longs applaudissements à gauche. Clameurs à droite. — Toute la droite se lève et couvre de ses cris les dernières paroles de l'orateur ; — A l'ordre! à l'ordre! à l'ordre!*)

« (*Plusieurs ministres se lèvent sur leurs bancs et protestent avec vivacité contre les paroles de l'orateur. — Le tumulte va croissant. — Des apostrophes violentes sont lancées à l'orateur par un grand nombre de membres. — MM. Bineau*[1], *le général Gourgaud et plusieurs autres représentants siégeant sur les premiers bancs de la droite se font remarquer par leur animation.*)

« M. LE MINISTRE DES AFFAIRES ÉTRANGÈRES [2]. — Vous savez bien que cela n'est pas vrai! Au nom de la France, nous protestons.

« M. DE RANCÉ[3]. — Nous demandons le rappel à l'ordre.

« M. DE CROUSEILLES, *ministre de l'instruction publique*[4]. — Faites une application personnelle de vos paroles! A qui les appliquez-vous? Nommez! nommez!

« M. LE PRÉSIDENT. — Je vous rappelle à l'ordre, monsieur Victor Hugo, parce que, malgré mes avertissements, vous ne cessez pas d'insulter.

« QUELQUES VOIX A DROITE. — C'est un insulteur à gages!

« M. CHAPOT. — Que l'orateur nous dise à qui il s'adresse.

« M. DE STAPLANDE. — Nommez ceux que vous accusez, si vous en avez le courage! (*Agitation tumultueuse.*)

« VOIX DIVERSES A DROITE. — Vous êtes un infâme calomniateur. — C'est une lâcheté et une insolence. (*A l'ordre! à l'ordre!*)

---

1. Aujourd'hui sénateur. 30,000 francs, et ministre des finances de l'empire, 120,000 francs; total, 150,000 francs par an.
2. Le même Baroche.
3. Aujourd'hui commissaire général de police. 40,000 francs par an.
4. Aujourd'hui sénateur. 30,000 francs par an.

« M. LE PRÉSIDENT. — Avec le bruit que vous faites, vous avez empêché d'entendre le rappel à l'ordre que j'ai prononcé.

« M. VICTOR HUGO. — Je demande à m'expliquer. (*Murmures bruyants et prolongés.*)

« M. DE HEECKEREN [1]. — Laissez, laissez-le jouer sa pièce.

« M. LÉON FAUCHER, *ministre de l'intérieur*. — L'orateur... (*Interruption à gauche.*) L'orateur...

« A GAUCHE. — Vous n'avez pas la parole!

« M. LE PRÉSIDENT. — Laissez M. Victor Hugo s'expliquer. Il est rappelé à l'ordre.

« M. LE MINISTRE DE L'INTÉRIEUR. — Comment, messieurs, un orateur pourra insulter ici le président de la République... (*Bruyante interruption à gauche.*)

« M. VICTOR HUGO. — Laissez-moi m'expliquer! je ne vous cède pas la parole.

« M. LE PRÉSIDENT. — Vous n'avez pas la parole. Ce n'est pas à vous à faire la police de l'Assemblée. M. Victor Hugo est rappelé à l'ordre; il demande à s'expliquer; je lui donne la parole, et vous rendrez la police impossible si vous voulez usurper mes fonctions.

« M. VICTOR HUGO. — Messieurs, vous allez voir le danger des interruptions précipitées. (*Plus haut! plus haut!*) J'ai été rappelé à l'ordre, et un honorable membre que je n'ai pas l'honneur de connaître...

« M. BOURBOUSSON. — C'est moi, M. Bourbousson.

« M. VICTOR HUGO... — Dit qu'il faudrait m'infliger la censure

« VOIX A DROITE. — Oui! oui

« M. VICTOR HUGO. — Pourquoi? pour avoir qualifié, comme c'est mon droit... (*Dénégation à droite.*) Pour avoir qualifié les auteurs des pamphlets césaristes. (*Réclamations à droite.* — *M. Victor Hugo se penche vers le sténographe du* Moniteur *et lui demande communication immédiate de la phrase de son discours qui a provoqué l'émotion de l'Assemblée.*)

« VOIX A DROITE. — M. Victor Hugo n'a pas le droit de faire changer la phrase au *Moniteur.*

« M. LE PRÉSIDENT. — L'Assemblée s'est soulevée contre les paroles qui ont dû être recueillies par le sténographe du *Moni-*

---

[1]. Sénateur. 30,000 francs par an.

teur. Le rappel à l'ordre s'applique à ces paroles, telles que vous les avez prononcées, et qu'elles resteront certainement. Maintenant, en vous expliquant, si vous les changez, l'Assemblée sera juge.

« M. VICTOR HUGO. — Comme le sténographe du *Moniteur* les a recueillies de ma bouche... (*Interruptions diverses.*)

« PLUSIEURS MEMBRES. — Vous les avez changées! — Vous avez parlé au sténographe. (*Bruits confus.*)

« M. DE PANAT ET AUTRES MEMBRES. — Vous n'avez rien à craindre. Les paroles paraîtront au *Moniteur* comme elles sont sorties de la bouche de l'orateur.

« M. VICTOR HUGO. — Messieurs, demain, quand vous lirez le *Moniteur*... (*Rumeurs à droite.*), quand vous y lirez cette phrase que vous avez interrompue et que vous n'avez pas entendue, cette phrase dans laquelle je dis que Napoléon s'étonnerait, s'indignerait de voir que son empire, son glorieux empire, a aujourd'hui pour théoriciens et pour reconstructeurs, qui? des hommes qui, chaque fois que nous prononçons les mots *démocratie, liberté, humanité, progrès,* se couchent à plat ventre avec terreur, et se collent l'oreille contre terre pour écouter s'ils n'entendront pas enfin venir le canon russe...

« VOIX A DROITE. — A qui appliquez-vous cela?

« VOIX A GAUCHE. — A Romieu! au *Spectre rouge!*

« M. VICTOR HUGO. — J'ai été rappelé à l'ordre pour cela!

« M. LE PRÉSIDENT, *à M. Victor Hugo.* — Vous ne pouvez pas isoler une phrase de votre discours entier. Et tout cela est venu à la suite d'une comparaison insultante entre l'empereur qui n'est plus, et le président de la République qui existe. (*Agitation prolongée. — Un grand nombre de membres descendent dans l'hémicycle; ce n'est qu'avec peine que, sur l'ordre de M. le président, les huissiers font reprendre les places et ramènent un peu de silence.*)

« M. VICTOR HUGO. — Vous reconnaîtrez demain la vérité de mes paroles.

« VOIX A DROITE. — Vous avez dit : *Vous.*

« M. VICTOR HUGO. — Jamais, et je le dis du haut de cette tribune, jamais il n'est entré dans mon esprit un seul instant de les adresser à qui que ce soit dans l'Assemblée. (*Réclamations et rires bruyants à droite.*)

« M. LE PRÉSIDENT. — Alors l'insulte reste tout entière pour M. le président de la République.

« M. DE HEECKEREN [1]. — S'il ne s'agit pas de nous, pourquoi nous le dire, et ne pas réserver la chose pour l'*Événement?*

« M. VICTOR HUGO, *se tournant vers M. le président.* — Ce n'est pas du président de la République qu'il s'agit maintenant.

« M. LE PRÉSIDENT. — Vous l'avez traîné aussi bas que possible...

« M. VICTOR HUGO. — Ce n'est pas là la question!

« M. LE PRÉSIDENT. — Dites que vous n'avez pas voulu insulter M. le président de la République dans votre parallèle, à la bonne heure! (*L'agitation continue; des apostrophes d'une extrême violence sont adressées à l'orateur et échangées entre plusieurs membres de droite et de gauche.*)

« (*M. Lefebvre-Duruflé, s'approchant de la tribune, remet à l'orateur une feuille de papier qu'il le prie de lire.*)

« M. VICTOR HUGO, *après avoir lu.* — On me transmet l'observation que voici, et à laquelle je vais donner immédiatement satisfaction. Voici :

« Ce qui a révolté l'Assemblée, c'est que vous avez dit *vous*, et que vous n'avez pas parlé indirectement.

« L'auteur de cette observation reconnaîtra demain, en lisant le *Moniteur*, que je n'ai pas dit *vous*, que j'ai parlé indirectement, que je ne me suis adressé à personne directement dans l'Assemblée, et je répète que je ne m'adresse à personne.

« Faisons cesser ce malentendu.

« VOIX A DROITE. — Bien! bien! Passez outre!

« M. LE PRÉSIDENT. — Faites sortir l'Assemblée de l'état où vous l'avez mise.

« Messieurs, veuillez faire silence.

« M. VICTOR HUGO. — Vous lirez demain le *Moniteur* qui a recueilli mes paroles, et vous regretterez votre précipitation. Jamais je n'ai songé un seul instant à un seul membre de cette Assemblée, je le déclare, et je laisse mon rappel à l'ordre sur la conscience de M. le président. (*Mouvement. — Très-bien! très-bien!*)

« Encore un instant, et je descends de la tribune.

---

1. Sénateur.

« (*Le silence se rétablit sur tous les bancs. L'orateur se tourne vers la droite.*)

« Monarchie légitime, monarchie impériale, qu'est-ce que vous nous voulez? Nous sommes des hommes d'un autre âge. Pour nous, il n'y a de fleurs de lys qu'à Fontenoy, et il n'y a d'aigle qu'à Eylau et à Wagram.

« Je vous l'ai déjà dit, vous êtes le passé. De quel droit mettez-vous le présent en question? qu'y a-t-il de commun entre vous et lui? Contre qui et pour qui vous coalisez-vous? Et puis, que signifie cette coalition? Qu'est-ce que c'est que cette alliance? Qu'est-ce que c'est que cette main de l'empire que je vois dans la main de la légitimité? Légitimistes, l'empire a tué le duc d'Enghien! Impérialistes, la légitimité a fusillé Murat! (*Vive impression.*)

« Vous vous touchez les mains; prenez garde, vous mêlez des taches de sang! (*Sensation.*)

« Et puis, qu'espérez-vous? détruire la République? Vous entreprenez là une besogne rude. Y avez-vous bien songé? Quand un ouvrier a travaillé dix-huit heures, quand un peuple a travaillé dix-huit siècles, et qu'ils ont enfin l'un et l'autre reçu leur payement, allez donc essayer d'arracher à cet ouvrier son salaire et à ce peuple sa république! (*Applaudissements.*)

« Savez-vous ce qui fait la République forte? savez-vous ce qui la fait invincible? savez-vous ce qui la fait indestructible? Je vous l'ai dit en commençant, et en terminant je vous le répète, c'est qu'elle est la somme du labeur des générations, c'est qu'elle est le produit accumulé des efforts antérieurs, c'est qu'elle est un résultat historique autant qu'un fait politique, c'est qu'elle fait pour ainsi dire partie du climat actuel de la civilisation; c'est qu'elle est la forme absolue, suprême, nécessaire, du temps où nous vivons; c'est qu'elle est l'air que nous respirons, et qu'une fois que les nations ont respiré cet air-là, prenez-en votre parti, elles ne peuvent plus en respirer d'autre. Oui, savez-vous ce qui fait que la République est impérissable? C'est qu'elle s'identifie d'un côté avec le siècle, et de l'autre avec le peuple! Elle est l'idée de l'un et la couronne de l'autre! (*Bravo! bravo!*)

« Messieurs les révisionistes, je vous ai demandé ce que vous vouliez. Ce que je veux, moi, je vais vous le dire. Toute ma politique, la voici en deux mots : Il faut supprimer dans l'ordre social un certain degré de misère, et dans l'ordre politique une certaine nature d'ambition. Plus de paupérisme et plus de monarchisme. La France ne sera tranquille que lorsque, par la puissance des institutions qui donneront du travail et du pain aux uns et qui ôteront l'espérance aux autres, nous aurons vu disparaître du milieu de nous tous ceux qui tendent la main, depuis les mendiants jusqu'aux prétendants. (*Explosion d'applaudissements.— Cris et murmures à droite.*) » . . . .

. . . .

NOTE II.

Ce somnambule obscur, brusquement frénétique,
Que Schœlcher a nommé le président Obus.

Livre VI, page 187, *Éblouissements*.

Le représentant Schœlcher, un de ceux qui ont le plus contribué à imprimer un cachet d'héroïsme aux luttes armées de la gauche contre le coup d'État dans les rues de Paris, était, on le sait, membre du comité des Sept qui, pendant quatre jours, dirigea le combat. Le représentant Schœlcher a continué dans l'exil sa vaillante et généreuse guerre au crime et à l'usurpation. Il a raconté en détail toutes les scélératesses du coup d'État et du gouvernement engendré par le coup d'État, dans les deux livres excellents intitulés : *Les crimes du Deux Décembre,* Londres, 1852 ; — *Le gouvernement du Deux Décembre.* Londres, 1853.

NOTE III.

Oui, nous appellerons jusqu'au dernier soupir,
Au secours de la France aux fers et presque éteinte,
Comme nos grands aïeux, l'insurrection sainte.

Livre VI, page 204, *Le parti du crime*.

M. Bonaparte ayant jugé utile à ses intérêts de publier dans son *Moniteur* la déclaration des proscrits républicains de Jersey au sujet du vote à l'empire, nous lui rendons le service de la reproduire ici

« AU PEUPLE

« Citoyens,

« L'empire va se faire. Faut-il voter? Faut-il continuer de s'abstenir? Telle est la question qu'on nous adresse.

« Dans le département de la Seine, un certain nombre de républicains, de ceux qui, jusqu'à ce jour, se sont abstenus, comme ils le devaient, de prendre part, sous quelque forme que ce fût, aux actes du gouvernement de M. Bonaparte, sembleraient aujourd'hui ne pas être éloignés de penser qu'à l'occasion de l'empire une manifestation opposante de la ville de Paris, par la voie du scrutin, pourrait être utile, et que le moment serait peut-être venu d'intervenir dans le vote. Ils ajoutent que, dans tous les cas, le vote pourrait être un moyen de recensement pour le parti républicain ; grâce au vote, on se compterait.

« Ils nous demandent conseil.

« Notre réponse sera simple, et ce que nous dirons pour la ville de Paris peut être dit pour tous les départements.

« Nous ne nous arrêterons point à faire remarquer que M. Bonaparte ne s'est pas décidé à se déclarer empereur sans avoir au préalable arrêté avec ses complices le nombre de voix dont il lui convient de dépasser les 7,500,000 de son 20 décembre. A l'heure qu'il est, huit millions, neuf millions, dix millions, son chiffre est fait. Le scrutin n'y changera rien. Nous ne prendrons pas la peine de vous rappeler ce que c'est que le « suffrage universel » de M. Bonaparte, ce que c'est que les scrutins de M. Bonaparte. Manifestation de la ville de Paris ou de la ville de Lyon, recensement du parti républicain, est-ce que cela est possible? Où sont les garanties du scrutin? où est le contrôle? où sont les scrutateurs? où est la liberté? Songez à toutes ces dérisions Qu'est-ce qui sort de l'urne? la volonté de M. Bonaparte. Pas autre chose. M. Bonaparte a les clefs des boîtes dans sa main, les Oui et les Non dans sa main, le vote dans sa main. Après le travail des préfets et des maires terminé, ce gouvernant de grands chemins s'enferme tête à tête avec le scrutin, et le dépouille. Pour lui, ajouter ou retrancher des voix, altérer un procès-verbal, inventer un total, fabriquer un chiffre, qu'est-ce que c'est? un mensonge, c'est-à-dire peu de chose; un faux, c'est-à-dire rien.

« Restons dans les principes, citoyens. Ce que nous avons à vous dire, le voici :

« M. Bonaparte trouve que l'instant est venu de s'appeler majesté. Il n'a pas restauré un pape pour le laisser à rien faire ; il entend être sacré et couronné. Depuis le 2 décembre, il a le fait, le despotisme ; maintenant il veut le mot, l'empire. Soit.

« Nous, républicains, quelle est notre fonction ? quelle doit être notre attitude ?

« Citoyens, Louis Bonaparte est hors la Loi ; Louis Bonaparte est hors l'Humanité. Depuis dix mois que ce malfaiteur règne, le droit à l'insurrection est en permanence et domine toute la situation. A l'heure où nous sommes, un perpétuel appel aux armes est au fond des consciences. Or, soyons tranquilles, ce qui se révolte dans toutes les consciences arrive bien vite à armer tous les bras.

« Amis et Frères! en présence de ce gouvernement infâme, négation de toute morale, obstacle à tout progrès social, en présence de ce gouvernement meurtrier du peuple, assassin de la République et violateur des lois, de ce gouvernement né de la force et qui doit périr par la force, de ce gouvernement élevé par le crime et qui doit être terrassé par le droit, le Français, digne du nom de citoyen, ne sait pas, ne veut pas savoir s'il y a quelque part des semblants de scrutin, des comédies de suffrage universel et des parodies d'appel à la nation ; il ne s'informe pas s'il y a des hommes qui votent et des hommes qui font voter, s'il y a un troupeau qu'on appelle le sénat et qui délibère, et un autre troupeau qu'on appelle le peuple et qui obéit ; il ne s'informe pas si le pape va sacrer au maître-autel de Notre-Dame l'homme qui, — n'en doutez pas, ceci est l'avenir inévitable, — sera ferré au poteau par le bourreau ; — en présence de M. Bonaparte et de son gouvernement, le citoyen, digne de ce nom, ne fait qu'une chose et n'a qu'une chose à faire : charger son fusil et attendre l'heure.

« VIVE LA RÉPUBLIQUE !

« *Les Proscrits démocrates-socialistes de France, résidant à Jersey, et réunis en assemblée générale, le 31 octobre 1852.*

Pour copie conforme :

« *La commission*

« VICTOR HUGO, FOMBERTAUX, PHILIPPE FAURE. »

NOTES.

NOTE IV.

PATRIA : *Musique de Beethoven.*

Livre VII, page 245.

Ce chant en l'honneur de la France a deux auteurs; l'un, français, pour les paroles; l'autre, allemand, pour la musique; symbole de cette sainte fraternité de la France et de l'Allemagne que les rois ne parviendront point à détruire. Voici l'admirable musique de Beethoven :

NOTE V.

On ne peut pas vivre sans pain ;
On ne peut pas non plus vivre sans la patrie.
Livre VII, p. 269, *Chanson*.

Nous croyons utile de reproduire ici les deux discours de l'auteur de ce livre, au nom de la proscription de Jersey, sur la tombe des deux derniers proscrits morts à Jersey. (Nous écrivons cette note le 1ᵉʳ octobre 1853.) Voici les discours :

I.

23 AVRIL 1853. — AU CIMETIÈRE DE SAINT-JEAN.)

« Citoyens,

« L'homme auquel nous sommes venus dire l'adieu suprême, JEAN BOUSQUET (de Tarn-et-Garonne) fut un énergique soldat de la démocratie. Nous l'avons vu, proscrit inflexible, dépérir douloureusement au milieu de nous. Le mal du pays le rongeait ; il se sentait lentement empoisonné par le souvenir de tout ce qu'on laisse derrière soi ; il pouvait revoir les êtres absents, les lieux aimés, sa ville, sa maison ; il pouvait revoir la France, il n'avait qu'un mot à dire, cette humiliation exécrable que M. Bonaparte appelle amnistie ou grâce s'offrait à lui, il l'a chastement repoussée, et il est mort. Il avait trente-quatre ans. Maintenant le voilà ! (L'orateur montre la fosse.)

« Je n'ajouterai pas un éloge à cette simple vie, à cette grande mort. Qu'il repose en paix, dans cette fosse obscure où la terre va le couvrir et où son âme est allée retrouver les éternelles espérances du tombeau !

« Qu'il dorme ici, ce républicain, et que le peuple sache qu'il y a encore des cœurs fiers et purs, dévoués à sa cause ! Que la République sache qu'on meurt plutôt que de l'abandonner ! Que la France sache qu'on meurt parce qu'on ne la voit plus !

« Qu'il dorme, ce patriote, au pays de l'étranger ! Et nous, ses compagnons de lutte et d'adversité, nous qui lui avons fermé les yeux, à sa ville natale, à sa famille, à ses amis, s'ils nous demandent : Où est-il? nous répondrons : Mort dans l'exil! comme les soldats répondaient au nom de Latour-d'Auvergne : Mort au champ d'honneur!

« Citoyens! aujourd'hui, en France, les apostasies sont en joie. La vieille terre du 14 juillet et du 10 août assiste à l'épanouissement hideux des trahisons et à la marche triomphale des traîtres. Pas une indignité qui ne reçoive immédiatement une récompense. Ce maire a violé la loi : on le fait préfet; ce soldat a déshonoré le drapeau : on le fait général; ce prêtre a vendu la religion : on le fait évêque; ce juge a prostitué la justice : on le fait sénateur; cet aventurier, ce prince a commis tous les crimes, depuis les turpitudes devant lesquelles reculerait un filou jusqu'aux horreurs devant lesquelles reculerait un assassin : il passe empereur. Autour de ces hommes, tout est fanfares, banquets, danses, harangues, applaudissements, génuflexions. Les servilités viennent féliciter les ignominies. Citoyens, ces hommes ont leurs fêtes; eh bien! nous aussi nous avons les nôtres. Quand un de nos compagnons de bannissement, dévoré par la nostalgie, épuisé par la fièvre lente des habitudes rompues et des affections brisées, après avoir bu jusqu'à la lie toutes les agonies de la proscription, succombe enfin et meurt, nous suivons sa bière couverte d'un drap noir; nous venons au bord de la fosse; nous nous mettons à genoux, nous aussi, non devant le succès, mais devant le tombeau; nous nous penchons sur notre frère enseveli et nous lui disons : — Ami! nous te félicitons d'avoir été vaillant, nous te félicitons d'avoir été généreux et intrépide, nous te félicitons d'avoir été fidèle, nous te félicitons d'avoir donné à ta foi républicaine jusqu'au dernier souffle de ta bouche, jusqu'au dernier battement de ton cœur, nous te félicitons d'avoir souffert, nous te félicitons d'être mort! — Puis nous relevons la tête, et nous nous en allons, le cœur plein d'une sombre joie. Ce sont là les fêtes de l'exil.

« Telle est la pensée austère et sereine qui est au fond de toutes nos âmes : et devant ce sépulcre, devant ce gouffre où il semble que l'homme s'engloutit, devant cette sinistre apparence du néant, nous nous sentons consolidés dans nos principes et dans nos certitudes; l'homme convaincu n'a jamais le pied plus ferme que sur la terre mouvante du tombeau; et l'œil fixé sur ce mort, sur cet être évanoui, sur cette ombre qui a passé, croyants inébranlables, nous glorifions celle qui est immortelle et celui qui est éternel, la Liberté et Dieu !

« Oui, Dieu ! jamais une tombe ne doit se fermer sans que ce grand mot, sans que ce mot vivant y soit tombé. Les morts le réclament, et ce n'est pas nous qui le leur refuserons. Que le peuple religieux et libre au milieu duquel nous vivons le comprenne bien, les hommes du progrès, les hommes de la démocratie, les hommes de la révolution savent que la destinée de l'âme est double, et l'abnégation qu'ils montrent dans cette vie prouve combien ils comptent profondément sur l'autre. Leur foi dans ce grand et mystérieux avenir résiste même au spectacle repoussant que nous donne depuis le 2 décembre le clergé catholique asservi. Le papisme romain en ce moment épouvante la conscience humaine. Ah ! je le dis, et j'ai le cœur plein d'amertume en songeant à tant d'abjection et de honte, ces prêtres qui, pour de l'argent, pour des palais, pour des mitres et des crosses, pour l'amour des biens temporels, bénissent et glorifient le parjure, le meurtre et la trahison, ces églises où l'on chante *Te Deum* au crime couronné, oui, ces églises, oui, ces prêtres suffiraient pour ébranler les plus fermes convictions dans les âmes les plus profondes, si l'on n'apercevait, au-dessus de l'église, le ciel, et, au-dessus du prêtre, Dieu !

« Et ici, citoyens, sur le seuil de cette tombe ouverte, au milieu de la foule recueillie qui environne cette fosse, le moment est venu de semer, pour qu'elle germe dans toutes les consciences, une grave et solennelle parole.

« Citoyens, à l'heure où nous sommes, heure fatale et qui sera comptée dans les siècles, le principe absolutiste, le vieux principe du passé, triomphe par toute l'Europe ; il triomphe comme il lui convient de triompher, par le glaive, par la hache, par la corde et le billot, par les massacres, par les fusillades, par les tortures, par les supplices. Le despotisme, ce Moloch entouré d'ossements, célèbre à la face du soleil ses effroyables mystères sous le pontificat sanglant des Haynau, des Bonaparte et des Radetzky. Potences en Hongrie, potences en Lombardie, potences en Sicile ; en France, la guillotine, la déportation et l'exil. Rien que dans les États du pape, et je cite le pape qui s'intitule *le roi de douceur*, rien que dans les États du pape, dis-je, depuis trois ans, seize cent quarante-quatre patriotes, le chiffre est authentique, sont morts fusillés ou pendus, sans compter les innombrables morts ensevelis vivants dans les cachots et les oubliettes. Au moment où je parle, le continent, comme aux plus mauvais temps de l'histoire, est encombré d'échafauds et de cadavres, et le jour où la Révolution voudrait se faire un drapeau des linceuls de toutes les victimes, l'ombre de ce drapeau noir couvrirait l'Europe.

« Ce sang, tout ce sang qui coule de toutes parts, à ruisseaux, à torrents, démocrates, c'est le vôtre.

« Eh bien ! citoyens, en présence de cette saturnale de massacre et de meurtre, en présence de ces infâmes tribunaux où siégent des assassins en robes de juges, en présence de tous ces cadavres chers et sacrés, en présence de cette lugubre et féroce victoire des réactions, je le déclare solennellement, au nom des proscrits de Jersey qui m'en ont donné le mandat, et j'ajoute au nom de tous les proscrits républicains, car pas une voix de vrai républicain ayant quelque autorité ne me démentira, je le déclare devant ce cercueil d'un proscrit, le deuxième que nous descendons dans la fosse depuis dix jours, nous les exilés, nous les victimes, nous abjurons, au jour inévitable et prochain du grand dénoûment révolutionnaire, nous abjurons toute volonté, tout sentiment, toute idée de représailles sanglantes !

« Les coupables seront châtiés, certes, tous les coupables, et châtiés sévèrement, il le faut ; mais pas une tête ne tombera ; pas une goutte de sang, pas une éclaboussure d'échafaud ne tachera la robe immaculée de la République de Février. La tête même du brigand de décembre sera respectée avec horreur par le progrès. La Révolution fera de cet homme un plus grand exemple en remplaçant sa pourpre d'empereur par la casaque du forçat. Non, nous ne répliquerons pas à l'échafaud par l'échafaud. Nous répudions la vieille et inepte loi du talion. Comme la monarchie, le talion fait partie du passé ; nous répudions le passé. La peine de mort, glorieusement abolie par la République en 1848, odieusement rétablie par Louis Bonaparte, reste abolie pour nous, abolie à jamais. Nous avons emporté dans l'exil le dépôt sacré du progrès ; nous le rapporterons à la France fidèlement. Ce que nous demandons à l'avenir, ce que nous voulons de lui, c'est la justice, ce n'est pas la vengeance. D'ailleurs de même que, pour avoir à jamais le dégoût des orgies, il suffisait aux Spartiates d'avoir vu des esclaves ivres de vin, à nous républicains, pour avoir à jamais horreur des échafauds, il suffit de voir les rois ivres de sang.

« Oui, nous le déclarons, et nous attestons cette mer qui lie Jersey à la France, ces champs, cette calme nature qui nous entoure, cette libre Angleterre qui nous écoute, les hommes de la Révolution, quoi qu'en disent les abominables calomnies bonapartistes, rentreront en France, non comme des exterminateurs, mais comme des frères! Nous prenons à témoin de nos paroles ce ciel sacré qui rayonne au-dessus de nos têtes et qui ne verse dans nos âmes que des pensées de concorde et de paix! nous attestons ce mort qui est là dans cette fosse et qui, pendant que je parle, murmure à voix basse dans son suaire : Oui, frères, repoussez la mort! je l'ai acceptée pour moi, je n'en veux pas pour autrui!

« La République, c'est l'union, l'unité, l'harmonie, la lumière, le travail créant le bien-être, la suppression des conflits d'homme à homme et de nation à nation, la fin des exploitations inhumaines, l'abolition de la loi de mort et l'établissement de la loi de vie.

« Citoyens, cette pensée est dans vos esprits, et je n'en suis que l'interprète; le temps des sanglantes et terribles nécessités révolutionnaires est passé; pour ce qui reste à faire, l'indomptable loi du progrès suffit; d'ailleurs soyons tranquilles, tout combat avec nous dans les grandes batailles qui nous restent à livrer, batailles dont l'évidente nécessité n'altère pas la sérénité des penseurs; batailles dans lesquelles l'énergie révolutionnaire égalera l'acharnement monarchique; batailles dans lesquelles la force unie au droit terrassera la violence alliée à l'usurpation; batailles superbes, glorieuses, enthousiastes, décisives, dont l'issue n'est pas douteuse, et qui seront les Tolbiac, les Hastings et les Austerlitz de la démocratie. Citoyens, l'époque de la dissolution du vieux monde est arrivée. Les antiques despotismes sont condamnés par la loi providentielle; le temps, ce fossoyeur courbé dans l'ombre, les ensevelit; chaque jour qui tombe les enfouit plus avant dans le néant. Dieu jette les années sur les trônes comme nous jetons les pelletées de terre sur les cercueils.

« Et maintenant, frères, au moment de nous séparer, poussons le cri de triomphe, poussons le cri de réveil; c'est sur les tombes qu'il faut parler de résurrection. Certes, l'avenir, un avenir prochain, je le répète, nous promet en France la victoire de l'idée démocratique, l'avenir nous promet la victoire de l'idée sociale, mais il nous promet plus encore, il nous promet sous tous les climats, sous tous les soleils, dans tous les continents, en Amérique aussi bien qu'en Europe, la fin de toutes les oppressions et de tous les esclavages. Après les dures épreuves que nous subissons, ce qu'il nous faut, ce n'est pas seulement l'émancipation de telle ou telle classe qui a souffert trop longtemps, l'abolition de tel ou tel privilége, la consécration de tel ou tel droit; cela, nous l'aurons; mais cela ne nous suffit pas; ce qu'il nous faut, ce que nous obtiendrons, n'en doutez pas, ce que pour ma part, du fond de cette nuit sombre de l'exil, je contemple d'avance avec l'éblouissement de la joie, citoyens, c'est la délivrance de tous les peuples, c'est l'affranchissement de tous les hommes ! Amis, nos souffrances engagent Dieu. Il nous en doit le prix. Il est débiteur fidèle, il s'acquittera. Ayons donc une foi virile et faisons avec transport notre sacrifice. Opprimés de toutes les nations, offrez vos plaies, Polonais, offrez vos misères, Hongrois, offrez votre gibet, Italiens, offrez votre croix, héroïques déportés de Cayenne et d'Afrique, nos frères, offrez votre chaîne; proscrits, offrez votre proscription, et toi, martyr, offre ta mort à la liberté du genre humain.

« *Vive la République universelle !* »

II.

(26 JUILLET 1853. — AU CIMETIÈRE DE SAINT-JEAN.)

« Citoyens,

« Trois cercueils en quatre mois.

« La mort se hâte et Dieu nous délivre un à un.

« Nous ne t'accusons pas, nous te remercions, Dieu puissant qui nous rouvres, à nous exilés, les portes de la patrie éternelle!

« Cette fois l'être inanimé et cher que nous apportons à la tombe, c'est une femme.

« Le 21 janvier dernier, une femme fut arrêtée chez elle par le

sieur Boudrot, commissaire de police à Paris. Cette femme, jeune encore, elle avait trente-cinq ans, mais estropiée et infirme, fut envoyée à la préfecture et enfermée dans la cellule n° 1, dite *cellule d'essai*. Cette cellule, sorte de cage de sept à huit pieds carrés à peu près, sans air et sans jour, la malheureuse prisonnière l'a peinte d'un mot; elle l'appelle : *cellule-tombeau;* elle dit, je cite ses propres paroles : « C'est dans cette cellule-tom-
« beau qu'estropiée, malade, j'ai passé vingt et un jours, collant
« mes lèvres d'heure en heure contre le treillage, pour aspirer
« un peu d'air vital et ne pas mourir[1]. » — Au bout de ces vingt et un jours, le 14 février, le gouvernement de décembre mit cette femme dehors et l'expulsa. Il la jeta à la fois hors de la prison et hors de la patrie. La proscrite sortait du cachot d'essai avec les germes de la phthisie. Elle quitta la France et gagna la Belgique. Le dénûment la força de voyager, toussant, crachant le sang, les poumons malades, en plein hiver, dans le Nord, sous la pluie et la neige, dans ces affreux wagons découverts qui déshonorent les riches entreprises des chemins de fer. Elle arriva à Ostende; elle était chassée de France, la Belgique la chassa. Elle passa en Angleterre. A peine débarquée à Londres, elle se mit au lit. La maladie contractée dans le cachot, aggravée par le voyage forcé de l'exil, était devenue menaçante. La proscrite, je devrais dire la condamnée à mort, resta gisante deux mois et demi. Puis, espérant un peu de printemps et de soleil, elle vint à Jersey. On se souvient encore de l'y avoir vue arriver par une froide matinée pluvieuse, à travers les brumes de la mer, râlant et grelottant sous sa pauvre robe de toile, toute mouillée. Peu de jours après son arrivée, elle se coucha; elle ne s'est plus relevée.

« Il y a trois jours, elle est morte.

« Vous me demanderez ce qu'était cette femme et ce qu'elle avait fait pour être traitée ainsi; je vais vous le dire.

« Cette femme, par des chansons patriotiques, par de sympathiques et cordiales paroles, par de bonnes et civiques actions, avait rendu célèbre, dans les faubourgs de Paris, le nom de Louise Julien, sous lequel le peuple la connaissait et la saluait. Ouvrière, elle avait nourri sa mère malade; elle l'avait soignée et soutenue

---

1. Voir *Les Bagnes d'Afrique et la Transportation de Décembre,* par Ch. Ribeyrolles, page 199.

dix ans. Dans les jours de lutte civile, elle faisait de la charpie; et boiteuse et se traînant, elle allait dans les ambulances et secourait les blessés de tous les partis. Cette femme du peuple était un poëte, cette femme du peuple était un esprit; elle chantait la République, elle aimait la liberté, elle appelait ardemment l'avenir fraternel de toutes les nations et de tous les hommes; elle croyait à Dieu, au peuple, au progrès, à la France; elle versait autour d'elle, comme un vase, dans les esprits des prolétaires, son grand cœur plein d'amour et de foi. Voilà ce que faisait cette femme. M. Bonaparte l'a tuée.

« Ah ! une telle tombe n'est pas muette; elle est pleine de sanglots, de gémissements et de clameurs.

« Citoyens, les peuples, dans le légitime orgueil de leur toute-puissance et de leur droit, construisent avec le granit et le marbre des édifices sonores, des enceintes majestueuses, des estrades sublimes, du haut desquelles parle leur génie, du haut desquelles se répandent à flots dans les âmes les éloquences saintes du patriotisme, du progrès et de la liberté; les peuples, s'imaginant qu'il suffit d'être souverains pour être invincibles, croient inaccessibles et imprenables ces citadelles de la parole, ces forteresses sacrées de l'intelligence humaine et de la civilisation, et ils disent : la tribune est indestructible. Ils se trompent; ces tribunes-là peuvent être renversées. Un traître vient, des soldats arrivent, une bande de brigands se concerte, se démasque, fait feu, et le sanctuaire est envahi, et la pierre et le marbre sont dispersés, et le palais, et le temple où la grande nation parlait au monde, s'écroule, et l'immonde tyran vainqueur s'applaudit, bat des mains et dit : c'est fini. Personne ne parlera plus. Pas une voix ne s'élèvera désormais. Le silence est fait. — Citoyens! à son tour le tyran se trompe. Dieu ne veut pas que le silence se fasse; Dieu ne veut pas que la liberté, qui est son verbe, se taise; citoyens! au moment où les despotes triomphants croient la leur avoir ôtée à jamais, Dieu redonne la parole aux idées. Cette tribune détruite, il la reconstruit. Non au milieu de la place publique, non avec le granit et le marbre, il n'en a pas besoin. Il la reconstruit dans la solitude; il la reconstruit avec l'herbe du cimetière, avec l'ombre des cyprès, avec le monticule sinistre que font les cercueils cachés sous terre; et de cette solitude, de cette herbe, de ces cyprès, de ces cercueils disparus, savez-vous ce qui sort, citoyens? Il en sort le cri déchirant de l'humanité, il en sort la dénonciation et le témoignage, il en sort l'accusation inexorable qui fait pâlir l'accusé couronné, il en sort la formidable protestation des morts! Il en sort la voix vengeresse, la voix inextinguible, la voix qu'on n'étouffe pas, la voix qu'on ne bâillonne pas! — Ah! M. Bonaparte a fait taire la tribune; c'est bien; maintenant qu'il fasse donc taire le tombeau!

« Lui et ses pareils n'auront rien fait tant qu'on entendra sortir un soupir d'une tombe, et tant qu'on verra rouler une larme dans les yeux augustes de la pitié.

« Pitié!... ce mot que je viens de prononcer, il a jailli du plus profond de mes entrailles devant ce cercueil, cercueil d'une femme, cercueil d'une sœur, cercueil d'une martyre! Pauline Roland en Afrique, Louise Julien à Jersey, Francesca Maderspach à Temeswar, Bianca Téléki à Pesth, tant d'autres, Rosalie Gobert, Eugénie Guillemot, Augustine Péan, Blanche Clouart, Joséphine Prabeil, Élisabeth Parlès, Marie Reviel, Claudine Hibruit, Anne Sangla, veuve Combescure, Armantine Huet, et tant d'autres encore, sœurs, mères, filles, épouses, proscrites, exilées, transportées, torturées, suppliciées, crucifiées, ô pauvres femmes! Oh! quel sujet de larmes profondes et d'inexprimables attendrissements! Faibles, souffrantes, malades, arrachées à leur famille, à leurs maris, à leurs parents, à leurs soutiens, vieilles quelquefois et brisées par l'âge, toutes ont été des héroïnes, plusieurs ont été des héros! Oh! ma pensée en ce moment se précipite dans ce sépulcre et baise les pieds froids de cette morte dans son cercueil! Ce n'est pas une femme que je vénère dans Louise Julien, c'est la femme; la femme de nos jours, la femme digne de devenir citoyenne; la femme telle que nous la voyons autour de nous, dans tou son dévouement, dans toute sa douceur, dans tout son sacrifice, dans toute sa majesté! Amis, dans les temps futurs, dans cette belle, et paisible, et tendre, et fraternelle République sociale de l'avenir, le rôle de la femme sera grand; mais quel magnifique prélude à ce rôle que de tels martyres si vaillamment endurés! Hommes et citoyens, nous avons dit plus d'une fois dans notre orgueil: — Le xviiie siècle a proclamé le droit de l'homme; le xixe proclamera le droit de la femme; — mais il faut l'avouer, citoyens, nous ne nous sommes point hâtés ; beaucoup de considérations, qui étaient graves, j'en conviens, et qui voulaient être mûrement examinées, nous ont arrêtés ; et à l'instant où je parle, au point même où le progrès est parvenu, parmi les meilleurs républicains, parmi les démocrates les plus vrais et les plus purs, bien des esprits excellents hésitent encore à admettre dans l'homme et dans la femme l'égalité de l'âme humaine, et par conséquent l'assimilation, sinon l'identité complète des droits civiques. Disons-le bien haut, citoyens, tant que la prospérité a duré, tant que la République a été debout, les femmes, oubliées par nous, se sont oubliées elles-mêmes ; elles se sont bornées à rayonner comme la lumière, à échauffer les esprits, à attendrir les cœurs, à éveiller les enthousiasmes, à montrer du doigt à tous le bon, le juste, le grand et le vrai. Elles n'ont rien ambitionné au delà. Elles qui, par moments, sont l'image de la patrie vivante, elles qui pouvaient être l'âme de la cité, elles ont été simplement l'âme de la famille. A l'heure de l'adversité, leur attitude a changé : elles ont cessé d'être modestes ; à l'heure de l'adversité, elles nous ont dit : — Nous ne savons pas si nous avons droit à votre puissance, à votre liberté, à votre grandeur ; mais ce que nous savons, c'est que nous avons droit à votre misère. Partager vos souffrances, vos accablements, vos dénûments, vos détresses, vos renoncements, vos exils, votre abandon si vous êtes sans asile, votre faim si vous êtes sans pain, c'est là le droit de la femme, et nous le réclamons. — O mes frères ! et les voilà qui nous suivent dans le combat, qui nous accompagnent dans la proscription, et qui nous devancent dans le tombeau !

« Citoyens, puisque cette fois encore vous avez voulu que je parlasse en votre nom, puisque votre mandat donne à ma voix l'autorité qui manquerait à une parole isolée ; sur la tombe de Louise Julien, comme il y a trois mois, sur la tombe de Jean Bousquet, le dernier cri que je veux jeter, c'est le cri de courage, d'insurrection et d'espérance !

« Oui, des cercueils comme celui de cette noble femme qui est là signifient et prédisent la chute prochaine des bourreaux, l'inévitable écroulement des despotismes et des despotes. Les proscrits meurent l'un après l'autre ; le tyran creuse leur fosse ; mais à un jour venu, citoyens, la fosse tout à coup attire et engloutit le fossoyeur !

« O morts qui m'entourez et qui m'écoutez, malédiction à Louis Bonaparte! O morts, exécration à cet homme! Pas d'échafauds quand viendra la victoire, mais longue et infamante expiation à ce misérable! Malédiction sous tous les cieux, sous tous les climats, en France, en Autriche, en Lombardie, en Sicile, à Rome, en Pologne, en Hongrie, malédiction aux violateurs du droit humain et de la loi divine! Malédiction aux pourvoyeurs des pontons, aux dresseurs de gibets, aux destructeurs des familles, aux tourmenteurs des peuples! Malédiction aux proscripteurs des pères, des mères et des enfants! Malédiction aux fouetteurs de femmes! Proscrits! soyons implacables dans ces solennelles et religieuses revendications du droit et de l'humanité. Le genre humain a besoin de ces cris terribles; la conscience universelle a besoin de ces saintes indignations de la pitié. Exécrer les bourreaux, c'est consoler les victimes. Maudire les tyrans, c'est bénir les nations!

« *Vive la République universelle !* »

LA FIN

JERSEY, 9 OCTOBRE 1853

Comme j'allais fermer ces pages inflexibles,
Sur les trônes croulants, perdus par leur sauveur,
La guerre s'est dressée, et j'ai vu, moi rêveur,
Passer dans un éclair sa face aux cris terribles.

Et j'ai vu frissonner l'homme de grand chemin!
Cette foudre subite éblouit ses prunelles.
Il frémit, effaré, devant les Dardanelles;
    O lâche! Et peut-être demain,

Grâce aux soldats nos fils, vaillants, quoique infidèles,
Demain sur ce front vil, sur cet abject cimier,
Comme un aigle parfois s'abat sur un fumier,
Quelque victoire aveugle ira poser ses ailes!

Malgré ta couardise, il faut combattre, allons!
Bats-toi, bandit! c'est dur; il le faut. Dieu t'opprime.
Toi qui, le front levé, te ruas dans le crime,
    Marche à la gloire à reculons!

Quoi! même en se traînant comme un chien qui se couche,
Quoi! même en criant grâce, en demandant pardon,
Même en léchant les pieds des cosaques du Don,
On ne peut éviter Austerlitz? Non, Cartouche.

Nul moyen de sortir de la peau de César!
En guerre, faux lion! ta crinière l'exige.
Voici le Rhin, voici l'Elster, voici l'Adige,
    Voici la fosse auprès du char!

La guerre, c'est la fin. O Peuples, nous y sommes.
Pour t'entendre sonner, je monte sur ma tour,
Formidable angelus de ce grand point du jour,
Dernière heure des rois, première heure des hommes!

Droits, progrès, qu'on croyait éclipsés pour jamais,
Liberté, qu'invoquaient nos voix exténuées,
Vous surgissez! voici qu'à travers les nuées
    Reparaissent les grands sommets!

Des révolutions nous revoyons les cimes,
Vieux monde du passé, marche, allons! c'est la loi.
L'ange au glaive de feu, debout derrière toi,
Te met l'épée aux reins et te pousse aux abîmes!

TABLE

(Les pièces nouvelles que contient cette édition sont marquées par des astérisques.)

Avertissement de l'éditeur....................	
Préface de l'auteur......................	v
* Au moment de rentrer en France, Bruxelles, 31 août 1870.	vii
Nox........................	1

LIVRE PREMIER

LA SOCIÉTÉ EST SAUVÉE

I.	France, à l'heure où tu te prosternes.........	17
II.	Toulon....................	18
III.	Approchez-vous ; ceci, c'est le tas des dévots....	22
IV.	Aux morts du 4 décembre...............	24
V.	Cette nuit-là.................	25
VI.	Le Te Deum du 1er janvier 1852...........	27
VII.	Ad majorem Dei gloriam..............	30
VIII.	A un martyr..................	33
IX.	L'art et le peuple................	38
X.	Chanson....................	40
XI.	Oh! je sais qu'ils feront des mensonges sans nombre.	41
XII.	Carte d'Europe.................	43
XIII.	Chanson....................	46
XIV.	C'est la nuit ; la nuit noire...........	47
XV.	Confrontations.................	48

LIVRE II

L'ORDRE EST RÉTABLI

I.	Idylles....................	49
II.	Au peuple...................	52

III.	Souvenir de la nuit du 4.	55
IV.	O soleil! ô face divine!.	57
V.	Puisque le juste est dans l'abîme.	58
VI.	L'autre président.	60
VII.	A l'obéissance passive.	62

LIVRE III

LA FAMILLE EST RESTAURÉE

I.	Apothéose.	76
II.	L'homme a ri.	79
III.	Fable ou histoire.	80
IV.	Ainsi les plus abjects.	81
V.	Querelles du sérail.	84
VI.	Orientale.	86
VII.	Un bon bourgeois dans sa maison.	88
VIII.	Splendeurs.	90
IX.	Joyeuse vie.	94
X.	L'empereur s'amuse.	100
XI.	Sentiers où l'herbe se balance	103
XII.	O Robert, un conseil.	104
XIII.	L'histoire a pour égout des temps comme les nôtres. .	106
XIV.	A propos de la loi Faider.	107
XV.	Le bord de la mer.	108
XVI.	Non.	111

LIVRE IV

LA RELIGION EST GLORIFIÉE

I.	Sacer esto.	113
II.	Ce que le poète se disait en 1848.	115
III.	Les commissions mixtes.	116
IV.	A des journalistes de robe courte.	11
V.	Quelqu'un.	122
VI.	Écrit le 17 juillet 1851, en descendant de la tribune.	124
VII.	Un autre.	125

VIII.	Déja nommé..	127
IX.	Ceux qui vivent, ce sont ceux qui luttent.	130
X.	Aube.	131
XI.	Vicomte de Foucault, lorsque vous empoignâtes.	133
XII.	A quatre prisonniers.	134
XIII.	On loge a la nuit.	136

LIVRE V

L'AUTORITÉ EST SACRÉE

I.	Le sacre (sur l'air de Malbrouck).	140
II.	Chanson.	143
III.	Le manteau impérial.	144
IV.	Tout s'en va.	146
V.	O drapeau de Wagram! ò pays de Voltaire!.	148
VI.	On est Tibère, on est Judas, on est Dracon.	149
VII.	Les grands corps de l'État.	150
VIII.	Le Progrès, calme et fort et toujours innocent.	153
IX.	Le chant de ceux qui s'en vont sur mer.	154
X.	A un qui veut se détacher.	156
XI.	Pauline Roland.	162
XII.	Le plus haut attentat que puisse faire un homme.	166
XIII.	L'expiation.	167

LIVRE VI

LA STABILITÉ EST ASSURÉE

I.	Napoléon III.	181
II.	Les martyres	183
III.	Hymne des transportés.	184
IV.	Chanson.	186
V.	Éblouissements.	187
VI.	A ceux qui dorment.	194
VII.	Luna.	196
VIII.	Aux femmes.	198
IX.	Au peuple..	120

X.	Apportez vos chaudrons, sorcières de Shakspeare...	202
XI.	LE PARTI DU CRIME.	204
XII.	On dit : Soyez prudents..	210
XIII.	A JUVÉNAL	210
XIV.	FLORÉAL	219
XV.	STELLA...	221
*XVI.	LES TROIS CHEVAUX..	223
XVII.	APPLAUDISSEMENT.	225

LIVRE VII

LES SAUVEURS SE SAUVERONT

I.	Sonnez, sonnez toujours.	229
II.	LA RECULADE.	230
III.	LE CHASSEUR NOIR.	236
IV.	L'ÉGOUT DE ROME.	239
V.	C'était en juin, j'étais à Bruxelles	242
VI.	CHANSON..	243
*VII.	PATRIA..	245
VIII.	LA CARAVANE..	247
IX.	Cette nuit, il pleuvait.	253
X.	Ce serait une erreur de croire..	254
XI.	Quand l'eunuque régnait.	257
XII.	PAROLES D'UN CONSERVATEUR.	258
XIII.	FORCE DES CHOSES..	261
XIV.	CHANSON..	269
*XV.	Il est des jours abjects.	272
*XVI.	SAINT-ARNAUD.	273
XVII.	ULTIMA VERBA.	283
LUX..		286
NOTES..		294
LA FIN		323

Paris. — J. CLAYE, imprimeur, 7, rue Saint-Benoît. — [1469]

www.ingramcontent.com/pod-product-compliance
Lightning Source LLC
Chambersburg PA
CBHW050800170426
43202CB00013B/2507